文眞堂現代経営学選集 1

日本的経営の編成原理

岩田龍子 著

文 眞 堂

恩師　中村常次郎先生に捧ぐ

昭和52年3月25日
　先生の古稀を祝って．

序

　第2次大戦後,アメリカ式の管理制度や管理技術が盛んに導入されたにも拘らず,わが国の経営が,戦前のそれと極めて近似したものとなったという事実がある。しかし,戦前の経営については,家制度ないし家族的構成をモデルとして編成されたとする広く支持された理解が認められるが,戦後のわが国の社会において家制度が崩壊し,家イデオロギーもその実効力を喪失してしまい,戦後の経営が家族的構成をモデルとするものでないことは,一般に承認されているところである。そうとすれば,なぜ家制度の崩壊にも拘らず,戦前と戦後の経営が高度の近似性を示すものとなったか,その理由はなにか,——これが,日本的経営の解明をめぐって著者が抱いたひとつの疑問であった。

　この疑問に対する可能な回答として,戦後の経営が戦前のそれとは別の原理によって編成されるという考え方,これとは対立するいまひとつの回答,戦前・戦後を通じて日本的経営の根底には,ある一貫した編成原理が存在していたとする考え方,さらに,それら両者の中間に位置する有力な見解が存在している。しかしながら,納得できる説明を与えうるものとしては,戦前と戦後を一貫する日本的経営の編成原理を承認する方向がとられねばならない。

　著者は,それぞれの社会に特徴的な経営形態が生み出されてくる根底には,その社会に住む人びとの間に一般的に認められる心理特性ないし諸意識が存在しており,これらは潜在的志向性をなすものとして,制度の形成過程に対して永続的な衝撃を与えるものと考える。そうして,これらの心理特性は,一定の制度的条件の下で,現実に行動特性となって発現する。したがって,経営者が,人びとの行動を効果的に組織化する場合に,つねにその拠りどころとされる考え方を経営の編成原理と呼ぶとすれば,この原理は,その根底において人びとの間に根強く認められる国民的心理特性,とくにその深層部分と密着している

ために，その特性が変化しない限り，容易に変化することのないものと考えられる。

　このような経営の基本的編成原理に基づき，環境諸条件によって与えられた諸問題を克服しうるように，現実的な経営制度が構成されるが，一般に制度というもののもつ機能がそうであるように，経営制度はその成立によって，予想した人びとの志向性を，逆にいっそう強化する効果を伴うものである。

　この関連で，人びとの間に認められる志向性と経営制度との間の方向性の違いを吟味する必要があり，この吟味は，経営諸制度間の淘汰の問題にとどまらず，著者のいまひとつの疑問，すなわち，日本的経営制度の低い効率性の問題にも深く関わるものである。著者は，むしろその高い効率性に着目するものであるが，日本的経営の編成原理が，日本的経営制度の効率的機能をもたらす傾向を支えてきたことを指摘する。結局，日本的経営の編成原理の解明が，二つの基本的疑問に解答を与える要であるということになる。

　このように基本的研究態度を確立した上で，著者は，編成原理に関わるいくつかの日本人の心理特性，それらの基盤をなす日本人の社会意識，編成原理の内容やその他の諸問題点について，本書においてその見解を展開している。わたくしは，それぞれの問題についての著者の見解の多くに賛成するものであるが，なによりもまず，広い視野で問題を取り上げ，日本的経営の編成原理の解明に的をしぼっていく著者の態度を，基本線において正しいアプローチとして評価したいと思う。

　このたび，本書が出版されるに当り，わたくしはその成果に大きな期待を寄せるものである。というのは，日本的経営の科学的検討を盛り上げる契機ともなるべきものが，本書に内包されていると考えられるからである。

1977年3月15日

中　村　　常次郎

序　文

　著者が「日本的」経営について現実に関心をもち，何らかの研究に着手したのは，アメリカ経営史研究のために滞米中のことであった。すなわち，御多分に洩れず，著者も，滞米中に，日米両国の間に横たわるきわめて大きな文化的差異に，強いカルチュラル・ショックをうけたことにはじまる。このとき著者が抱いた問題意識のいくつかについては，すでに，研究の成果を論文の形で公表したが，その最初のものは，著者がイリノイ大学に留学中，1972年3月に執筆したワーキング・ペーパー，"The Competition within Bureaucratic Organization : Some Outstanding Aspects of the Competition in Contemporary Japan" である。この論文は，のち，加筆訂正のうえ，1973年11月，『武蔵大学論集』第21巻第3・4合併号に，「『日本的』経営制度と競争」と題して公表したものである。これが著者の「日本的」経営研究の第一歩となった。その後，経営史研究のかたわら，著者の関心は次第に「日本的」経営の研究にもむかい，1976年2月から6月にかけて，「"日本的経営"の編成原理」(1)・(2)・(3)を『武蔵大学論集』に相ついで公表したのである。しかし，この論文がまだ完結をみぬうちに，著者の日本経営論を1冊にまとめて公表する話がまとまったため，『武蔵大学論集』に連載中の論文は，未完のまま本書に引きつぐこととなった。当初執筆を予定した諸論点は，すべて本書において取上げられているので，『武蔵大学論集』に連載中の論文をお読みいただいた読者諸賢の御寛恕を乞う次第である。

　さて，既発表の論稿に対して，予期せぬ好意的反響をえたことから，奇妙に自信がついたためであろうか，この領域においてなお研究歴の浅い著者が，自分の見解を1冊にまとめることを至極あっさりと決意し，出版社との間に約束をもとりかわしたのであった。しかし，執筆をはじめてのち，改めてみずから

の非才を悟るとともに，著者の関心がアメリカ経営史にむかっていた間に先学によってこの領域で積重ねられていた研究成果に，圧倒される思いをしたのである。

* * *

関西在住の研究者達がよく使う言葉で，関東では聞かない言葉に，"ええ筋追うとる"というのがある。言いえて妙，著者は，—関東に住んではいるが—この言葉が好きである。著者自身の研究態度も，"ええ筋"を追うべく努めてきたといえるかも知れない。炭坑にたとえれば，それは坑道掘にあたる。この場合，うまく"鉱脈"を辿れば，興味"つきない"問題を深く追究することができる。しかし，危険がないわけではない。ときに安易に流れ，事前の精密な"地質調査"を欠いたまま，坑を掘りはじめて，ついに鉱脈にはゆきつかぬ場合もあるからである。他方，熱心に"露天掘"を行なっている研究者達もいる。このなかには，広汎なサーヴェイを行ない，他人の研究にはシャープ(?!)な批判精神をみせるが，表土をとり除く作業で疲れてしまって，表面から地下深く掘り進む気配の全くない人達もいる。さて,「日本的」経営についての著者の研究は,さきに記したような事情ではじまったので，"地質調査"を充分に行なったうえではじまったものではない。第1章でのべる2つの重要な疑問—と著者には思われる—を"露頭"と考え，これを手掛りとして，"鉱脈"を辿ろうとしたものである。本書を書き終えて思うことは，いま少し精密なサーヴェイが必要であるということである。しかし，いまはただ，著者が，"ええ筋追うとる"ことを切に願うのみである。

* * *

以上の経過からして，本書は,「日本的」経営の重要な諸側面のすべてを取上げ，"ひととおりバランスよく"取扱った体系的な解説書ではない。むしろ，それは，著者が，みずからの抱いた疑問に対して，自分なりの結論をえようと努力した，いわば疑問との格闘であるといってよい。このため，本書において著者は，相当思い切った発言もしているし，また，著者自身当面の結論として提示している諸解釈のなかには，近い将来修正を迫られるものも多数含まれて

いると覚悟している。いま，本書を書き終えて痛感することは，本書が，まさに著者自身にとっての研究の出発点にすぎず，これによってようやく「日本的」経営についての研究目標が，一応設定できたにすぎないということである。ことに，歴史的あるいは民俗学的な研究成果をとり入れることや，数量的なデータによる実証は，今後の課題として残されている。また，今後，最近の組織論研究の成果をもとり入れて，分析をもっと精緻化しなければならないと考えている。しかし，著者自身の考え方の基本的な方向は，本書において充分に示されていると思う。

著者の見解をこのような形でごく短期間にまとめることができたのは，多くの方々の御助力の賜ものである。まず，本書において，著者が，数量的なデータによる実証にまでいたりえなかったために，研究者であると否とを問わず，多くの方々，ことに経営学の領域外の方々の鋭い観察を多数利用させていただいた。ここに感謝の意を表する次第である。つぎに，著者が，勤務先の大学で，学生部次長という本来きわめて多忙である筈の役職にありながら，とにかく本書を書きあげることができたのは，学生部長福本久雄教授ほか，学生部の方々の御理解によるものであることを，見逃すことはできない。ことに，この1年が，1975年秋から1976年春にかけての大学紛争直後の1年であり，波乱含みの1年であっただけに，著者は，学生部の方々の御理解を，感謝の気持なしに回顧することはできない。また，若干"欧米風"になって恐縮であるが，著者米国留学中より，熱心に"秘書"の役を果してくれたうえ，現在はまた，異国にあって慣れない生活と闘いながら，著者の執筆活動に対して支援を惜しまなかった，妻のアィリーン・ベィアードの協力について，書き記すことをお許しいただきたい。

最後に，文眞堂編集部の前野隆氏に感謝したい。著者にこのような機会を与えられたばかりでなく，温厚な氏の"督励なき激励"によって，著者は実に気持よく仕事をすることができたからである。

1977年1月4日

岩　田　龍　子

目　次

序　　　　　　　　　　　　　　　　　　　　　　　中　村　常次郎
序　文

第1章　若干の基礎的考察 …………………………………………… 1
　Ⅰ　経営の歴史的連続性と編成原理 ……………………………… 1
　Ⅱ　経営の編成原理と国民的心理特性 …………………………… 5
　Ⅲ　日本的経営の効率性と編成原理 ………………………………14

第2章　家族主義か集団主義か ………………………………………20
　Ⅰ　日本的経営と家族主義 …………………………………………20
　Ⅱ　"家族主義"と"集団主義" ………………………………………27

第3章　個人・集団・社会——二つのモデル ………………………38
　Ⅰ　欧米型社会の構造 ………………………………………………38
　Ⅱ　日本型社会の構造 ………………………………………………45

第4章　日本人の集団意識と行動特性 ………………………………59
　Ⅰ　"ウチ"と"ソト"の意識 …………………………………………60
　Ⅱ　所属集団への定着志向 …………………………………………66
　Ⅲ　"地位"の意識にみる特徴 ………………………………………71

第5章　日本人の責任意識 ……………………………………………83

Ⅰ　日本人の責任意識…………………………………………83
　Ⅱ　"個人責任"の意識について ……………………………87
　Ⅲ　責任と権限の不一致について……………………………95
　Ⅳ　"集団への罪"にみられる責任意識……………………99
　Ⅴ　"強者の責任" ……………………………………………103
　Ⅵ　"責任をとる"行為………………………………………104

第6章　安定性志向の編成原理 ……………………………… 111

　Ⅰ　関係の永続性と調和的関係の形成・維持……………… 111
　Ⅱ　身分序列の尊重・急激な変化の回避…………………… 128

第7章　日本的経営制度と競争 ……………………………… 144
　　　　　─安定の中のダイナミズム─

　Ⅰ　日本的経営と能力主義…………………………………… 144
　Ⅱ　「日本的」能力観と競争の性格 ………………………… 147
　Ⅲ　「日本的」経営制度と競争 ……………………………… 155
　Ⅵ　(補論) R.P. ドーア教授のコメントとそれに対する著者の見解…… 164

第8章　組織の集団的編成 …………………………………… 169

　Ⅰ　組織の集団的編成………………………………………… 169
　Ⅱ　集団的編成と日本的管理方式…………………………… 180
　Ⅲ　集団内集団間の競争……………………………………… 187

第9章　組織成員の義務の無限定性 ………………………… 195

　Ⅰ　"義務の無限定性" ………………………………………… 195
　Ⅱ　日本的経営の存立条件…………………………………… 202
　Ⅲ　日本的管理方式と"義務の無限定性"………………… 210

Ⅳ　米国の経営組織と"義務の無限定性" ……………………………… 216

第10章　日本的経営組織のインセンティブ・システム ………… 223
　Ⅰ　組織と誘因 (incentives) ……………………………………… 223
　Ⅱ　"地位"の意識と誘因 …………………………………………… 228
　Ⅲ　年功序列制にみる"地位"の誘因……………………………… 234
　Ⅳ　組織の集団化と誘因…………………………………………… 239

終　章　日本的経営の限界 ……………………………………………… 245

第1章　若干の基礎的考察

I　経営の歴史的連続性と編成原理

　"日本的経営の編成原理"についての考察を進めるにあたって，まず，著者の研究の出発点となった2つの疑問について検討することからはじめよう。これによって，著者のこの問題に対する視角および思考の基本的な枠組みをあきらかにすることができるからである。

　さて，"日本的経営"をめぐって著者が抱いたひとつの疑問は，次の点に関してであった。すなわち，第2次大戦後，わが国には，アメリカ式の管理制度や管理技法が，熱心に導入された。しかし，それにもかかわらず，戦後におけるわが国の経営が，欧米の経営よりも，むしろわが国戦前の経営と，きわめて近似したものとなったという事実である。この事実は，一見至極自然ななりゆきと思われるかもしれない。しかし，このことはきわめて重要な問題を含んでいるのである。すなわち，①まず第1に，わが国戦前の経営が，"イエ"制度ないし家族的構成をもモデルとして編成されていたとする見解が，いわば自明の事実ででもあるかのように根強い支持をえていること，②第2に，戦後わが国の社会においては，"イエ"制度は崩壊し，"イエ"イデオロギーもその実効力を喪失してしまったこと，その結果，戦後の経営が，家族的構成をモデルとするものではないことが，一般に承認されていること，③第3に，以上の事実にもかかわらず，そしてさらに，アメリカ式の経営制度や管理方式の盛んな導入にもかかわらず，戦前および戦後の経営が高度の近似性を示していること，があげられる。これらの事実から，何故"イエ"制度の崩壊にもかかわらず，戦前および戦後の経営が，高度の近似性を示すものとなったかが，なおあきらかにされなければならない重要な問題として，現れてくるのである。

この疑問に対する可能なひとつの回答は，戦前の経営が家族的構成の原理に立っていたのに対して，戦後の経営はこれとは別の原理によって編成されていて，たまたまそれらが外形的に近似したにすぎないとする考え方であろう。たとえば，津田真澂氏は，この点に関して，その近著，『日本的経営の擁護』において，次のようにのべている。すなわち，

 すでに先立つ諸章で，戦後の社会状況の中で「経営家族主義」の論理の成りたつ根拠はまったくなくなっていたことを指摘した。人々が「経営家族主義」という言葉を乱発して戦後日本の企業経営の労使関係や人事管理を説明しようとする時には，実に・まったく別のものを非論理的に「経営家族主義」に結びつけようとしてきたのであった。この「まったく別のもの」の説明として生活共同体の原理を使用しようというのが私のねらいである[1]。(傍点著者)

しかし，この考え方はいくつかの弱点をもっている。すなわち，この見解に立つならば，①第1に，戦前の経営が家族的構成の原理に立っているとして，それでは戦後の経営はどのような編成原理にもとづいているのか，②第2に，このような戦後の経営の編成原理は，戦前のそれに代って突然現れたものなのかどうか，もしそうであるならば，そのような原理がいかにして突如現れ，戦前の原理と交代することができたのか，③第3に，戦後の経営の編成原理が戦後突然現れたものでないとするならば，戦前においてはそれはどのような形で存在していたのか，また，それは戦前における経営の編成原理と考えられている"家族的構成"の原理とどのようなかかわりをもっていたのか，④第4に，この異なる編成原理に立つと主張される戦前および戦後の経営が，いかにして高度に近似的なものとなりえたのか，などの諸問題についての説得的な説明が用意されなければならない。しかし，にもかかわらずこれらの点についての説明はきわめて困難であり，これに対してはいまだ充分に説得的な説明が提出されていないといわなければならないのである。

さきの疑問に対するいまひとつの可能な回答は，戦前・戦後をつうじて，"日本的経営"の根底には，ある一貫した編成原理が存在していたとする考え方である[2]。現在著者自身の考え方はこの方向にむかっている。ところで，このよ

うに一貫した編成原理を承認するとなると，またひとつの重要な問題が現れてくる。すなわち，この場合，"家族主義"が戦前の経営において，どのような意味と役割とをもっていたのかが問い直されなければならなくなるのである。なぜなら，戦後，"イエ"制度が崩壊し，"イエ"イデオロギーもその実効力を失ってしまった以上，これをもって，戦前および戦後の経営をつうじての一貫した編成原理と考えることはできないからである。このことは，従来，ほとんど疑問をもたれることもなくひろく承認されていた見解，すなわち，戦前の経営においては，家族的構成がその編成原理となっていたとみる見解に対して，重大な疑問を提起することになる。この日本的経営の編成原理と家族主義との関連については，これを自明の事実と考えることなく，今後研究者によっていっそうあきらかにされなければならない，重要な問題であると著者は考えている。著者自身，この問題についてはなお研究の途上にあるが，著者の当面の見解は，本書の第2章に提示されている。

　以上2つの見解の中間には，さまざまのヴァリィションが存在しうるであろう。たとえば，間宏氏の見解は，いわばこの両者の中間に位置しているといえる。すなわち，間氏は，家族制度の理念が「暖い感情的融和と，家の永続のための厳しい禁欲や統制という二つの観念」によって成り立っていたが，戦後の民主改革によって後者が放棄され，これにともなって経営家族主義も崩壊したとする[3]。このように，間氏は，家族制度のもつ重要な2つの側面のうちそのひとつが放棄されて経営家族主義は崩壊したが，他のひとつが保持されて，経営福祉主義として復活したと考える。この説明は，きわめて巧妙な説明であるといえるが，なおさまざまな点で説明が必要である。すなわち，①暖かい感情的融和と家の永続のための厳しい禁欲や統制という2つの理念の共存，ないし2つの側面としての存続の状態，その社会的基盤について，いま少し克明な説明が必要である。②この2つの理念は，容易に一方を放棄して，しかも一方を保持することのできるような性質のものであったことについて，また，このような一方の理念のみを放棄するという操作がどのようにして行なわれたかについて説明が必要である。③間氏の論理を延長すると，戦後の経営は「暖い感

情的融和」を中心的な理念として編成され・運営されていることとなるが，そのように考えることが正しいかどうか，また，戦後の経営の諸展開が「暖い感情的融和」の理念によって説明しうるのか否か，などの点について説明が必要である。なお間宏氏は，この問題，すなわち，戦後 "イエ" イデオロギーが崩壊してしまったという事実と戦前および戦後の経営の間に高度の近似性がみられるという事実との間に何らかの説明が必要であることに気付き，これに説明を与えようとした数少ない研究者の1人であり，第2章において種々検討するようにその説明には問題があるとしても，この点についての氏の卓見は評価されなければならない。

また，J. ヒルシュマイヤー，由井常彦の両氏は最近公表された共著において，戦後の経営が戦前の経営と近似したものとなった理由として，戦後における労働組合の存在態様や彼らが抱いた，"平等" および民主主義についての独特の考え方，強化された集団意識，意思決定への参加，所属企業の長期的繁栄についての関心などをあげている[4]。たしかにこれらの要因は，その直接的な契機のうちの重要なものを示していると考えられるが，労働組合の動きをも含めて，わが国の経営が何故このような方向を辿ったのかという問題について，なお納得できる説明が必要であると考えられる。すなわち，戦前の経営体質とは関係なしに，たまたまこのような結果となったと主張するのでないならば，その "歴史的連続性" やそれを支えた基盤についての説明が必要と思われる。

1) 津田眞澂『日本的経営の擁護』274頁。
2) 論理的にはいまひとつの立場，すなわち日本的経営の編成原理そのものを承認しない立場も存在しうる。しかし，このような立場に立つならば，日本の経営はそれぞれ異なる特徴をもった別個の存在となり，日本の諸経営の間に，日本の特質として把握される特徴的なパターンを求めること自体が無意味であるということにならざるをえない。そうなると，"日本的経営" について論ずること自体が無意味なものとなってしまうのである。
3) 間宏『日本的経営―集団主義の功罪』93頁〜95頁。
4) Johannes Hirschmeier, Tsunehiko Yui, *The Development of Japanese Business: 1600-1973*, (Cambridge, Mass., 1975), pp. 282-285.

Ⅱ　経営の編成原理と国民的心理特性

　以上のように，戦前と戦後の経営に一貫する"日本的経営の編成原理"を承認する方向をとると，つぎに，この経営の編成原理とはどのような性格のものであり，また，どのような内容をもつものであるかが，あきらかにされなければならなくなる。以下この問題について，若干検討を加えておくこととしよう。
　さて，いかなる経営体も，それ自身の歴史と個性とをもっている。すなわち，現実に存在し活動をつづけているのは，日立製作所であり東京芝浦電気であり松下電器産業である。これらの諸経営体について仔細に観察するならば，さまざまの局面で相互に大きな相違を示していることがわかる。このことは改めて論ずるまでもない事実であろう。そこで，われわれが"日本的経営"の特質を問題とするとき，われわれの念頭にあるのは，こうしたさまざまの個性を貫いて現れる，ある種のパターンでなければならないであろう。しかも，"日本的"という限定が示しているように，このパターンは，諸外国の経営体が示すパターンとは異なる，きわめて"日本的"なパターンということになる。つまりそれは，日本の諸経営体が示す複雑な現実を理解するための単純化であり一般化であると同時に，他の社会の経営体にみられるパターンとみずからを区別する特殊性の理解であるといえる。
　ところで，"日本的"な経営のパターンについて追究する場合に，われわれはひとつの困難な問題に直面しなければならない。すなわち，諸外国の経営と対比した場合に，日本の経営がある特異なパターンを示しているとしても，この場合，"日本的"経営そのものが，絶え間のない歴史的変化の過程にあることから，どの部分を日本的経営の特質として理解するのかという問題である。換言すれば，これらの特徴的なパターンのうちには，その歴史的連続性によって把握しうるようなもの，すなわち，長期にわたる歴史的変遷の過程を貫いて現れるパターンと，経営体のある時代への適応形態として把握しうるようなパターン，すなわち，同時代の経営組織の間にみられる近似性，そして他の時代の

それとはあきらかに区別しうるような近似性，とが存在するのである。このような経営体の歴史的発展過程にみられる"歴史的連続性"と"環境への適応による変化"とをどのように把握するかは，日本的経営の特質を理解するうえで，きわめて重要な意味をもつものである。この問題に対しては，さしあたり2つの態度を指摘することができる。すなわち，そのひとつは，日本的経営の歴史的発展を克明に辿ることによって，その変化と，変化を貫いて現れるある歴史的連続性をあきらかにしようとする立場である。しかし，この立場からのアプローチは，従来，制度的な変化を逐一追究するといった方向がとられがちであったために，"歴史的連続性"の性格および内容については，必ずしも明確に論じられてきたわけではなかった。このため，ときには，歴史的連続性がきわめて外形的な類似性に求められる結果となったのである。このようなアプローチの欠陥は，戦前の経営と戦後の経営との関連についての理解をめぐって，とくに顕著に現れている。その結果，さまざまの解釈上の混乱を生じた。この点については，本書の第2章で論ずるところである。

　いまひとつの立場は，日本的経営を将来にむかってどのように改革するかという問題に主たる関心をむけており，その結果，日本的経営の伝統については，これを一応考慮の外におき，現時点における日本的経営の特質のみを問題としようとするものである。この立場は，いわば歴史的連続性の把握を回避するものである。たとえば，動態組織の形成という立場から日本的経営の改革を志す土方文一郎氏は，この問題に対する氏自身の態度を次のように表明している。

　　組織体質を成り立たしめている基本的要因を，さかのぼってゆけば日本人の特性，日本社会の風土的条件といったものにまで至るかもしれない。しかし，いまはそうしたところまでさかのぼることをしまい，実は一挙に国民性論や風土論まで還元してしまう議論が盛行しているように見えるのだが，こうした論議は時として宿命論に落ち入りかねない。単純な現状是認論になってしまう危険をもっている。それゆえにもう少し操作可能な要因のレベルで議論を展開すべきである[1]。

　この立場の陥りやすい欠陥は，歴史的連続性の把握を回避しているために，とかく組織改革において無視することのできない文化的・社会的基盤を無視し，

いかなる改革も可能であるという錯覚に陥りがちであるという点に認められる[2]。以上において論じた2つの態度のうち，前者の立場をとるものの例としては，間宏氏による『日本的経営の系譜』を，また後者の立場をとるものの例としては，土方文一郎氏の諸編著や，山城章氏『日本経営学』などをあげることができる[3]。

さて，この歴史的連続性と変化の問題についての著者自身の見解は，次のとおりである。すなわち，

1. まず第1に，それぞれの社会に特徴的な経営形態が生みだされてくる根底には，その社会に住む人びとの間に一般的に認められる心理特性，あるいは，その特定局面への反映であるところの諸意識が存在していることを指摘しなければならない。これらの心理特性ないし意識は，いわば潜在的な志向性をなすものであり，それらは，一定の与えられた制度的条件のもとで，現実に行動特性となって発現するのである。しかし，潜在的な志向性であるとはいえ，それらは，制度の形成過程に対して執ようなかつ永続的なインパクトを与えるものと考えられる。

2. 第2に，経営組織は，このような人びとの志向性のもとで，みずからの直面する諸問題を克服して，その経営目的を達成しようとする。このため，経営者は，この志向性が，経営目的に対して有効かつ効果的な行動特性となって発現するよう，諸制度的条件を形成しなければならない。このように，人びとの行動を効果的に組織化する場合に，つねにその拠りどころとされる考え方ないし原理を，経営の"編成原理"と呼ぶこととする[4]。この原理は，その根底において人びとの間に根強くみられる国民的心理特性とくにその深層部分と密着しているがゆえに，この特性が変化しないかぎり，容易に変化することのないものであると考えるのである。

3. 第3に，このような経営の基本的編成原理にもとづきつつ，環境諸条件によって与えられた諸問題を効果的に克服しうるよう，現実的な経営諸制度が構成される。ところで，この"制度"(institution)という用語は，制度学派の祖といわれるソースタイン・ヴェブレンやジョン・R・コモンズ以来，実にさまざ

まな意味に使われてきている[5]。しかし，著者は，ここで，"制度"を次のようなものと考えている。すなわち，"制度"というのはある社会に顕著な心理特性や思考習慣が，意識化され，システム化され，公式化されたもの，あるいは，その途上にあるものである。そして，この制度は，それが確立することによって，逆に，人びとの思考に働きかけ，それをより強力にパターン化するものである。"制度"をこのようにとらえると，経営制度は次のように理解することができる。すなわち，経営制度とは，経営目的を効果的に達成するために，人びとの心理特性に支えられた志向性を，一定の方向に誘導し，これによって，人びとの行動を規制し秩序づけるように，意識的に形成されたシステムであるということができる。そしてこの経営制度は，一般に制度というもののもつ機能がそうであるようにその成立によって，それが予想した人びとの"志向性"を，逆にいっそう強化する効果をともなっている。たとえば，特定集団への定着志向をもつ人びとの間で終身雇用制度や年功序列制度が形成されることによって，人びとの定着志向はいっそう強化され，このような制度的条件のもとでは，現実に特定集団に定着するという"行動特性"が現れることとなる。ここで注意を要する点は，これらの制度が，一方的に特定の意識を形成し，行動特性を生みだすわけではないという事実である。すなわち，終身雇用制が一方的に集団への定着を生みだしたのではなく，集団への定着志向の存在を前提としてこそ終身雇用制が導入され，一定の効果をあげ，ひろく一般に普及したのであり，逆に，それが制度として確立したことによって，日本人の間の集団定着志向をいっそう強化したと考えられるのである。このことは，経営組織の外部にもひろく認められる日本人に特徴的な意識が，経営組織の内部においては，経営制度の存在によっていっそう強化されているという事実にもみることができる。ここに，日本的経営制度が，アメリカの社会にではなく，まさに日本の社会において発展した根拠が存在するのである[6]。

　以上，人びとの心理特性と経営の編成原理および経営諸制度の間に認められる相互の関係について著者の見解をのべてきたが，ここで，さらに2つの問題，すなわち，①人びとの間にみられる志向性と経営制度との間にみられる方向性

の違いについて，②諸制度の間にみられる淘汰作用について，あきらかにしておく必要がある。

さきに経営制度が，人びとの間にひろく認められる志向性を予想し，それを経営目的を有効に達成するために，一定の方向に誘導し，これによって人びとの行動を規制し秩序づけるように，意識的に形成されたシステムであると規定した。しかし，これがひとつのシステムを形成するために，組織行動そのもののもつ方向性や環境の要求によって，そのサブシステムのあるものは，ときに人びとの志向性とは異なった方向を人びとに押しつけるような事態が起りうる。また，それが意識的に形成されるシステムであるために，たとえば経営者が人びとの志向性に無関心であったり，あるいはこれを"読み違え"たりすることも起りうる。日本人の志向性を無視して，アメリカ的な"実力主義"を導入しようとした経営者の行為などは，さしづめこのカテゴリーに属するといえよう。以上のような事情が存在するために，人びとの志向性と経営制度の要求とが，それぞれ異なった方向をとる場合が存在しうることとなる。この，人びとの志向性と経営諸制度との関係については，3つの場合が想定しうる。すなわち，①第1に，その方向性がほぼ一致している場合，②第2に，その方向性がズレている場合，そして，③第3にその方向性が逆行する場合の3つがそれである。たとえば，集団定着志向と終身雇用制との関係は方向性がほぼ一致している場合であって，このような場合には，両者は互いに強化し合うと考えられる。また，集団志向性の強いわが国の経営風土に，もともと情報処理上の必要にもとづいて発展したといわれる，"multidivisional structure"が導入されたとき，多分に集団編成的な"事業部制"が形成されたなどの例は，両者の方向性がズレていた場合と考えてよかろう[7]。このような場合には，導入された制度が，本来のものとかなり性質の異なったものに変形されて定着するといった現象がみられる。そしてさらに，年功志向性とアメリカ的な職務給の制度とは，両者の方向性が逆行する場合と考えてよい。このような場合には，制度がうまく機能せず有名無実化したり，制度と人びとの意識との間に大きな"ズレ"が生じたまま，両者が併存するなどの現象が生ずる。たとえば，川島武宜氏は，西欧

的法意識を予想して形成されたヨーロッパの法制がわが国に導入された結果，1世紀近くも経過した今日なお，この法制と日本人の法意識との間には，大きな"ズレ"がみられるという興味ある事実を指摘している[8]。このような方向性のズレの問題は，経営制度の有効性の問題とかかわっているために，次にみる経営諸制度間の淘汰の問題や，さらに著者の第2の疑問，すなわち，日本的経営制度が，果してひところしきりに警告されたような，はなはだ効率の低いシステムなのであろうか，という疑問と深くかかわってくるのである。

次に，諸経営制度の間にみられる淘汰作用について，若干検討しておこう。環境諸条件からの挑戦にこたえるため，経営組織はさまざまの経営制度を工夫し，その有効性をためそうと試みる。しかし，直面する問題の性質や，さきにみた心理特性と経営制度との方向性のあり方などによって，個々の経営制度の有効性はそれぞれに異なってくる。その結果，諸制度間の淘汰作用が起ってくる。この淘汰は2つの形をとって行なわれると考えられる。すなわち，①効果のフィード・バックにより，より効果的な制度が意識的に選択されること，②適切な制度をもつ経営の勢力拡大，他の組織への影響力の増大と，不適切な経営制度をもつ経営の地盤沈下，がそれである。このような制度の淘汰過程が存在するとするならば，ひとつの社会に，長期にわたる変遷過程を経つつ形成されて来た経営諸制度は，いわばひとつの適応形態であり，少なくともその社会にあっては，諸条件に適合したきわめて効率的な制度であるとみることができる。そこでしからば，外来制度の導入はすべて無意味であるか否かが問題となる。しかしこの問題については，次のように簡単に指摘するにとどめたい。すなわち，①人間の欲求や心理特性と直接にかかわることの少ない物的側面にかかわる諸制度，たとえば，会計制度などの導入においては，抵抗が少なく逆に効果が大きいであろうということ，②人間にかかわる側面であっても，日本人の心理特性とまともに衝突することのないような制度，たとえば事業部制の導入などの場合には抵抗が少ないこと，③日本人の志向と逆行するような制度，たとえばアメリカ的な職務給の導入などは抵抗が大きいこと，などである。こうした外来制度の導入の是非は，効果によるプラスと抵抗によるマイナスとの比較

考量の問題であるといえよう。

　以上のべてきた著者の見解を図式的に要約するならば次のようになろう。

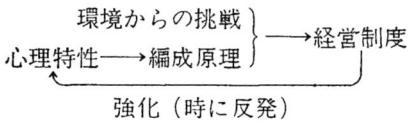

かくして、人びとの根強い心理特性と密着している経営の"編成原理"そのものは、容易には変化しないものと理解され、歴史的に変遷をとげてきたものは、その制度的表現形態であったと考えられるのである。

　以上の3者、すなわち国民的心理特性・経営の編成原理・経営諸制度の3者の間にみられる相互関連を示す1例をあげるならば、次のようになろう。すなわち、日本人の間には"集団への所属の欲求"（第3章参照）や集団への定着志向（第4章参照）が認められる。そして、これらの心理特性を基盤として、日本の経営には、組織内諸関係の安定性を志向する傾向が顕著にみられ、これが日本的経営の編成原理となっている。この原理にもとづいて、歴史上終身雇用制度が次第に形成されてきた。当初それは、経営幹部養成のための子飼いの従業員や職員層に適用されたが、のちさらに熟練工から一般の工員へと次第にその適用範囲が拡大されてきた。近年にいたってはまた、停年延長の動きが現れており、55歳停年から57歳さらには60歳へと延長される気配をみせている。このように、終身雇用制度の制度上の諸特徴は、環境の諸要求や組織内部の要求にこたえて、わずかずつではあるが次第に変化をとげつつある。しかしこの制度のよって立つ基盤である経営の編成原理は変化していないし、この原理に密着した終身雇用制度それ自体は基本的には変化していないと考えることができる。むしろ、とかくの批判にもかかわらず、終身雇用の適用範囲の拡大や停年延長の動きにみられるように、この制度の変化は、さきの編成原理に沿っていっそう拡充される方向にむかっていることがわかる。そしてさらに、この終身雇用制度という制度的条件の存在が、逆に、日本人の集団定着傾向を強化していると考えられるのである。

1) 高宮・土方・園谷編『日本的経営の動態組織』4頁.
2) このような錯覚に陥っている典型的な例としては，山田一郎氏の近著『日本的経営の批判』をあげることができる.
3) 土方文一郎『能力主義と動態組織』，あるいは，高宮・土方・園谷編『日本的経営の動態組織』および山城章『日本的経営論』(丸善経営学全書9) など参照.
4) 著者が〝組織原理〟という用語を使用せず，とくに〝編成原理〟という用語を使用した理由は，(1)最近，組織論の発展・〝流行〟にともなって，さまざまな組織観が提出されたため，〝組織原理〟という用語の意味がかえってあいまいになってしまったと思われること，(2)〝編成原理〟という用語によって，組織をつくりあげ，それを目標に合わせて調整してゆく主体的な活動すなわち organizing の側面を強調したかったことによる．なお，著者が『武蔵大学論集』に「日本的経営の編成原理」(1)を執筆した当時は，いま少し具体的なレヴェルにおける経営の編成原理を考えていた．たとえば，この論文において，著者は，〝編成原理〟の内容を，「意思決定をどのような機関でどのように行なうか，権限・責任の配分をどのように行なうか，諸職務間の調整をどのように行なうか，インセンティブやサンクションをどのように与えるかなどの問題にかかわる基本的原理をさす」と説明している．しかし，本書においては，第6章の説明からもあきらかなように，もっと基礎的なレヴェル——さきにのべた著者自身の図式によれば，制度的表現形態よりも心理特性の側に接近したレヴェル——における原理を考えている．

なお，何が〝日本的経営〟の基本的な編成原理であるかについては，視角によってさまざまの理解の仕方が考えられよう．そして，その視角の優劣は，〝日本的経営〟を理解するうえでの有効性にかかっているといってよい．したがって，著者が本章において〝日本的経営〟の基本的編成原理として提示している諸原理は，いうまでもなく，こうしたさまざまのとらえ方のひとつであって，これとは異なる理解の仕方がありえないことを主張するものでは勿論ない．
5) 著者の〝制度〟観についてあきらかにするためには，ヴェブレン (T. Veblen) およびコモンズ (J. R. Commons) の制度観について説明しておくことが必要である．著者の制度観が彼らのそれと全く同一のものというわけではないが，その系譜に沿ったものであるし，他方，彼らの制度観がきわめて重要な意味をもちうるものであるにもかかわらず，今日では，それらをややもすると〝過去のもの〟と考える傾向が存在しているからである．彼らの制度概念をここでいまいちど掘りおこし，その意義についてあきらかにすることは，著者の見解を理解していただくうえでもきわめて重要な意味をもつと考えられるので，以下少し長くなるが彼らの制度観についての著者自身の理解を記しておく．なお，この著者理解に関して詳しくは拙稿「『現代企業』論の展開」(福島大学『商学論集』第37巻第1号) を参照されたい．

さて，ヴェブレンの制度観についてみるためには，彼が提出した独自の経済学観についてみることが必要である．すなわち，彼は，科学を，大きく前ダーウィン主義科学 (Pre-Darwinian science) とダーウィン主義科学 (Post-Darwinian science) とに分け，この両者の差異を次の点に求める．すなわち，前ダーウィン主義科学にあっては，科学者達は均衡の問題に研究の焦点をおき，諸現象を支配する自然法則を追究する．これに対して，ダーウィン主義科学にあっては，科学者達は，終局的な均衡状態をではなく，対象の累積的 (cumulative) 連続的 (consecutive) 変化の過程を追究する．ヴェブレンは，科学が，その長い発展の過程で，徐々に前者から後者へと移行したと考える．つまり，ヴェブレンにとって，近代科学とは，何が起ったか，何が起りつつあるかに関心をもつ進化論的科学でなければならなかった．経済学も勿論その例外ではない．しかし，彼のみるところ，古典派はいまだある種のアニミズムから脱却しきっておらず，正常的 (normal) な関係についての論理一貫した理論体系の構築に熱中していた

し，また歴史的な視点を導入した歴史学派や，かぎられた範囲で過程の追究を行なったオーストリー学派も，結局は，原因と結果とが複雑にからみあって展開する過程の発生論的説明を行なったものではなかった。かくてヴェブレンは，経済学が，古い科学の諸特質をまだ多く残していて進化論的科学とはなっていないとみる。(T. Veblen, The Place of Science in Modern Civilization and Other Essays, first edition 1919, 所収の次の論文 "The Evolution of Scientific Point of View" および "Why is Economics Not an Evolutionary Science?" 参照) このような考えに立って，彼は独自の経済学を提唱する。重要な相違点はまずその人間観の差に認められる。ヴェブレンは，オーストリー学派が，かぎられた範囲内ではあるが，事象のプロセスを問題とし，よく発生論的研究をなしえたにもかかわらず，結局失敗した原因は，彼らの誤った人間観にあるとみる。彼らにあっては，人間は快楽説的 (hedonistic) に，いわば受身で自動力のない，不変の性質を与えられたものとして把握された。これに対してヴェブレンは，これとはきわめて異なった人間観を支持する。彼によれば，人間は外からの力によって喜んだり苦しんだりするだけでなく，みずから行動する。人間はたんなる欲望の束ではなく，展開される活動のなかで自己実現と自己表現とを求める性質と習慣の体系である。この活動を導く人間の欲望は，与えられた伝統・慣習・物的環境のもとに・彼の経歴・経験の結果として次第に形成されるものである。人間をこのようにとらえる結果，個人の経済活動は次のように把握される。「個人の経済生活の歴史 (the economic life history) は，過程の進行につれて累積的に変化する目的に手段を適応させる過程，その行為者も環境も，つねにその前の過程の結果であるような，一つの累積的な過程である。彼の今日の生活方法は，昨日からもちこされた生活慣習と，昨日の生活から機械的に引きつがれた環境によって強制される。」(傍点著者) そしてこのことはまた個人の属する集団にもあてはまる。「すべての経済的変化は，経済共同体における変化，その共同体において物資を利用する方法の変化である。すべての変化は，つねに結局，思考習慣の変化である。」(傍点著者) この思考習慣の変化こそ，ヴェブレンのいう進化論的経済学において研究の対象とされるものである。しかもこのような思考習慣は，終りのない累積的な変化の過程にあるものとして把握される。かくて，ヴェブレンのいう進化論的経済学は，「経済的関心によって規定される文化の発展過程の理論，経済制度の累積的変化のプロセスそのものについての理論」(傍点著者) として理解される。(Ibid., pp. 73-77)

　さて，古典派やオーストリー学派が，一定の制度的条件を前提ないし与件としたうえで，経済活動のうちに貫徹する経済法則を追究したのとは異なって，ヴェブレンは，主として経済的関心に規定された文化現象としての経済制度を研究の対象とし，この経済制度の累積的・連続的変化のプロセスを追究した。このことから，彼は，典型的な経済制度であり当時めざましい発展をとげつつあった企業を経済学における1つの基本的分析対象として登場させたのである。なお，ヴェブレンの制度観とコモンズのそれとの差異については，前掲拙稿「『現代企業』論の展開」を参照されたい。

6) わが国に終身雇用制が制度として充分に定着する以前には，かなりの程度に企業間の労働移動が行なわれた時期がある。しかし，この事実は，日本人の間に集団への定着志向が存在するという解釈を反証するものではない。すでに "ムラ" 的関係においては，あきらかにこのような志向が存在していたし，このような "ムラ" 的関係を離れて大都市に集まった人びとの間でも，終身雇用制が歓迎され，大きな魅力となり，終身雇用の制度化が，子飼いの幹部候補から一般職員，熟練工，一般工員へと次第に拡大されるにともなって，ひろく定着していったからである。そもそも終身雇用という方策をうちだした発想の根底には，労使双方ともにこのよう

な集団への定着を望ましいとする独特の心理がひそんでいたとみなければならないし，このような心理特性なしには，この制度がわが国の企業の間に，かくもひろくかつ根強く定着することはなかったであろうと考えられるからである。

7) Alfred D. Chandler, Jr. *Strategy and Structure: Chapters in the History of the Industrial Enterprise* (Cambridge, Mass. 1962) 参照．
8) 川島武宜『日本人の法意識』参照．

III 日本的経営の効率性と編成原理

著者が抱いた第2の疑問は，一時期しきりと論じられ，警告が行なわれた，日本的経営制度の低い効率性の問題とかかわっている。野田一夫氏の言葉を借りれば，昭和30年代に起ったアメリカ経営学ブームの最中にあっては，「日本的制度や慣行は極端にいえば，それらがただ"アメリカ的でない"というだけの理由で"改革されるべきもの"また"克服されるべきもの"と考えられた」[1]。このような圧倒的な雰囲気のなかで，日本的経営制度の効率の悪さが，種々指摘されたのであった。しかし，野田氏の指摘にもみられるとおり，1960年代にみられた「アメリカの経済力の相対的低下」と「日本の経済力のめざましい興隆」とによって，「かつて全面的に否定された日本的制度や慣習の中に時代を超越して価値のあるもの，あるいは実際に効果のあるものを求めようとする」傾向が台頭してきたのである[2]。著者がアメリカ経営史研究のために渡米した1969年当時は，時あたかも日本のGNPが急速な伸びを示し，それが自由世界第2位に達するか否かが問題とされ，いわゆるGNPブームが起りつつあった時期である。こうして，著者自身も，御多分に洩れず，日本的経営制度をきわめて効率の悪い制度とみなす見解に対して，自分なりに疑問をもちはじめたのであった。この疑問に解答を見出そうとして執筆したのが，さきにかかげた，The Competition within Bureaucratic Organizations : Some Outstanding Aspects of the Competitions in Contemporary Japan (1972年3月)であった（この論文の趣旨は本書の第7章に生かされている）。この論文は，日本的な経営制度である終身雇用制度や年功序列制度そのものが，組織のなかに激しい競争を生みだしており，それが，日本的経営組織のダイナミズムを支えてい

III 日本的経営の効率性と編成原理

ることを論じたものである。

　しかし，日本の経営の再評価の波のなかにあっても，日本的経営制度そのも・のもつ効率的な側面の分析はあまりみあたらない。せいぜいのところ，日本的経営が日本人の組織に対する高度の忠誠心を生みだしているという事実や，日本人の集団主義がある種の爆発的なエネルギーを生みだしているといった事実が指摘されたり，あるいは，「日本株式会社」論の影響のもとに，日本の経済システムの全体としての効率のよさが論じられるにとどまっている。こうした指摘そのものは，事実の正しい指摘と思われるが，日本的経営制度そのもののもつ効率のよさを分析したものではないし，またそれを納得的に説明するものでもないのである。そこで本書においては，日本的経営制度そのもののもつきわめて効率的な諸側面にも光をあててみたいと考えたわけである。

　さて，著者の見解では，日本的経営組織は，さまざまの批判にもかかわらず，現実にはきわめて効率的に機能してきたと考えられる。勿論，第2次大戦前におけるわが国企業の歴史は，さまざまの脆弱性をかかえる後進資本主義国企業の辿るべき運命として，いわば苦闘の歴史であったといえるし，また第2次大戦後の時期においても，わが国の企業は壊滅的な状況から立直り，先進資本主義国の地盤に喰い込んでゆく茨の道を辿ったといってよい。このような厳しい環境のなかで，日本的経営制度の効率的な側面は，克服を迫られるさまざまの問題によっていわば被い隠されていたといえよう。しかし，第2次大戦後におけるわが国企業の奇蹟的ともいえる立直りやその後のいっそうめざましい躍進は，日本的経営制度の効率的な側面の再評価をわれわれに迫った。かくして，内外においてその再評価の気運が高まって来たのである。

　日本的経営制度がきわめて効率的に機能した原因として，著者は現在，2つの原因を考えている。すなわち，

　1. まず第1に，日本的経営制度が，日本の経営体をめぐる諸関係に一種の安定性をもたらすと同時に，その沈滞を避けるメカニズムをそなえていたこと，しかもこの両者が，かなりにうまくかみ合って機能していることを指摘しなければならない。さらに興味深い現象は，第7章において克明に分析したように，

終身雇用制や年功序列制など、日本の経営に安定性をもたらしている諸制度そのものが、ある種のダイナミズムを組織のなかに生みだしているという事実であろう。

2. 第2に、日本的経営制度が、日本人の心理特性にはけ口を与え、これを有効に組織するものであったこと、その結果、組織の要求が、日本人の志向性と同一の方向、ないし、きわめて近い方向をとることとなり、のちに検討するように、アメリカの経営組織においては組織の高度化が生みだす諸要求が、人びとの志向性と逆行する結果となり、さまざまの緊張を生みだしているのとは異なり、むしろ、日本人の志向性を強化するような方向をとったこと、を指摘しなければならない。そして、日本的経営の編成原理が、この2つの傾向、すなわち、日本的経営制度の効率的機能をもたらした2つの傾向を支えていたと考えられるのである。ここにいたって、著者の2つの疑問が、結局はひとつの事象——すなわち日本的経営の編成原理——の2つの側面とかかわっていたことがあきらかとなった。すなわち、日本的経営の編成原理の解明が、著者の2つの基本的な疑問に解答を与えるいわば要であったのである。本書を『日本的経営の編成原理』と名付けたゆえんである。

さて、日本の経営に一種の安定性と刺激のバランスをもたらし、また組織の要求と人びとの志向性の一致を生みだした、日本的経営の編成原理が、現実にはどのような内容のものであったかについては、第6章において詳細に取扱うが、読者の便宜のため今それらを箇条書的に列挙すれば、次のとおりである。すなわち、

原理1．"関係"そのものの永続性の維持：これは、現実的な関係そのものを永続させようとする傾向を表わしており、組織と組織成員との関係にとどまらず、組織と他の組織との関係にも適用されるものである。

原理2．調和的関係の維持：これは、原理1によって維持される永続的な関係を、できるかぎり調和的なものとして維持しようとする傾向を表わしている。和の重視はそのひとつの現れであるが、それはこの原理の組織内部における一

表現であって，この原理そのものは，信頼関係の維持など，組織の外部にまで及ぶもっと広い範囲にわたって適用される原理である。

原理3．形成された身分秩序の尊重：これは，職員・工員の身分制や年功制的秩序など，その現われ方には時代によって若干の差はあるが，形成された秩序を攪乱する要因はできるだけ避けようとする傾向を示している。こうした傾向は，いわばいかなる組織にも大なり小なりみられるところであるが，その特定の身分序列への固執は，アメリカの経営組織とは顕著な差異を示している。

原理4．集団編成による所属感の満足と情緒的安定性の維持：日本の経営体は，経営体そのものが，ひとつの集団としての性格をもっており，組織成員の所属への欲求を満足させているが，経営体の内部組織も，一種の集団編成となっていて，その成員に，情緒的な安定感や協働の満足を与えるよう配慮されている。

原理5．急激な変化の回避：日本の経営組織には急激な変化を避けようとする傾向がつねに働いており，組織そのものが存亡の危機に立たされる場合等を除けば，ドラスティックな変化は歓迎されない。比較的大きな変化としては普通，年1回の全組織的行事として，しかも慎重な配慮のうえに行なわれる，定期人事異動がある。

原理6．安定性志向と沈滞回避の両立：日本的経営には以上のように組織に安定性を与えるさまざまの工夫がみられるが，これらの安定性を志向する工夫そのものが，逆に組織にある種のダイナミズムを生みだすように編成されている。また，組織に組み込まれたインセンティヴ・システムは，人びとの安定性志向を巧みに生かすよう慎重な配慮がなされている。

原理7．組織成員の義務の無限定性：これは，従来あまり注目されていなかった原理であるが，これなくしては，日本的経営制度そのものが存立しえないよ

うな，基本的な編成原理であるといってよい。この義務の無限定性については，第9章において詳しく論じているので，ここでは詳論を避けよう。

　以上，著者の，日本的経営に対するアプローチの概要を説明した。以下，次のような構成によって，それぞれの問題についての著者の見解をのべてゆくこととしよう。すなわち第2章では，戦前の経営と戦後の経営との近似性の問題を手掛りとして，家族主義，集団主義と日本的経営とのかかわり方を論じ，日本的経営の編成原理について考察することの重要性を指摘した。次に，この日本的経営の編成原理が，歴史的・社会的に形成された日本人の心理特性と深い関係があると考えられるところから，第3章においては，日本人の諸心理特性の基盤をなすと考えられる，日本人の社会意識について。第4章においては，このような日本人の社会意識を背景として生みだされてくる日本人の心理特性のうち，日本的経営の編成原理ととくに深い関係をもつと思われる3つの心理特性，すなわち，①"ウチ"と"ソト"の意識，②集団への定着志向，③組織内の地位にことさら執着するという特異な地位の意識について，そして第5章においては，組織ととくに重要な関連をもつと考えられる心理特性，すなわち，日本人の責任意識および権限意識について，それぞれ検討した。以上，日本人の諸心理特性について検討したうえ，第6章においては，日本の経営組織に安定性を生みだしている，日本的経営の諸編成原理について，諸心理特性および経営諸制度との関連を踏まえながら論じた。ただし，組織の集団的編成の原理については，それが生みだすダイナミズムの性格が，他の諸編成原理が生みだすそれと，やや性格を異にしているので，第8章において別に取扱った。さて，第7章においては，第6章で論じた日本的経営の諸編成原理が，現実に，どのようなしくみで，日本の経営組織にある種のダイナミズムを生みだしているかについて，かなり克明に分析した。第9章においては，義務の無限定性が，日本的経営組織の編成においていかに重要な役割を果しているかということ，この原理は，巨大な組織が効率的に機能するためにいわば組織自身が要求する原理であり，米国の経営組織においても，次第にこの組織の要求が強まっているが，この要求は，日本人の心理特性や他の組織編成原理とは矛盾しないのに対

して，米国の組織にあっては，それが，米国人の心理や組織の編成原理と矛盾するものであり，組織成員との間に大きな緊張を生みだしていること，この緊張のために，いっそう大きな金銭的インセンティヴが必要とされることについて論じた。第10章では，以上検討した諸編成原理を踏まえて，日本の経営組織にビルト・インされているインセンティヴ・システムが，きわめて有効に作用していること，そのうえ，それは，金銭的コストのきわめて小さい，効率的なものであることを論じた。

1) 野田一夫『日本の経営』(ダイヤモンド社，現代経営学全集16) 序文2頁．
2) 野田・前掲書2～3頁．

第2章　家族主義か集団主義か

I　日本的経営と家族主義

　第2次大戦後,わが国の諸企業が,熱心にアメリカ式管理技法の導入につとめたことは,周知のとおりである。しかし,さまざまの技法や制度の導入にもかかわらず,戦後わが国の経営は,欧米のそれとは大きく様相を異にし,むしろわが国戦前の経営と,さまざまの点で,高度の近似性を示すものとなった。勿論,"革命的"ともいうべき時代の変化を反映して,両者の間には重要な差異が認められる。しかし,にもかかわらず,両者は,きわめて根元的なところで,つまり経営の編成原理において,高度の歴史的連続性を示しているように思われる。この事実のもつ意味は,きわめて重大である。すなわち,従来,"日本的経営"の特質について論ずる場合には,しばしばこれを,"家族主義"と関連づけて説明することが,行なわれてきた。たしかにこの視角は,わが国戦前の経営を説明するうえでは,一応の有効性をもつものであったということができる。しかし,戦後,伝統的な家族制度が崩壊し,これにともなって"家"イデオロギーも次第にその実効力を失ってしまったことから,それは,戦後における"日本的経営"の特質を説明するうえでの,有効な原理ではなくなってしまった。ここに,いくつかの疑問が生ずる。すなわち,①戦前の経営と戦後の経営とは,それぞれ異なる編成原理にもとづくものであり,たまたまその外見上の特徴が近似したにすぎないものなのか否か,②もし,両者の編成原理の間に,何らかの連続性が認められるとするならば,それは何か。"家族主義"がすでに戦後の経営を説明しえない以上,われわれは,"家族主義"の原理をもって,両者の統一的な編成原理とすることができないのはあきらかである。したがって,もし以上の推論が正しいとなれば,われわれは,"日本的経営"の編成原理

を，"家族主義"以外の原理に求めなければならなくなるのである。この場合，戦前の経営における"家族主義"の意義が，改めて問い直されなければならなくなる。

　以上のように，戦前の経営と戦後の経営との関連，すなわち，この両者の間の歴史的連続性および断絶の関係を把握すること，ことに，その外見上の諸特徴の近似性にとどまらず，両者の基本的な編成原理の間に一定の連続性が認められるか否かを把握することは，"日本的経営"の特質を論ずるうえで，きわめて重要な問題であるといわなければならない。にもかかわらず，従来，この両者の関連についての諸学者の理解はきわめてあいまいであり，また，この問題が，その重要性にふさわしいだけの関心を集めることもなかったと思われる。

　さて，この問題についての著者自身の見解は，要約，以下のとおりである。すなわち，著者は，「戦前の経営と戦後の経営とは，それぞれ異なる編成原理にもとづくものであり，たまたまその外見上の特徴が近似したにすぎない」という見解をとらない。むしろ，第1章において指摘したように，外見上の諸特徴の間には，時代の変遷とともにさまざまの変化が認められるが，両者の基本的な編成原理の間には，高度の連続性が認められると考えている。そして，著者は，このような"日本的経営"の編成原理を支えているものを，安定性志向の強いある種の"集団主義"に求めるのであるが，それは"経営家族主義"とか"日本的民主主義"とかの理念よりももっと根源的な，いわば日本人の間に深く定着した行動特性・心理特性に根ざしたものであり，したがって，このような特性が変化しないかぎり，容易に変化をうけることのないものと考えるのである。第2章においては，①諸学者が，"日本的経営"の編成原理として承認してきた"家族主義"と日本的経営との関係について再考すること，②この"家族主義"と日本的"集団主義"との関連について検討することによって，著者の上述の見解について，その論拠をあきらかにしてゆくこととする。

　"日本の経営"についてのすぐれた研究も，すでに相当の数にのぼっているが，本稿においては，『日本的経営の系譜』にみられる間宏氏の見解を検討す

ることからはじめたい。その理由は，①本書が，小冊子ながら一定のすぐれた視角から"日本的経営"の発展を要領よくあとづけたものであり，出発点とするに足る労作であること，②にもかかわらず，この著作における間氏の見解にみられるいくつかの問題点（と著者には思われる）が，多くの類書に共通したものであること，③間氏の見解の長所，短所を検討することが，著者自身の問題意識を説明するうえで，きわめて好都合であること，などに求められる。この著作は，はじめ，昭和38年に現れたものであり，以来すでに相当の年月が経過している。いわばそれはこの領域における先駆的労作のひとつであったともいえる。今頃ひきだされて再検討されるのは間氏にとってはいささか"迷惑な話"かもしれないが，御寛恕を願っておく。

　さて，間氏は，本書において，企業経営の特徴を把握する場合に，歴史的連続性と，その各時代の社会的環境への適応についてみるという視角の重要性を説き，次のように指摘している。すなわち，「各時代の企業経営の特徴は，歴史的連続性と，その時代の社会的環境の特殊性とから説明される」[1]。これはきわめて重要な指摘であった。その理由は，企業経営のあり方そのものが，現実に，このように一定の歴史的連続性を保ちながらも各時代の環境に適応しつつ発展するものであるという事実のほか，とくに"日本的経営"の特質が問題とされる場合には，"日本の経営"を他の諸国の経営から区別し特徴づけるある一貫した性格が，すなわちその歴史的な連続性が問題となるのであり，他方，このような"日本の経営"も，時代によって大きくその様相を変えるものである以上，"日本の経営"を貫いて流れる歴史的な連続性とその各時代への適応状態が究明されなければならないからである。

　ところで，間氏は，このような視角から"日本的経営"の歴史的源流を，家業として営まれていた商業経営に求めたのであった。すなわち，間氏によれば，こうした家業経営による近世の中小商家経営は，はじめ，"のれん分け"を媒介として，分家や別家がそれぞれ一応独立の家業経営を営みながら，"のれん"を守り，たすけ合う商家同族団を構成していた[2]。しかし，経営規模の拡大とともに，それは，次第に，家計の面では一応独立した分家あるいは別家が，小

I　日本的経営と家族主義

営業主にはならず,本家に通勤してその家業経営に参加するという,同族経営へと変化していった。そして,経営規模がいっそう拡大すると,将来の経営者養成を目的とした丁稚制度の枠内では人員をまかないきれなくなり,将来原則としては経営者になれない中年者や支店かぎりの雇人の採用が行なわれるようになり,「かれらの数が,増すにつれて,経営全体の構造は,かつてのように,全体が同族経営をなしていたものから,上層だけが同族で固められる形態に変化」していったのである[3]。

さて明治以降における"日本の経営"も,氏によれば,この商家経営の系譜に連なって発展してきた。間氏はいう。

> 民営企業の経営方針にもっとも直接的に影響を与えたのは,こうした官営の,ひいては武士の,組織運営の仕方ではなくて,商家のそれである。
> もしも,岩崎が,払下げをうけた官営工場の運営にあたって,官営時代と同じように,最初から徹底した直傭制をとり,それを監視するために多数の職員を雇用するいき方をとったとしたならば,黒字経営になったかどうかはまったく疑わしい。むしろかれが,武士的な方法を捨てて,商人的な方法に踏み切り,問屋制的支配の経営に切りかえたからこそ,資本的にも,技術的にも不安定な明治時代を乗り切ることができたのではなかろうか。同じ武士出身者でも,この切りかえができず,いつまでも武士の生活を固執していたようなばあいには,いわゆる「士族の商法」に終わってしまった。旧藩主によってつくられたいくつかの藩営工場の末路がそのことをよく物語っている[4]。

こうして,間氏によれば,問屋制的支配形態のもとに親方制などにみられる下請制が普及・発達したのであるが,この下請制を基盤として,いわゆる原生的労働関係が一般化する。その結果,階級関係が次第に明確化し,労使間の連帯意識は消滅してゆくこととなる。このような状況のもとで,財閥諸企業が支配的な地位を確立するとともに,他方労働運動の高揚や工場法制定などの動きがみられた。経営家族主義は,このような事態に直面した大企業が,それに対する対抗策として,従来,個別的・断片的に行なわれていた従業員に対する温情的措置を,組織的・総合的な管理施策へと高めたもので,それは,間氏によれば,欧米の事情に明るい「スマートな経営者のつくったスマートな経営施策」であったというのである[5]。そして,このような"経営家族主義"がひろ

く普及したのは第1次大戦前後の時期であったとされる。

　以上のように，"日本的経営"の歴史的連続性を家業経営に求めた間氏は，経営家族主義が"家業経営との連続性を強くもつ財閥独占資本の支配"が確立し，天皇制家族国家の思想が強調される一方，家族制度がわが国の醇風美俗として称揚されるという時代的背景のもとで，「経営者のみでなく，労働者にも世論にも」(傍点著者)説得力をもったのであると考える[6]。

　以上，戦前における"日本的経営の系譜"についての間氏の分析は，かなり説得力をもっている。しかし，戦前の経営と戦後のそれとの関連性についての氏の把握は，次にみるように，必ずしも明確ではない。すなわち間氏はこの両者の関連を次のように説明しているのである。いわく，終戦後アメリカ式の管理技法の導入が行なわれたが定着せず，このアメリカ的諸技法に"日本的修正"がほどこされて，「外見的には，戦前の家族主義と大差ないような管理体系」(傍点著者)が編成されていった。それは，終身雇用制および年功序列制に基礎をおいており，根強い身分制的観念にうらうちされた職制組織をもっており，また，福利厚生制度の充実をはかろうとするものであった。それは，管理体系全体としてながめれば，全人的雇用関係を前提とした，全人的労務管理施策という特徴をもっており，内容的には，従業員に対する温情主義的生活保証施策であって，「このかぎりでは，戦前の経営家族主義との連続性があきらかに認められる」(傍点著者)ものであった[7]。このように両者の歴史的連続性を外見的特徴において把握する一方，その質的な相違について氏は次のようにいう。

　　戦前と戦後の労務施策の相違は，それを成り立たせている社会的背景の相違を考えれば，いっそう明瞭なものとなろう。ここでそれを詳述する余裕はないが，たとえば，経済的にみた戦前の財閥独占資本主義と，アメリカ独占資本と結んだ戦後の独占資本主義との相違，とくに後者における修正資本主義的傾向の強化，また，政治的にみた，天皇制家族国家から民主的福祉国家への指向があげられよう。
　　一言でいえば，いろいろな問題はあっても，今日は民主主義の社会だということ，したがって，労務施策もそこから出発しなければならなくなっていることは，戦前と戦後の質的な相違のもっとも根本的な原因である[8]。

こうして間氏は、「戦前の家族制度のもとでの親子関係をもって、労使関係を擬制」していた戦前の経営家族主義と、このような擬制をなしえなくなった「戦後の経営家族主義的なもの」（傍点著者）とを「段階的に区別」し、後者を"経営福祉主義"と呼ぶ。

　以上の間氏の分析は、一見、"日本的経営"の歴史的連続性とその時代への適応を明快に分析したようにみえる。しかし氏の見解はなお、重要な点であいまいさを残している。すなわち、間氏の立場に立てば、天皇制家族国家およびそのもとでの"家"制度を背景として、「親子関係をもって、労使関係を擬制」した戦前の"経営家族主義"は、戦後天皇制家族国家およびそのもとでの"家"制度が崩壊した結果、これにともなって崩壊したという結論に到達せざるをえない。しかるに、戦後、熱心なアメリカ的諸技法の導入にもかかわらず、労働組合まで一役買って再編成された"日本的経営"は、間氏自身の指摘にもあるように、戦前の経営と高度の近似性を示すものとなって出現したのである。そこで、当然、このような戦前および戦後の"日本的経営"にその編成原理を提供したものが何であったかを問題としなければならなくなる。しかも、重要な点は、天皇制家族国家およびそのもとでの"家"制度はすでに崩壊したのであり、戦後は親子関係をもって労使関係を擬制することも困難となった以上、"家"イデオロギーをもって、その編成原理を説明することはできないということである。

　この点について、間氏自身は、次のように説明している。すなわち、「経営家族主義が、戦中・戦後の変革にあいながら、なお経営福祉主義として復活したということは、たんにそれを復古調として、あるいは前代の遺制として片づけることのできない重要な問題である。その理由は、経営家族主義を成立させた基盤が、今日でも存続しているからだといってよい。」ところで、間氏のいう経営家族主義を成立させた基盤とは、脆弱な基盤に立って国際競争に立ちむかわなければならない日本資本主義が、「相対的に低い条件で高いモラールを維持」しようとする必然的な傾向（?!）を意味している。つまり、間氏によれば、戦前、戦後をつうじて、このような経済的条件が日本の経営を生みだす基

盤をなしていたのであり，このような経済的条件のもとで，企業がみずから直面する諸問題を克服するために，"家"イデオロギーを利用しようとしたのが，戦前の経営家族主義だったのである。したがってこのような基盤が存続するかぎり，"家"イデオロギーが崩壊したのちも，戦前の経営と高度の近似性をもった"日本的経営"が復活するのはむしろ自然のなりゆきということになる。しかし，重要な点は，このような経済的条件の存在そのものは，きわめて"日本的"な解決策へと必然的に導くものではないということ，また，このような解決策がとられたとして，それが一般の従業員に受入れられ，充分にその効果を発揮することを保証するものではないということである[9]。このようにみてくると，戦後における"日本的経営"が戦前のそれと高度の近似性をもって現れた事情を説明するうえで，間氏の説明は必ずしも充分とはいえない。この間の事情を説明するためには，①戦後における"日本的経営"の編成原理は何であったのか，②それは戦前の経営の編成原理に代って現れたものなのか，あるいは一定の連続性をもって現れたものなのか，があきらかにされなければならない。しかし間氏の分析は，この点を明確にしないままに，"経営福祉主義"という，戦前の経営との類似性と差異性とを同時に表現する"手頃な"別名を"発明"することで終ってしまっている。その結果，間氏にあっては，戦前の経営と戦後の経営との歴史的連続性は，いくつかの断片的なかつ外形的な類似性に求められ，またその差異は，"民主化された社会における親子関係擬制の困難さ"に求められることとなった。つまり間氏の場合，"日本的経営"の根底に横たわると考えられる"経営の編成原理"における"歴史的連続性"あるいはその"断絶"があきらかにされていないために，戦後の経営が，戦前のそれと高度の近似性をもって再編成された根拠の説明が不明確で，そのことによってまた，戦後の経営の基本的特質の説明も不充分なものとなってしまったのである。このため，戦前の経営についての間氏の分析は，かなりの成功をおさめているものの，戦後の経営についての分析は，やや断片的で統一性を欠き，また，戦前の経営についてみずから行なった説明との関連もあいまいなものとなっている。たとえば，『日本的経営』において間氏は，テンニースの提出した，ゲマ

インシャフトとゲゼールシャフトの概念を援用しながら，突如として〝擬似ゲマインシャフト〟としての日本的集団主義をもち出してくるのであるが，この〝集団主義〟と〝家族主義〟との関連の把握はきわめてあいまいである。そこで，われわれがあきらかにしなければならない点は，さきに指摘したように，〝経営の編成原理〟における歴史的連続性あるいはその断絶であろう。そして，この問題をあきらかにするためには，われわれは，次の３点について検討しなければならない。すなわち，①もはや家族主義によっては説明しえなくなった，戦後の〝日本的経営〟の編成原理は何に求められるのか。もしそれが，多くの論者が指摘するように，〝集団主義〟に求められるとするならば，②〝日本的経営〟の編成原理としての〝集団主義〟は，〝家族主義〟に代って戦後突然現れたものなのかどうか。③もしそうでないとするならば戦前における〝家族主義〟と〝集団主義〟との関係は，どのようなものとして把握されるべきものなのか。以下，これらの点を念頭におきながら〝家族主義〟と〝集団主義〟との関連について検討しなければならない。

1) 間宏『日本的経営の系譜』33頁。
2) この商家同族団について，詳しくは中野卓『商家同族団の研究』を参照。
3) 間・前掲書40頁。
4) 間・前掲書83頁〜84頁。
5) 間・前掲書125頁。
6) 間・前掲書29頁。
7) 間・前掲書262頁。
8) 間・前掲書262頁〜263頁。
9) 日本資本主義の基盤が戦前ないし終戦直後のそれと比較してはるかに強固となった今日においてなお，間氏のいう〝経営福祉主義〟は〝日本的経営〟の基本的な特徴をなしているという事実，またこれに対する批判は，むしろ，主として現在以上の労働強化を欲している側から出されているという事実に注意しなければならない。このことは，資本主義の脆弱な基盤が，〝経営家族主義〟ないしは〝経営福祉主義〟の必要条件でもなければ十分条件でもないことを示している。

II 〝家族主義〟と〝集団主義〟

以上のべたところからあきらかなように，戦後の経営の編成原理を理解する

ためには，まず，"家族主義"と"集団主義"との関連について，明確にしておかなければならない。

さて，"集団主義"がわが国古来の"醇風美俗"であるか否かなどという価値判断に関する論争は問題外として，ここでとくに取上げなければならない論点は，集団主義が家族主義のひとつの帰結であるか否かという問題である。ここでは，まず，その1例として，津田真澂氏の見解をあげよう。津田氏は，わが国の集団主義経営が「イエ」共同体を根拠とするものであり，その崩壊によって集団主義経営も崩壊にひんしていると主張する。すなわち，津田氏によれば，

　集団主義の経営理念は，集団主義を実体的に支えてきた「いえ」共同体や年功制度の根拠が，今日では失なわれてしまったか，あるいは失なわれつつあるにもかかわらず，いわば過去の理念の事後効果（アフター・エフェクト）として辛うじて残っているのである。
　今，新しい環境に即して集団主義を存続させるタテマエを作っておかなければ，日本的経営を欧米型経営とは異ならしめている特質であるところの集団主義は砂上の楼閣のごとくに崩れ去ってしまうだろう。まさに今がその画期であり，今の時期を失なっては再建の機会は永久にこない[1]。

という。しかし，現実にわが国の集団主義経営は辛うじてその余喘を保っているのであろうか。あるいはそれは，急速に崩壊しつつあるのであろうか。これは，なお慎重な検討を要する興味ある問題であり，津田氏のように，単純・明快に切捨ててしまってよい問題とは思われない。この問題についての，間氏の見解は，二重の意味で検討に価する。すなわち，一方でそれが重要な問題の指摘を含んでいるからであり，他方，氏の見解にみられる"ためらい"ないし首尾一貫性の欠如が，問題点の性質をのぞかせているからである。

さて，間氏の場合には，津田氏のように「過去の理念の事後効果として辛うじて残っている」と単純かつ明快に割切ることにはためらいがみられる。みずからの論理的帰結とは必ずしも一致しない現実の過程を単純に無視できない間氏は，この両者の矛盾を調和させようと，次のような苦しい努力を行なっているのである。すなわち間氏は，家族制度の理念が，「暖い感情的融和と，家の永続のための厳しい禁欲や統制という二つの観念」によって成り立っていたが，

戦後の民主改革によって，後者が放棄され，これにともなって経営家族主義も崩壊したとする。そして，これにつづく彼の集団主義についての考察は，ある種の自家撞着を露呈してくる。きわめて重要な箇所なので，少し長くなるが，以下に引用する。

　　家族制度の理念のもつ家の永続は，集団主義の真髄ともいうべきものであった。それは家とその成員とが未分離一体の関係において，その相互の永続と繁栄を願う考え方である。だから，それが否定されたことは，ただ家族制度が否定されただけにとどまらず，集団主義の否定をも意味した。それにかわるべきものは，戦後の民主化理念の背後にある，西欧的個人主義の観念であった。ところが，この個人主義は，およそ日本人になじみにくい。そこで多くの人は，それを善いものとして知識あるいは観念としては受け入れたものの，行動と結びつけることができなかった。行動面では，伝統的な集団主義が根強く存続しており，このため，それに基づく経営を正当化する別の理念が求められていったのである。（中略）集団主義経営のうえに，新しくかぶせられるようになった経営理念のうち，もっとも有力と思われるのは，福祉主義である[2]。（傍点著者）

　さて，この間氏の見解にみられる問題点は次のとおりである。すなわち，家の永続をその真髄とした集団主義，家族制度の否定によって否定された集団主義が，いかにして，家族制度が否定され，家の永続の観念が消滅したのちも，日本人の「行動面」に「根強く存続」しうるのか，何故実体を失った集団主義が，福祉主義という新たな経営理念をかぶせることによって存続しうるのか，もし，日本人の集団主義が，そのように別の理念をかぶせることによって存続しうるほどに根元的なものならば，戦前においては，むしろ，家族主義こそが，集団主義という日本人にとっての基本的な行動原理にかぶせられていたひとつの理念，あるいは説明原理ではなかったのか，これらの基本問題についての間氏の説明はなく，さきに引用した間氏の見解は，とりもなおさず，「家の観念は集団主義の真髄である」という，前段で提出した自分の命題を，その直後にみずから否定したものにほかならない。

　さて，この"家族主義"と"集団主義"との関係について一応の結論を下すためには，今後，社会学者によるいっそう精密な分析が必要とされよう。しかし少なくとも，著者は，津田氏や間氏がかつて主張したように，"集団主義"を

"家"共同体の単純な帰結と解し，現在その「残根部分」が存在するにすぎないとする見解には賛同しがたい[3]。その理由は以下のとおりである。すなわちまず第1に，わが国においては，歴史上，"集団行動の基本的な単位"は"家"にではなく，むしろ部落ないし，"ムラ"に認められるということである。そこでは，周知のように，家の自立性はきわめて弱く，それは，ユイ・寄分・講その他のさまざまな名称で呼ばれる隣保制度に支えられながら，"ムラ"の強い共同体的規制のもとにおかれていたのである[4]。すなわち，家造りや屋根の葺替えなども，ユイなどの互助機関によって行なわれ，もっともプライベートな場所であるべき家すらも，「部落や組のお陰によって風雨をしのぎ，夜露を避けることができる」存在で，荒木博之氏がいみじくも指摘しているように「わが家も半分は村のもの」だったのである[5]。そしてこのような"ムラ"を生存の場として生活するその構成員達は，荒木氏のいう"ヨメタタキ"の習俗が示すように，その生誕以前から"ムラ"的集団行動のなかに組み入れられており，その生誕以後，まだ幼い頃から，子ども組，若者組などへの参加，その過程での厳しい制裁による"たたき直し"をつうじて，次第に集団の要求に合致する人格へと形成されていったのである[6]。こうして，日本人にとって，集団行動の基本的な単位は，部落ないし"ムラ"だったのであり，家を集団行動の基本的単位と考えたりしようものなら，間違いなく"村八分"にされるような状況のなかで，日本人の集団志向的行動様式は形成されていったのである。くり返していうが，そこでは，あきらかに，家が集団行動の基本的単位ではなかった。

この点については，間氏も無視しているわけではない。たとえば，間氏は，外国人学者が日本の経営の特質として"集団主義"に注目しているという事実を紹介したうえで，次のようにのべている。

> これら欧米人が，日本人の行動特性として指摘する集団主義とか集団忠誠の考え方は，まったく独創的なものだ，とはいえない。日本の研究者が日本社会や日本文化の特徴として指摘してきた「共同体的性格」「部落根性」「家族的構成」などと相通ずるものを多くもっている[7]。

つまり，間氏は，一方で日本人の集団主義と，日本の社会の"ムラ的構造"と

の関連について指摘しながら，これを"家族的溝成"と並列させたのみで，何らその間の関連についての比較検討を行なわなかった。しかし，このことは，わが国の経営にみられる集団主義の性格をあきらかにするうえで，きわめて重要な意味をもっていたのである。

　以上によって，日本人の間にみられる集団志向的行動様式は，"イエ"共同体や家族主義からの単純な帰結ではなく，これらよりもさらに深い根をもつものであることが一応あきらかになったと思われる。そこで次に"ムラ"と企業との関係が問題となる。この点に関して，佐藤慶幸氏の次の指摘は興味深い。すなわち，佐藤氏によれば，旧中国やインドなどのアジア社会では，家族は拡大家族であり，その団結は強く，その家族構成員の生活を一生完全に保障するような共同体的構造をもっていたために，これらの社会にあっては，およそ家族から離れたところに別の世界が存在するとは考えられなかった。しかし，これらのアジア社会に比べて，日本の社会は，家族集団や共同体が不安定であり，このため，「伝統的な第一次集団から押しだされた個は，かえってその不安定性を，都市の第二次集団のなかの擬制的家族集団のうちで解消しようとした」というのである[8]。

　たしかに，さきに指摘したように，日本の家はきわめて不安定なものであった。しかし，ここで次の事実を指摘しなければならない。すなわち，わが国の"ムラ"の内部においては，かなり高度の隣保制度が発達していたのであり，それらは，曲がりなりにもムラビト達の生活を支えていたのである。それは，荒木氏が指摘するように，自己充足的なミクロコスモスでさえあった[9]。

　しかし，資本主義的な経済関係の発展は，このような"ムラ"に対しても，深刻な影響を及ぼさずにはいなかった。その結果，次第に多くの"ムラビト"達が，伝統的な集団を離れて，大都市に集まってくる。佐藤氏の指摘にもあるように，こうした人びとを包摂したのが"日本の企業"だったのである。これらの"日本の企業"は，たしかに，財閥その他の富豪一族や，一族の1人として別家に"封ぜられた"番頭達にとっては，家産の維持を目的とする家業であったに違いない。しかし，大都市に集まった人びとが「押し出され」てきたの

は，それまで彼らの生活を支えてくれていた"ムラ"だったのであり，彼らが都市の第2次集団に求めたものも"新しい家"ではなくまさに"新しいムラ"だったのである。戦前すでにかなりの規模に達していたわが国の大企業組織において，一般の従業員が，これを"家"としてうけとめたと考えることには相当なムリがある。むしろ，戦前，わが国の大企業組織においては，最上層部に典型的にみられた"イエ"意識，これを従業員に押しつけようとする恩情的家族主義施策，中・下層部にみられた"ムラ"意識などが微妙にからみあって存在していたものと考えられる。

　この点に関して，丸山真男氏による次の指摘は，きわめて示唆に富んでいる。すなわち，丸山氏によれば，

　　日本の近代国家の発展のダイナミズムは，一方中央を起動とする近代化（合理的官僚化が本来の官僚制だけでなく，経営体その他の機能集団の組織原理になってゆく傾向）が地方と下層に波及・下降して行くプロセスと，他方，右のような「むら」あるいは「郷党社会」をモデルとする人間関係と制裁様式―（中略）―が底辺から立ちのぼってあらゆる国家機構や社会組織の内部に転位してゆくプロセスと，この両方向の無限の往復から成っている[10]。

という。つまり，戦前の経営家族主義は，このように底辺から上昇してくる人間関係をすばやくとらえて，経営目的達成のために利用しようとしたものと考えることができる。

　ここでひとつ是非とも留意しておかなければならない点がある。すなわち「"イエ"意識と"ムラ"意識とが微妙にからみあって存在していた」という場合，この2つの意識が，経営上層部と経営の中・下層部の双方に，相互に深く浸透していたということを意味するものではなく，ひとつの経営体の内部にこの両者が微妙にからみあって存在したことを意味するにすぎない。経営上層部の意識が"ムラ"意識の影響をうけることはほとんどなかったと考えられるし，このことは時代が遡るほどいっそうあてはまる。したがって，"イエ"意識がつよく現れた時代ほど経営上層部の"イエ"意識は，もっぱら家産の維持・家業の発展にむけられていたのであり，間宏氏が家族制度の理念を構成して

いた2つの観念としてあげている "暖い感情的融和" と "家の永続のための厳しい禁欲や統制" のうち，まさに後者こそが彼らの "イエ" 意識の中核をなしていたのである。経営上層部が "イエ" を重視したのは事実であるが，このことは，彼らが，組織の構成員のすべてを "イエ" の一員と考え，彼らとの間に "暖い感情的融和" を求めたということを意味するものではない。将来最高幹部の一員となることを期待されるごく少数の人材が，"イエ" の潜在的構成員と考えられることがあったとしても，このことはまた，おのずから別のことがらを意味する。また日本の経営組織の内部に，"感情的融和" を求める傾向が存在したとしても，それは経営上層部と組織構成員との間の関係ではなく，むしろ経営の中・下層部にみられた仲間意識，すなわち一種の集団意識であったと考えられるのである。その後，労働運動の高揚や工場法制定の動きに対抗して，欧米の事情に明るい大企業の経営者によって採用された "スマートな経営施策" である "経営家族主義" は，このような中・下層部にみられた "集団意識" を吸い上げて，それを管理施策に組み込んでいったものであり，このような思考方法は，経営上層部の "イエ" 意識——当時もしそれが存在したとするならば——とは区別して考えなければならないのである。したがって，"家族主義" が "集団主義" を生みだしたのではなくて，むしろ逆に，集団主義的志向の存在によって，"経営家族主義" の施策を "家" の成員以外にまでおしひろげることがある程度可能となったと考えるべきなのである[11]。この場合，"家族主義" イデオロギーは，これに代るべき説明原理をもたない人びとの間で，ひとつの有効な説明原理として作用したと考えられる[12]。このようにして，戦前においては "家" イデオロギーの "衣" をまとった日本人の集団主義が，経営家族主義を支える基盤となっていたのであり，戦後の民主改革を契機として，経営上層部に典型的にみられた "家" 意識が放棄されたことによって，逆にムラ的行動様式すなわち "集団主義" が，いっそう明確な形をとって現れるようになったと考えられるのである。

　集団主義が "イエ" 共同体の単純な帰結であり，今日みられるのはその残根部分にすぎないとする津田氏らの見解を妥当でないとする第2の理由は，家制

度の崩壊にもかかわらず，日本人の集団志向的行動様式は，現実に一向に消滅しないのみか，これがあらゆる分野において，今日なお日本人の行動様式の顕著な特徴となっていることにある[13]。近年，"灰色の巣箱"とまでいわれる中・高層住宅群の簇生や，マイホーム・ブームによる他地域からの人口の流入などによって，地域的な人間関係は急速に稀薄化し，いわば，地域的なムラ構造は大幅に後退しつつあるようにみえる。しかし，農村，大都市を問わず，古くからの人間関係が維持されている地域においては，"町内"や"部落"を中心とした共同体的行動様式は，いまだ顕著に認められる。さらに，新興住宅団地においてさえも，たちどころに町内会や自治会が組織され，それらの多くは生活上の便宜のため，きわめて多面的な機能を果している場合があり，また，本来これらは，ヴォランタリー・オーガニゼイションであるにもかかわらず，"小さな政府"の様相を呈するようになり，"行政的"な機能すらも一部分担遂行するようになっている。とくにこの集団主義的行動様式は，今や巨大な組織に発展した企業群のなかに，もっとも典型的な形で再現されるにいたっているのである。

このことをもっとも興味深く示しているひとつの例は，職場の同僚達の間の，"男同志"の関係にみられる。この同僚との関係は，周知のように，たとえば欧米におけるそれとはきわ立った相違を示しているのである。すなわち，欧米においては，一般に，同僚との関係は，きわめて機能的なものである。それは契約にもとづく機能を媒介とした関係であり，契約に定められた労働時間が経過すれば，関心の圏外に押し出されてしまうような関係である。こうして，夫や父親達は，毎日定時に帰宅し，各自の自由な時間のなかで，家族とともにそれぞれの交友関係を楽しむ。友人から招待される場合にも，友人を招待する場合にも，夫妻は一対となって行動する。勿論友人サークルのなかには，同僚が含まれる場合も当然ありうるが，交友範囲は，日本の場合のように，職場の同僚に狭く限定されるわけではない。むしろ，これらの友人関係は，職場関係とは別の原理によって選ばれることが多く，同僚がこのなかに含まれる場合にも，それは，たまたま，その同僚が，友人としての資格をそなえていたからにほかならない。これに対して，日本の場合，勤務時間の終了後も，同僚達と一献傾

けながら，職務上の問題や，職場における人間関係などについて語り合ったり，一緒にレジャー活動を楽しんだりする。こうした活動のなかでもっとも興味あるもののひとつは，会社の慰安旅行や諸種の宴会であろう。

　欧米の場合と異なり，日本の男達は，こうした〝仲間〟との時間を，家庭内での団欒や晩酌の楽しみよりも好むことが多い。こうして，多くの男達は，職場集団を中心とする〝男同志〟の友人関係に深くはまり込んでいるため，欧米の場合に比べて，同僚との交友関係がはるかに大きな比重を占めている。この場合，職場集団は，家庭という〝安あがりのネグラ〟をもっている（あるいは近い将来獲得することになっている）男達の〝ムラ〟なのである。これらの事実は，企業ないし職場を中心とした集団が，強固に形成されていることを示している[14]。

　以上の分析からもあきらかなように，終戦から今日にいたるわが国の社会においても，集団主義は，残根部分でもなければ，過去の理念の事後効果として辛うじて残っているのでもない。それは，〝経営家族主義〟や〝経営福祉主義〟などの経営理念よりも，もっと根源的なものであり，日本人にとってそれは，基本的行動様式なのである。勿論，もし欧米的な個人主義が，民衆の間に深く浸透してゆくならば，こうした集団主義は次第に稀薄なものとなってゆくであろうが，このことは，「家の永続性の観念の放棄によって集団主義が消滅する」という奇妙な主張が意味する現象とは，全く別のことがらに属する。

　さて，以上のように，集団志向的行動様式が日本人の間に顕著にみられるにもかかわらず，〝日本的経営〟の研究における〝双壁〟ともいうべき間・津田両教授が，これを「残根部分」として，あるいは「アフター・エフェクト」として理解してしまった理由は，次の点に求められよう。すなわち，両氏とも，①戦前の経営の基本的編成原理を〝イエ共同体〟の原理ないし家族主義に求めたこと，②その結果，戦前の経営にも認められた集団主義の基盤が，〝家〟制度にあると考えてしまったこと，にある。こうした両氏の見解は，たとえば，さきに引用した間氏の次の言葉，すなわち，「家族制度の理念のもつ家の永続性は，集団主義の真髄ともいうべきものであった」という言葉や，津田氏の「集団主

義を実体的に支えてきた『いえ』共同体」という言葉などに，端的に表明されている。集団主義をこのように理解するならば，戦後，家制度が崩壊し，家イデオロギーが実効力を失ってしまった以上，集団主義もやがて崩壊すると考えるのは，きわめて論理的な結論といわなければならない。しかし，集団主義はその後も崩壊してはいないし，さらに興味深いのは，両氏とも，その後の著作において，相変らず"日本的経営"を集団主義の視角からとらえていることである。しかも，この"日本的経営の基本的性格に関する重大な意見の変更に対して，両氏とも撤退宣言を行なっていないのである。とくに津田氏の場合には，その著『集団主義経営の構想』において，今の時期を失っては，日本的経営の特質である集団主義は，"砂上の楼閣のごとく崩れ去って"再建の機会は永久にこないだろうと警告を発した3年後，その著『日本的経営の擁護』において，次のようにのべているのである。いわく，

　　日本の社会において一千年以上の歴史をかけて先人がどのような組織と管理の行動を積み重ねて来たかについて，まず探求がなされるべきではなかろうか。この探求にふみ入るならば，日本的経営の特質が，一片の提言や主張によって崩壊するものではないことが容易に明らかにされるであろう[15]。

と。この3年間に津田氏は，日本的経営の特質を生活共同体としてとらえなおす方向へと理論的進化をとげてきたために，もはや家族主義の崩壊にわずらわされることなく，日本的経営の特質が，"千年を超える歴史"という磐石の基盤をもつものであることを宣言することができたのである。同氏の発言にみられる一貫性の欠如には問題があるが，日本的経営の特質を生活共同体としてとらえなおそうとする方向づけは前進といわなければならない。なお，津田氏の"生活共同体"論にみられる論理的欠陥やあいまいさについては，第6章で論ずる。

1) 津田真澂『集団主義経営の構想』234頁。
2) 間宏『日本的経営―集団主義の功罪』95頁～96頁。
3) 津田氏がその後，このような見解をソッと（撤退宣言なしに）引込めたことは，その後の著作によってあきらかである。津田真澂著『日本的経営の擁護』参照。
4) たとえば細川亀市『隣保制度史』参照。

5) 荒木博之『日本人の行動様式』37頁～40頁。
6) 荒木・前掲書。
7) 間宏『日本的経営』14頁。
8) 佐藤慶幸「日本人の社会的価値と経営」（宇野政雄編『日本の経営環境』14頁～15頁）。
9) 荒木・前掲書28頁～30頁。
10) 丸山真男『日本の思想』47頁。
11) このことは、とくに〝家族主義〟が意識的に適用された「スマートな経営者のつくったスマートな経営施策」について明瞭にいうことができる。なお「全体が同族経営をなして」いる初期の企業や中小家族経営においては、〝イエ〟意識がより明確に現れたのは当然である。しかし、企業が大規模化し、「上層だけが同族で固められる形態」に発展するにつれて、事情は変化したと考えられる。
12) 説明原理が、つねに実態を正確に反映するものでないことは、いうまでもない。年配の読者は御記憶のことと思うが、戦後一時期もてはやされた、ある著名な精薄児出身の画伯は、〝兵隊の位〟をもって〝万物〟をはかる尺度としていた。たとえば、〝あの人はえらい学者だ〟と聞かされると、〝兵隊の位でいうと何だ〟と聞き返したものである。そこで〝まあ、大将か中将といったところだ〟と説明されると、彼は〝うん、そうか〟と納得するのが常であった。この場合、彼にとっては、〝兵隊の位〟がもっとも有効な説明原理であったわけである。しかし、このことは、〝えらい学者〟が軍人であることを意味しないのはいうまでもない。
13) この点については、間氏自身も次のように指摘している。すなわち、「60年代にはいると、こうした考え方に変化が生じた。集団主義は、日本人の行動特性なのだから、これを積極的に利用しようという考え方が強まってきたのである。この変化の背後には、50年から60年にかけての、先進諸国を驚ろかせた急速な企業発展があり、それに基づく日本人の自信回復がある。」（間宏『日本的経営』122頁）
14) 日本資本主義の発展を支えた厖大な数にのぼる臨時工達は、これらの〝ムラビト〟達にとっては一種の〝アウト・カースト〟を形成していたと考えられる。
15) 津田真澂『日本的経営の擁護』はしがきⅱ。

第3章　個人・集団・社会—2つのモデル

　前章において，われわれは，①日本人の間にみられる"集団主義的行動様式"が，"イエ"共同体や日本的家族制度の単純な帰結ではないこと，したがって，家族制度の崩壊によって簡単に消滅してしまうようなものではないこと，②"集団主義的行動様式"は，日本人の行動様式の基本的パターンをなすものであり，戦前の経営においては，家産を維持し，家業を発展させようとする経営上層部の"イエ"意識と，ミクロコスモスとしての"ムラ"を押し出されてきた人びとが都市の企業にその代替物を求めた"ムラ"意識とが微妙にからみあって存在したと思われること，③したがって，戦後家族制度が崩壊したのちも，"集団主義"は消滅するどころか，ある意味ではむしろより純粋な形をとって現れていること，④戦後，日本の経営が，アメリカ的な管理技法や制度を数多く導入したにもかかわらず，それがアメリカ的なものとはならず，むしろ戦前の日本の経営と高度の近似性を示すものとなった理由は，このような集団主義的志向の根強い存在に求められること，⑤もし，欧米的な個人主義が日本人の間に深く浸透してゆくならば，以上のような集団主義的行動様式は次第に変形ないし消滅してゆくものと考えられるが，現在のところ，このような傾向はあまり進行していないように思われること，を指摘した。そこで，次に，本章においては，日本人の間に根強く存在する集団志向的な意識をあきらかにするために，まず，社会を構成する個々人が集団および社会とどのようにかかわり合っているかを，欧米的なモデルと対比しながら検討することとする。

Ⅰ　欧米型社会の構造

　まず，各個人が集団及び社会とどのようにかかわり合っているかについてみ

ると、日本の社会と欧米型社会との間には、かなり顕著な差異が認められる。すなわち、欧米型の社会にあっては、これらの社会を構成する諸個人は、比較的自立性の強い個人として相互に相対している[1]。彼らの場合、すでにその幼児期から、将来独立の人格として自立するための"しつけ"がはじめられる。たとえば、幼児期に与えられるオモチャの類まで、その所有関係が明確にされ、これによって、個人所有の観念がうえつけられるのである。『ユダヤ式育児法』の著者ルース・シロ女史は、このような幼児の"しつけ"について、次のように指摘している。

　私たちの育児にとって、「所有権」は大きな問題です。「所有権」というと、大げさですが、家のなかで、何がだれのものかを、子どもにはっきり意識させ、他人のものには、たとえ家族のあいだでも、無断で手を触れないよう教えることです。
　この場合、ものの所属の仕方には、三つのカテゴリー(部類)があります。MINE (私のもの)、OURS (私たちのもの)、YOURS (あなたのもの)の三つです。この三つを、はっきり区別させるのです。(中略)
　なぜ、このように家庭の中で所有権をはっきりさせるのかと疑問に思われるかもしれませんが家族の中で、幼時から、「所有権」の教育をきちんとしておけば、将来、家庭の外に出たときに他人のものや公共のものを、どう扱えばいいかを、自然に体得していくはずだと考えているからです。家の中の家具を、家族全体のものとして、たいせつにすることを教えられている子どもが成長して、道路にツバを吐いたり、動物園の動物にいたずらしたりするとは、考えられません[2]。

こうした"しつけ"は、ユダヤ式育児法にかぎってみられるものではない。それは多かれ少なかれ、欧米型社会にみられる傾向といってよい。たとえば、幼児をもつアメリカ人の母親達にひろく愛読されている育児書にも、次のような示唆が散見される。

　あなたが三才児を連れて外出する時には、彼が家に持帰りたいと思うものを入れるために、弁当用のカバン(lunch bag)を持って行くといいでしょう。実際、彼は、自分の博物館——何びといえども触れるべからざる、彼だけの聖域である棚やキャビネット——を必要とするほどの蒐集家なのです、あなたが彼の大切な"飾り付"(bibelots)を尊重するならば、彼もあなたのものをもっと尊重することができるのです[3]。

このような"しつけ"は、多くの場合、すでに3歳前後からはじめられている

のである。

　独立の人格として自立するためのこれらの"しつけ"の厳しさは，欧米諸国を旅行した多くの日本人旅行者達が，ある種の驚異をもって観察するところである。いま，著者の眼にふれた観察のうち，とくに興味深い2，3の例を，以下に引用しておこう。桐島洋子氏はその著『淋しいアメリカ人』のなかで次のようにその印象を語っている。

　　私が長女を四歳から五歳にかけて一年ほど留学させておいたメイン州のブレイズデル家も，始終容赦ない叱声が飛ぶ家だった。
　　印象的だったのは，叱る時には，にわかに親子のなれあいを断ちきって，個人対個人，あるいは世代対世代という感じでキッと向き直る親の姿勢である。
　　普段ジョーと愛称で呼ぶ子を，「ジョセフ・ブレイズデル」と苗字までつけて正称で呼びつける。「ジョセフ・フランクリン・ブレイズデル」とフル・ネームで呼ばれればいよいよ生易しからぬ事態として，ジョーはすくみ上る。（中略）
　　会社の上役さえ愛称で呼び捨てにするアメリカだから，家の中で自分の子供にわざわざ苗字をつけるという改まり方には，一方ならぬ威厳がある。威厳負けしないためには，親も内心自らをフル・ネームで呼んで，断乎一個人として立ちはだかるのだろう[4]。

　また，高橋敷氏の次の観察もなかなか興味深い。

　　フランス人ラナーの息子が，誤って私の家のガラスに石をぶっつけた時だって，ラナー夫妻は詫びには来なかった。「パパとママが，お前は悪いから叱られて来なさいといったの」と，うなだれて，弁償のガラス戸を一枚かかえ，おずおずと私宅を訪れた小学一年生の子供のいじらしさに，叱るのを忘れて頭を撫で，菓子包みを持って帰らせたところが，しばらくするとラナー氏が苦情を申しこんで来た。被害の上に菓子まで持たせた者が，加害者の親から叱られるとは何たることであろう。「プロフェサー，無茶をしてくれたら困る。あんたは叱られに行った息子を撫でたそうじゃないか。息子の将来をどうしてくれるんだい。もう一度行かせるから，すまないが友人のよしみで叱りつけてほしい。お菓子は返すから，他の理由で改めてやってほしい」と。
　　満員電車の中で，自分の子供に席を譲って貰った親はどのように反応するであろう。大喜びで走り寄って，かわりに礼を言うのは日本の母だけである。外国人達は，席を貰った当の子供に「サンキュー」を言わせる[5]。

　このような観察をのべたあと，高橋氏は，次のようにその感想をもらしている。すなわち，

人間は生まれた時から独立であり，保護者も従属者もない。すでに一個の人格である以上，ほめられるのも叱られるのも，責任を持つのも自分自身なのだ。世界の子供達はすでに主体人なのであった[6]。

と。

このような雰囲気のなかで成長した彼らは，一定の年齢に達すると，社会を構成する1人の市民として，"大人"の仲間に入ることを改めて承認される。たとえば，このような"大人"への仲間入りを承認する"儀式"の顕著なもののひとつとして，この型の社会では，成年に達したとき，年長の成年者をファーストネームで呼ぶことを，改めて承認されるケースがしばしば伝聞される。勿論，このような慣習は国や家族によって若干の相違があり，必ずしも一律ではない。しかし，はるか年長のオジやオバをファーストネームで呼ぶことは，この社会では決して奇異な現象ではないし，また，著者自身，祖父や祖母をファーストネームで呼ぶ例を伝聞したことがある。こうして，この社会では，成人達は，理念的には平等な市民として市民社会を構成しており，それぞれ，Mr., Herr, Monsieur などの敬称でもって呼ばれる権利を保有する。勿論，彼らの場合にも，貴賤，階級的地位の上下は厳然と存在しており，ある場合には，日本の社会よりもはるかに厳格な区別が存在するといわれている。しかし，にもかかわらず，彼らは，その社会を構成する"個人"として，すなわち独立の市民として相互に相対し，社会を構成しているのである。

このように，諸個人が，地位の上下にもかかわらず，独立の市民として相対している欧米社会の姿を，やや図式的と思われるほど見事に現わしている例を，再び高橋敷氏の経験から拝借しよう。この例は，高橋氏がチリーに赴任したときの歓迎パーティの話である。

> まことに能率的なパーティであった。文部省の局長，学長，同僚の教授や研究室のメンバー，事務担当者から用務員，留学外国学生，技師，学生自治会代表（中略）まで。およそ，明日から私と関係を持つであろう，あらゆる人物が，奥さんや恋人と並んで，次から次へと順不同にあらわれては，まず妻と，ついで私と軽く抱き合って，少しの言葉で精一杯自分の印象をとどめようと，きそって雄弁をふるうのだった。
> （中略）

それにしても，あらゆる職掌の人々が，席も場所も自由に，サルーして談笑しているのは不思議な光景であった。用務員の奥さんは，文部省局長の肩をポンとたたいた。「セニョール，長い間お目にかからぬ間に，まあ，ずい分デブになっちまったねえ」だが，こんな光景が不思議に見えること自体，悲しき日本人の因襲であった。八時間労働の間こそ，浮き世の義理でさまざまの職務や身分にわかれていても，午後五時以後は，誰だって同格の知人でしかないのが，日本ならぬ国での自然の姿であった[7]。

以上のように，欧米の社会は，自立性のつよい独立の人格が，相互に相対している社会としてモデル化することができよう。いま，このような社会関係を，

個人 ⟶ 社会

の図式で表わすこととする。ところで，次にこの型の社会において，その社会を構成している諸個人が，相互にどのような関係を結んでいるかが問題となる。この関係について，志水速雄氏は，「対立──言語──共同」の図式によって説明する。すなわち，氏によれば，ヨーロッパ型の社会は，人間相互の異質性と対立を前提にしており，その前提のうえに立って言語を媒介に共同をめざそうとしている」というのである[8]。われわれにとって，きわめて示唆に富む観察なので，いま少し氏の見解に耳を傾けよう。

> ヨーロッパ型民主主義を根底において支えているのは，人間はそれぞれ相互に異なった利害，意見，感情をもっており，したがって潜在的に対立しているという人間観である。一言でいえば，「個と対立」の思想である。そして人間はそれぞれ潜在的に対立しているからこそ，言葉や理性，つまりロゴスをもって相互の利害を調整し，対立の顕在化を予防しなければならないのである。またここから一般の社会生活においても相互に取りかわした契約は最後まで守らなければならないという慣行も生まれてくるし，社会思想上においても，さまざまな契約の思想が生まれる[9]。

以上，志水氏が指摘するように，自立性の強い独立の諸人格が相互に相対する社会は，個々人のもつ強い個性から必然的にもたらされる「異質性と対立」を，その基本的な契機として内在させている。そのため，社会を崩壊の危機から守り，安定した社会生活を保障するためには「言語を媒介とした，共同」すなわち，社会的ルールや契約の遵守が要求されるのである[10]。こうして，独立の市民として存在する彼らは，厳しい契約の観念に支えられた，きわめて明瞭

かつ厳格な，権利・義務関係のうちにおかれる。しかもこの傾向は彼らが果す職業上の機能に関してもっとも明瞭に現れる。つまり，彼らの場合，諸個人は，厳しい契約の観念のもとで，それぞれの果す特定の"機能"ないし"役割"を媒介として相互に関係し，その社会における一定の位置を確保するのである。この関係をいま次のように図式化しておく。

$$個人 \longrightarrow (機能) \longrightarrow 社会$$
$$\Uparrow$$
$$契約$$

さて，こうした機能の分担関係は，個人事業家の時代には，神によって与えられた天職（calling）として意識され，各個人は，この"天職"を遂行することによって相互に関係を結び，社会のなかに一定の位置を確保したものと考えられる。しかし，その後，組織的活動が重要性を増すにいたったとき，多くの個人は，契約によって組織内の一定の役割を引受け，これによって，企業その他の組織に包摂されることとなった。その結果，彼らの社会における厳格な権利・義務関係を反映して，組織の内部にあっても，彼らは，きわめて明瞭かつ厳格な，指揮・命令・権限・責任関係のうちにおかれることとなった。反面，組織内個人は，その引受けた役割分担をつうじてのみ相互に関係を結び，この役割分担を超える領域においては，相互の関係は，きわめて稀薄なものとなっている。こうして，欧米型の社会においては，組織化の進んだ段階においても，"個々人は，その機能をつうじて相互に関係し，その社会において一定の位置を確保する"というこの型の社会の基本的な構造には根本的な変化はもたらされなかったといえる。たとえば欧米社会における雇用契約のあり方は，このことを端的に物語っている[11]。

他方，また，これらの諸個人は，核家族という基礎集団のメンバーとしても存在しており，ある意味で社会は核家族という小集団によって構成されているとみることもできる。すなわちこと職業活動に関するかぎり，これら核家族のメンバーは，社会の生産活動における一定の機能を分担する個人としてたちあらわれ，この機能を媒介として社会を構成しているが，家族の一員としての彼

らは，一般に彼らの分担する機能とは別の次元で，相互の自由な選択をつうじて，核家族単位での交友関係を結び，あるいは，社交クラブなどの組織に参加する．

こうして，欧米型社会においては，機能を媒介とした職業上の関係，すなわち，

$$個人 \longrightarrow (機能) \longrightarrow 社会$$
$$\Uparrow$$
$$契約$$

の図式によって表わされる関係と，家族を単位とする交友関係，すなわち，

$$核家族 \longrightarrow (交友) \longrightarrow 小集団 \longrightarrow 社会$$
$$\Uparrow$$
$$選択自由の関係$$

（　）内は関係を媒介する主要な契機を表わす．

の図式によって表わされる関係との二重の関係が，諸個人間のかかわり方の基本的パターンとなっているように思われる[12]．

1) 日本人と欧米人とを対比する場合に，これを他律性と自律性の概念でとらえることがしばしば行なわれる．（たとえば荒木博之『日本人の行動様式―他律と集団の論理』）たしかに，日本人についてみる場合，所属集団の論理によって〝他律的〟に行動を規制される傾向が顕著であるが，西欧人が自律的であると考えることにも疑問が残る．すなわち，彼らの場合には，集団を超えて存在する社会の一般的ルールが幼児期にはじまる家庭教育によってインターナライズ (internalize) されていて，これに従って行動する傾向が強く認められるのである．（こうした観察はしばしば表明されているが，たとえば，小金芳弘『日本的産業社会の構造』5頁参照）．したがって，これら両者の違いは，行動規準の存在態様の差であると考えられなくもない．そこで，本書においては，むしろ，集団への〝依存性〟と個人としての〝自立性〟を尺度としてとらえることとする．なお千石保氏の〝同化構造〟と〝対立構造〟の考え方は，示唆に富むものといえる．（千石保『日本人の人間観―欧米人との違いをさぐる』参照）
2) ルース・シロ『ユダヤ式育児法』（枝川公一訳）197頁～199頁．
3) Marguerite Kelly and Elia Parsons, *The Mother's Almanac*, (New York, 1975), p. 150.
4) 桐島洋子『淋しいアメリカ人』97頁．
5) 高橋敷『太陽の国・ペルーからの報告―みにくい日本人』191頁～192頁．
6) 高橋・前掲書192頁．
7) 高橋・前掲書9頁～10頁．
8) 志水速雄『日本人は変ったか』147頁～148頁．

9) 志水・前掲書147頁。
10) 千石保氏も同様の観点に立ってこれを「対立構造」としてとらえ、日本的な「同化構造」をこれと対比している。千石保『日本人の人間観—欧米人との違いをさぐる』参照。
11) ソニーの盛田昭夫氏は次のようにその観察したところをのべている。

> アメリカでの人の雇い方というものは、まず会社が「その人にどういう仕事をやってもらうか」を明示するスペシフィケーション、つまり〝仕様書〟がつくられて、公表される。会社の要求は、相当こまかいところまで〝仕様書〟に記されるわけである。
> 就職を希望する者は、〝仕様書〟を見て、自分の能力や適性を考えた上で応募してくる。そこで、会社と就職希望者との間で交渉がはじまる。(盛田昭夫『学歴無用論』20頁)

12) この機能を媒介とした職業上の関係と家族を単位とする交友関係との二重性について、丸山真男氏も、やや異なる角度から、次のように指摘している。

> ヨーロッパですとこういう機能集団の多元的な分化が起っても、他方においてはそれと別のダイメンジョン、それと別の次元で人間をつなぐ伝統的な集団や組織というものがございます。たとえば教会、あるいはクラブとかサロンとかいったものが伝統的に大きな力をもっていて、これが異なった職能に従事する人々を横断的に結びつけ、その間のコミュニケーションの通路になっているわけです。(丸山真男『日本の思想』137頁)

II 日本型社会の構造

　欧米型の社会を以上のようにモデル化してみると、日本の社会は、これとは顕著な対象を示していることがわかる。すなわち、日本の社会においては、諸個人は、その分担する機能によってではなく、むしろ、特定集団への〝所属〟を媒介として相互に関係を結び、社会と一定の関係に入るのである。このような型の社会にあっては、諸個人はつねに〝集団のメンバーとしての個人〟であり、集団を離れた個人は、無力で頼りない存在にすぎない。このため、彼らは、集団を媒介とせずに〝社会〟と対面することに、強い不安を感ずるのである。この点について、精神科医である土居健郎氏が興味ある例を紹介している。すなわち、土居氏は、自分に直接関係ないある事件と関連してそれまで関係していた病院をやめたとき、若い医師達との間にもちあがったあるやりとりについて次のように語っている。

> すると一人が、もし同種の事件が私の関係する今一つの病院で起こった場合も同じように行動するのか、ときいてきた。私はちょっと考えてから、多分そうだろう、と答え、最後には一人になって開業すればよいのだからと付け加えた。すると彼は、「それでは先生のアィデンティティがなくなるではありませんか」といって、全く理

解に苦しむという表情を示した。（中略）ここでアィデンティティというのは，自分に相当すると考えればよい。私は自分が孤立しても，逃げたと評されても構わなかった（中略）〔しかし〕この若い医師にとり，孤立することは，自分を失うことに他ならなかったのである[1]。

土居氏はこの例をあげて，個人が集団に埋没ないし従属することによって自己を喪失する場合とは反対に，「個人が全く集団から孤立して，文字通り天涯の孤児となる場合にも，『自分がない』という意識が生まれる」ことを説明し，次のようにいう。「大体，人々はこのような事態を何よりも恐れるので，何はともあれ集団に所属していたいと願うのだ，と考えることができるほどである。」[2]（傍点著者）

この例は次のことを示している。すなわち土居氏の場合には，開業医というひとつの役割をつうじて，一個人として社会に対面する覚悟ができているのであるが，この例の若い医師の場合，病院という集団に"所属"することによって，はじめて，自己を確認し，その社会において自己を位置づけることが可能となるのである。人びとのこのような傾向について，土居氏は，分裂病患者の例をひきつつ，さらにつづけて次のようにいう。

　　たしかに自分が所属している世界が失なわれることは，通常自己喪失として経験される。ある患者はその時の恐怖を感慨をこめて私に物語ったことがあるし，また別のある患者は所属を失った心境を，「自分は点のようなものだ。階級も，家族も，職業も，およそ自分の属性になるものがない。」と述べている。（中略）彼らのいうところは，一見おかしなこととして顧みられないことが多いが，その背後にある彼らの体験は，人間存在の一番根底に潜む法則をわれわれに開示している。それは，人間は何ものかに所属するという経験を持たない限り，人間らしく存在することができない，ということを教えているのである[3]。

さて，こうした"集団への所属"の欲求は，土居氏の指摘にもみられるように，人間の基本的な欲求のひとつであり，欧米人の場合にも，勿論こうした欲求は存在すると考えられる。しかし，集団への所属は，個人と集団との間に生ずる緊張関係の処理という困難な問題をはらんでいるために，この緊張関係の処理方法の差異を反映して，"集団への所属"の欲求も，日本の社会と欧米の

社会とでは，その現れ方にいくつかの重要な差異が認められる。まず，欧米型の社会においては，この緊張関係の処理は，基本的には2つの方向をとっている。すなわち，第1に，集団との関係の範囲を限定すること，第2に，自主的・任意的参加を前提とすること，の2つである。まず第1の方向についてみると，それは，欧米人が，①さきに指摘したように厳密に限定された機能を媒介としてのみ集団との関係を維持しようとする傾向，②集団との関係を極力一定の限定された時間内に押し込めようとする傾向，③限定されたそれぞれの局面でさまざまの集団に参加し，特定の集団に深く埋没するのを避けることによって，集団に対する個人の優位を確保しようとする傾向，などと関係している。また，第2の方向は，欧米社会に発達した社交クラブなどに典型的にみられ，またある意味では，企業との関係にさえも認められる，「集団からの脱退の自由」と関係している。土居氏も，この傾向を次のように観察している。

> 欧米人はふつう集団に対する個人の優位を意識するので，自分達は集団から内的に自由であり，決して集団には従属してはいないと考えたがる。もちろん彼らも何等かの集団には所属する。しかしこれは自主的任意的な参加を前提としたもので，したがって辞めようと思えばいつでも辞められることが建前とされている。このことを最も象徴的に示すのが各種の社交クラブであろう。これは日本ではほとんど発達しなかった制度であって，そこに欧米人の特色をみることができる[4]。

これに対して，日本の社会においては，個人と集団との緊張関係の処理は，タテマエとホンネの分離，表と裏との分離によって行なわれる[5]。土居氏によれば，日本人にとって「甘え」はその精神生活を貫く基調をなすものであるが，個人が成長するに従って，この「甘え」の欲求を全面的に充たすことが困難となり，多かれ少なかれ不満が残る。そこで，この不満を処理するために日本人が工夫したものが，タテマエとホンネの二重性であったと考えられる。そして，土居氏は，この二重性について次のように指摘する。

> タテマエはそれによって衆の和がはかられる何らかの原則である。したがってタテマエが通れば表では甘えが一応満足されたことになる。そして残る不満はホンネとして裏にしまい込むのである。日本において子供たちが大人になるために覚えねばならない最大の教訓はこのことであるといって過言ではない。それはしばしば極めて大

な苦痛を伴なう。青年期に及んでもまだタテマエを弁えることができなくて，大人の世界の二重性に嫌悪を感ずることも少なくない。しかしやがてこの二重性は社会生活を営むために仕方がないものであるとあきらめて，自らタテマエとホンネを使いわけるようになった時，はじめて一人前の大人が誕生したことになるのである[6]。

　日本の社会においては，一般に，このような解決方法がとられるために，集団に所属することによってもたらされる個人と集団との緊張関係は，個人心理のレヴェルで吸収されてしまって，欧米社会にみられるような現実的対応を迫られることから免れる結果となったと考えることができる。こうして，"集団への所属"の欲求は，欧米社会と対比した場合，日本の社会においてとくに顕著に現れており，また，その現れ方にもいくつかの重要な差異が認められる。いま，この差異についてみると，次のとおりである。すなわち，その第1点は，日本の社会においては，集団への"所属"は，役割分担以上に，個人が社会とかかわる第1次的重要性をもつ契機をなすものであるのに対して，欧米型社会においては，むしろ役割分担がこれをなし，集団への"加入"は，むしろ2次的なものであると思われる点である。勿論，日本の社会においても，たとえば職域集団に所属する場合には，一定の役割を引受けることが参加の重要な契機となる。しかしこれは，いわば，2次的な要因にすぎない。このことは，わが国の人事採用慣行のうちに明瞭によみとることができる。すなわち，わが国の人事採用にあっては，いかなる役割を分担させるかということよりも，志願者をその職域集団に所属させるか否かがまず決定され，しかるのち，いかなる役割を分担させるかが論じられるのである。このことはまた，志願者にとっても同様である。すなわち，彼らの場合にも，どの集団に"所属"するかが第1次的な重要性をもっているのであり，どのような機能を分担するかは，2次的な意味しかもたないことが多い。日本IBMの井上富雄氏は，この点を次のように指摘している。

　　企業に入ってくる人達は，自分のやりたいという仕事の希望を特にもたないまま，どこの企業に入りたいという希望の方をより多く抱きつつ就職試験に臨むのである。
　　日本の企業では「就職」というのはある特定の職業に就くという意味ではなく，特定の会社にはいること，すなわち「就社」あるいは「入社」ということを意味してい

II 日本型社会の構造

るのである[7]。

　個人と集団とのかかわり方にみられる第2の相違点は次のとおりである。すなわち，欧米型の社会にあっては，個々人は，その自由選択にもとづいてさまざまの集団に参加し，個々の集団においては特定の，ごく限定された局面においてのみ他の個人との関係を保とうとする。すなわち，欧米型の社会にあっては，役割分担をつうじて，個人として厳しく社会と対面する彼らが，ひとときの安らぎをうるために，集団に仲間を求めて集まってくるのである。その結果，社交クラブなどさまざまの任意集団が発達することとなる。したがって，そこでは，機能の限定と，脱退の自由が基本原則となっている[8]。これに対して，個人の"所属への欲求"を満足させる集団の役割は，日本の社会においては，職域集団や居住地域集団に集中的に現れており，これらの特定集団は，個人の存在と深くかつ多面的に結びついているのである。その結果，職域集団や居住地域集団がきわめて多面的な機能を果していて，たとえば，これらが，同時に，社交クラブや娯楽組織としての役割をも兼ねそなえている。日本の社会に社交クラブや娯楽組織などの任意集団が発達しないのはこのためであると考えられる。その結果，人びとは，自分にとってもっとも重要なひとつの集団に，"全人的に埋没"してゆくこととなる。このような"ひとつの集団"を以後"特定集団"と呼ぶこととする。ところで，日本人にとってもっとも基本的な2つの集団，すなわち職域集団と地域集団をめぐって，はなはだ奇妙な緊張関係が生じているという事実は，特定集団に"全人的に埋没"してゆく日本人の傾向を示すひとつの証左であると思われる。この緊張関係とは，次のようなものである。すなわち，独立自営業などの場合を別とすれば，一家の主たる稼ぎ手である夫たちは，普通職域集団に深く埋没している。そこでは各自分担した役割以外の領域においても，主として関係をもつのは，上司，同僚，部下達であり，娯楽をともに楽しむのも主としてこうした"仲間"達である。彼らは休日家庭にあるときすらも，次の活動にそなえて待機している組織人であることをやめはしない。彼らは，普通，居住地域集団である団地自治会や町内会にはほとんど関心をもってはいないもののようである。他方，職域集団をもたない夫人達

は，みずから所属することのできる集団を必要とする。その結果住居の近接その他の契機を媒介とする"女同志"の集団が形成される。つまり彼女達は，その夫達と同様，独立の個人として相互に相対することに，大きな不安をもっており，みずからのまわりに小集団をつくり，それに"所属"したいと願うのである。こうして，社会の基礎的集団である核家族のメンバーが，それぞれ別の集団に所属する一方，家庭内においては高度の機能的分業が成立しているという，すぐれて日本的な集団の構造が生まれる。つまり，こうした緊張関係の存在そのものが，わが国の企業の"集団的性格"をよく物語っているように思われるのである[9]。

ここで，日本人にとってもっとも基本的な集団となっている職域集団と地域集団に関して，それぞれの"特定集団"としての重要性がどのように変化してきているかについて検討しておくことは重要な意味をもっている。すなわち，多くの人びとが認めるように，今日，急速な都市化によって，隣人との人間関係は，次第に稀薄なものとなりつつある。もともと，土地を媒介とする人間関係は，農業社会に固有なものであると考えられる。したがって，工業化・都市化の進展にともなって，人間を結びつける契機は「土地から仕事に」とかわりつつあるのである。「そして新しい人間関係は，学校，勤め先などの友人や同僚，同じ仕事の仲間とのあいだに結ばれる」こととなった。勿論，すでに指摘したように，わが国の場合新興住宅団地においてすら，たちどころに町内会や自治会が結成され，生活の各方面にわたってかなり包括的な活動を行なうといった傾向は今日でもつづいているが，これとても，一部の活動的な人びとに全面的に依存していたり，"亭主族"の参加がきわめて少ない，"女房族"の活動の場となっているなど，地域集団の"特定集団"としての重要性は，職域集団と対比する場合，大幅に低下してきているとみなければならない。この傾向を，日本経済新聞地方部編『団地を考えなおす』の編者は，次のように表現している。すなわち「団地サラリーマンにはどことなく孤独な影が漂う。忘年会にはあれほど騒ぐ集団なのに，一歩団地の中にはいると，なぜかツンとすました人間に変るようだ」[10]。

以上のような傾向に対して，地域社会の〝集団性〟を回復しようとするさまざまの努力が行なわれているが，日本人にとって，〝特定集団〟としての重要性は，地域集団から職域集団へと大きく移り替りつつあるのであり，このような努力は，時代のすう勢に対するささやかな抵抗であるにすぎない。むしろわれわれは，志水速雄氏に従って，次のようにいうことができると思われる。すなわち，

> 　このような変化があったために今日多くの都市生活者が隣人との人間関係が冷いとして悩んでいるのは，私たちがいまだに土地を媒介にした人間関係を正常なものだと無意識のうちに考えているからであろう。ついでにいうと，たとえば最近流行の「地域コミュニテイづくり」はそのような観念にもとづいているように思われる。土地を媒介者とする人間関係の時代が去った以上，私にはこのような運動が成功するとも思えない。それよりは職場や学校をはじめとする機能的集団の内部における新しい人間関係のあり方を追求するほうが大切であるように思われる[11]。

　いずれにしても，〝特定集団〟としての重要性は，地域集団を離れて次第に職域集団に集中しつつあるという傾向は，見逃すことのできない重要性をもっている。なぜなら，この傾向は，わが国の社会においては，地域的な〝ムラ〟構造が，次第に職域を中心とした一種の〝ムラ〟構造へと再編成されつつあることの1表現であるからである。

　以上の分析によってあきらかなように，日本の社会においては，機能的関係ではなくて，〝特定集団〟への〝所属〟が，個々人を結びつけるもっとも重要な契機となっているのである。このような社会の特質を，われわれは，次のように図式化することができる。すなわち，

$$個人 \longrightarrow \underset{(所属)}{\overset{\uparrow}{\text{〝特定集団〟}}} \longrightarrow 社会$$

　ここで，ひとつの疑問が生ずるかも知れない。すなわち，日本人が数名集まるとたちまち役割分担ができるのに対して，欧米人が集まった場合には，なかなかそれがきまらないという事実が存在する。この点に関して，土屋守章氏は，ハーヴァード・ビジネス・スクールにおける彼の経験を，次のように語ってい

る。非常に興味深い観察なので，少し長くなるが以下に引用する。

　それは，組織論のクラスで，全員が五人ずつのチームを組んで，ビジネス・ゲームをやった時のことである。(中略)
　われわれのチームは，私のほかに，二人のアメリカ人と一人のインド人，チェコスロバキアから移ったという南アフリカ人で，文字通りの多国籍企業であった。(中略)
　そのうちに私は，落つかなくなってきた。というのは，みなが同じように情報を気にし，対等にチームの購入計画，製品計画を議論して決めるのだが，メンバーの間での仕事の分担が，いっこうに出来上らないのである。みな雑然と議論し，雑然と部品をいじっている。何かもたもたしているので，ついたまらなくなって，私は「分担をはっきりきめよう。僕が生産担当で，会計担当は誰，情報は誰，社長は誰がいいではないか」と提案した。今度はそのことについて，またあれこれと議論し，組み立てのタイム・スタディーをやったりしたが，みなこの提案にいい顔はしない。結局私の提案は通らず，それでも多少は分担らしいものができて，ゲームは終った。
　ゲーム終了後の講評で，各チームの成績が発表されたが，わがチームは意外に低位である。あれこれ議論があった中に，審判員の一人が，全体の中で一チームだけ，仕事の分担をきめようなどという奇妙な議論をしていたところがあるという。いうまでもなく，それはわがチームなのだが，ということは，別のチームではこのような議論はまったくなかったということになる。私は，そのことに驚いてしまった。
　そこで私は考えたわけである。日本人であったなら，分担もきまらないで，雑然とやっていることに，耐えられない筈である。というより，グループで何かをするときおのずから，すばやくインフォーマルに分担がきまり，リーダーもきまってくる。そのインフォーマルな分担関係で，チーム・ワークを発揮するであろう。
　彼らときたら，そういうことができないのではないか。だからこそ，アメリカの経営では，組織機構とか，個々人の権限，仕事の内容についてのマニュアルなどを，フォーマルに明確化することが必要なのではあるまいか[12]。

　こうした事実は，さきに提示した仮説と一見矛盾しているように思われるかもしれない。しかし，これは，むしろ，次のように考えるべきであろう。すなわち，集団への所属が第1義的重要性をもつわが国の社会では，役割はむしろ2次的かつ流動的であるために，集団の目標達成が何よりも優先され，その時々の情況に応じて，集団に都合のよい役割分担がすみやかに形成されるのに対して，欧米型社会においては，役割が第1義的重要性をもち，個人と社会とのかかわりを規定するものであるとすれば，時々の状況に応じて安易に役割分担を決定できないのはむしろ当然であるといえる。このことは，企業の人事採

用においても明瞭に現れている。すなわち，日本の企業では，普通毎年4月に，適性についてほとんど検討することなく採用したうえで，役割をきめ，定期配置転換することによって，役割分担をその時々の状況に合わせて変更することが行なわれている。また，新卒者達も，多くはとくに希望する職務をもたぬまま，特定の企業への入社をめざし，入社後，与えられた職務を遂行する。これに対して，欧米型社会にあっては，いかなる役割を果すかは，組織参加の前提条件となっており，役割についての検討と決断なしに組織に参加することは稀である。ここにも欧米型社会における役割の重要性がうかがえる。

　以上の傾向は，しかし，きわめて重要な意味をもっている。すなわち，それは，欧米型社会においては，集団のメンバーが引受けるべき義務が明確に限定されているのに対して，日本の社会においては，集団メンバーの引受けるべき義務が限定されていないことを意味する。そこでは，つねに集団の目標達成が何よりも優先され，集団に都合のよい役割分担が要求されるのであり，集団の成員は，有形・無形の集団的圧力によって，自発的とも強制的ともつかぬ，きわめて不分明な形で，この割当てられた役割を受諾する。集団への "所属" が第1義的重要性をもち，集団内で個人が果す機能を2次的と考える独特の思考習慣のもとでは，このことは比較的抵抗なく受諾されるのである。著者は，日本的 "特定集団" の多くにみられるこの傾向を，以後 "集団成員としての義務の無限定性" と呼ぶこととするが，この "義務の無限定性" は，第9章において詳しく検討するように，まさに "日本的経営制度" が存立しうるための基本的な条件をなすものであり，これなくしては，"日本的経営制度" そのものが存続・発展しえないこと，また逆に，ひとたび，終身雇用制・年功序列制などが制度として確立したのちは，これらの制度そのものが，この "義務の無限定性" を支える強力な装置となっているという関係が認められる。つまり，この "義務の無限定性" と "日本的経営制度" とは，相互に強め合い補い合いつつ機能しているのである。

　さて，生まれながらにして，

個人──→"特定集団"──→社会

の図式によって表現されうるような一種の"ムラ"構造のなかで育てられる日本人の多くは，小学校・中学校・高等学校・大学と連なる"ムラ"構造のなかで集団の内部において"分"を守って生きるよう"しつけ"られ，個の論理よりも集団の論理を尊重するような人格に形成されつつ，さらに職場集団へと送り込まれる。集団による規制とその保護のもとで育った彼らは，自己防衛の意識は比較的稀薄であり，むしろ逆に，身近な他人に対する"甘い"期待と，このような期待にこたえるべきだとする"集団の責任"を要求する意識との特殊な関係のなかで，狭い自己の生活圏をつくりあげる。このような社会構造のもとで，彼らは，しばしば指摘されるように，自分の所属する集団の内部に対する"ウチ"意識と集団の外部に対する"ソト"意識を形成する。また，かれらにあっては，こうした社会構造のもとで"ムラ"の外は"他界"とみなされる傾向が強く，これもまたしばしば指摘されるように，日本人の"社会"意識ないし"パブリック"の観念は，極度に欠如する結果となる。

ここで，久枝浩平氏の指摘するアメリカ社会の構造についてふれておく必要がある。すなわち，久枝氏は，アメリカ社会の構造について次のようにいう。

　彼らには他に頼れる集団がなかったために，逆に非常に強い連帯感で結ばれた集団をつくりあげた。(中略)アメリカ社会は，水平に切ってみるならば，コミュニティーを中核として成り立っている。その結びつきは非常に強く，地方ではしばしば排他的，閉鎖的な集団をつくり上げる。(中略)
　アメリカ社会はこのようなコミュニティが水平につながってでき上がっている社会である。コミュニティが連合して市(city)となり郡(county)となる。これらがいくつか集って地域(region)をつくり，そして州(state)をつくる[13]。

この久枝氏の指摘はアメリカ社会の一面をついている。そこでアメリカの社会においても

個人──→"特定集団"──→社会

の図式があてはまるのではないかという疑問がでてくるかもしれない。しかし，

これに対してわれわれは，土居健郎氏に従って次のようにいうことができる。すなわち，「欧米の社会にあっては，このような自然的傾向をチェックするものとして，一方に集団を超える個人の自由の精神があり，他方にパブリックの精神があった」と[14]。それは，日本的な"ムラ"構造とは異質なものであることを銘記したい。

　以上，著者は，日本の企業をはじめとする多くの職域集団が，特殊な日本型社会構造のもとで，"特定集団"として，それぞれひとつの"生活圏"を形成していることを指摘した。ここで，最近津田真澂教授が提唱している考え方，すなわち，日本の経営体を生活共同体として理解する考え方について検討しておくことは有意義である。まず，津田氏は，集団形成の出発点を家族あるいは親族におく，F. L. K. シュー (Francis L. K. Hsu) 教授の仮説から出発する。そこで，まず，第1に，「人間は生理的・心理的に外的環境と内的システムのバランスをたもつように内発的に動機づけられて行動する。そして家族内で生理的・社会的欲求が充足されない時に，その欲求の充足を求めて集団をつくるか，既成集団に入っていく」ものであること，第2に，「このようにして第二次的に形成される集団は，家族内部の両親・子供の相互関係を反映する集団を原組織として構成される」ものであることを確認する。この仮説に立って津田氏は，①「『家族主義』が社会集団の特性になっているといういい方をすれば，洋の東西を問わず，すべての社会の原組織は家族内の人間関係であるということになるのであって，そのことはとくに日本社会の特性だということはできない」こと，また，②アメリカ人の場合にも，クラブという任意集団に対する熱烈な帰属意識に表現されるある種の集団主義が存在しているのであり，このような見方に立てば，「集団主義と個人主義とはどうも対比概念ではなさそう」に思われること，を指摘する。このような見解に立って，津田氏は，集団主義とは，結局，社会の原組織が示す機能の次元の問題，すなわち，「社会の原組織が集団主義という機能を押し出すか，あるいは個人主義という機能を生み出すか，という問題であって，「家族および家族内の相互関係を反映する原組織社会集団の性格こそが問題解明の根本的対象だといえるのではあるまいか」と

考える。そして，この"原組織社会集団"のひとつである日本の経営体の性格を，津田氏は，生活共同体として把握することを提唱するのである。この仮説の内容について，いま少し，津田氏自身の言葉を聞いてみよう。

> この視点から，本書（日本的経営の擁護―著者注）では一貫して日本の経営体の特色として，集団主義経営をおきかえて生活共同体と考える仮説をうち出した。生活共同体の意味は，人間のすべての社会的・経済的・政治的・文化的欲求がその場で充足される第二次的組織だということにある。現在の日本の家庭は核家族で形成されており，この家庭は血縁的生活共同体である。家族内で充足できない欲求の充足を求めて日本人はもう一つの生活共同体に参加する。企業体，協同組合，官庁等々には日本社会では生活共同体の原理がつらぬかれているようにおもえるのである[15]。

この津田氏の考え方は，著者にとっては，はなはだ興味深い。少なくとも，集団主義を"イエ"共同体の帰結と考え，その"イエ"共同体の崩壊した戦後における日本の経営体の特色を把握しかねているよりは，はるかに進んだ考え方といえる。しかし，この考え方は，次にみるような，いくつかの欠陥をともなっている。すなわち，①まず第1に，津田氏の主張は，見逃しえない論理的誤りを犯していることを指摘しなければならない。すなわち，津田氏がシュー教授に従って主張するように，すべての"原組織社会集団"が家族および家族内の相互関係を反映するものであるとするならば，まさに，さきにみた「家族主義」についての津田氏のコメントと全く同じ論理に従って，洋の東西を問わず，経営体は"生活共同体"であることになり，これは日本的経営体の特色とはいえなくなる。このことを逆にいえば，生活共同体であることが日本の経営体の特色であるとすると，他の社会の経営体は生活共同体ではないことになり，したがって，論理的にはその原組織である家族は生活共同体ではないという奇妙な結論に導かれることとならざるをえない。この考え方によると津田氏は，一方で，アメリカの諸クラブも「家族主義」に立っていると考えることができると主張していることになるし，また逆に，アメリカ人の家庭は，クラブのようなものだと主張していることにもなる。②第2に，津田氏は，日本の経営体が生活共同体であることの意味は，「人間のすべての社会的・経済的・政治的・文化的欲求がその場で充足される第二次的組織体だということにある」と説明

している。しかし，日本の経営体がそのようなものであるとは考えられないし，核家族で形成されている現在の日本の家庭はもとより，第2次大戦前にみられた"イエ"共同体にしても，このような意味での"生活共同体"ではありえなかった。むしろ，このような条件を充たす共同体をしいて求めるならば，それはかつてのきわめて自給自足的な"部落"ないし"ムラ"であろう。しかし，現代の社会関係のもとでは，特殊な条件のもとにある場合を除き，津田氏のいう意味での"生活共同体"は存続することができないのである。

　以上によってあきらかなように，結局日本の経営体は，職域共同体として，すなわち，企業共同体とか大学共同体として理解する以外にないのではなかろうか。それは，大なり小なり，日本の社会に特有な家族関係や，かつての"ムラ"的人間関係を反映しているとともに，その時代の社会関係をも反映することとならざるをえないからである。著者が，日本的経営をひとつの"ムラ"構造として理解しようとする場合にも，それは以上にのべたような限定的な意味においてであることはいうまでもない。

1) 土居健郎『「甘え」の構造』167頁～168頁。
2) 土居・前掲書167頁。
3) 土居・前掲書169頁。
4) 土居・前掲書171頁。
5) 土居健郎『「甘え」雑稿』77頁および96頁～97頁参照。
6) 土居『「甘え」雑稿』77頁～78頁。
7) 井上富雄『日本的能力主義』83頁。
8) 土居氏も，この点について次のように指摘している。

　　欧米人はふつう集団に対する個人の優位を意識するので，自分達は集団から内的に自由であり，決して集団に従属してはいないと考えたがる。もちろん彼らも何等かの集団には所属する。しかしそれは自主的任意的な参加を前提としたもので，したがって辞めようと思えばいつでも辞められることが建前とされている。このことを最も象徴的に示すのが各種の社交クラブであろう。これは日本ではほとんど発達しなかった制度であって，そこに欧米人の特色を見ることができる（以下略）。（土居健郎『「甘え」の構造』171頁）

9) 土居氏も，日米における夫婦関係の差異について，これと近い角度から分析している。土居健郎『「甘え」の構造』135頁～136頁参照。
10) 日本経済新聞地方部編『団地を考えなおす："灰色の巣箱"からの解放』22頁。
11) 志水・前掲書159頁。

12) 土屋守章『ハーバード・ビジネス・スクールにて』87頁〜89頁。
14) 久枝浩平『契約の社会・黙約の社会：日米にみるビジネス風土』70頁〜71頁。
15) 土居健郎『「甘え」の構造』42頁。
16) 津田眞澂『日本的経営の擁護』14頁。

第4章　日本人の集団意識と行動特性

　以上第3章においてあきらかにしたように，"特定の集団"に"所属"することによって，諸個人が相互に一定の関係に入り，これによって，みずからを社会のなかに位置づけようとする日本の社会においては，集団志向的な行動様式は，その社会構造および人びとの社会意識のなかに深い根をもっているのであり，こうした意識や行動様式は，現在においても，"日本的経営"の特質と深くかかわり合っていると考えられる。したがって，"日本的経営"を理解するためには，まずこれらの特異な意識や行動特性について検討することが必要となる。そこで，以下，日本人の集団志向的傾向を示す諸心理特性およびその結果現れる行動特性のうち，とくに"日本的経営"の諸特質と重要なかかわりをもつと思われるものについて検討する。

　ところで，著者は，このような特性のうち，とくに，以下の諸特性が，"日本的経営"の特質と深くかかわり合っていると考えている。すなわち，それらは，

　① "ウチ"と"ソト"の意識，
　② "特定集団"に対する定着志向，
　③ "地位"の意識にみられる特徴，
　④ 責任・権限意識にみられる特徴

の4つの傾向である。以下，第4章において，"ウチ"と"ソト"の意識，"特定集団"に対する定着志向，"地位"の意識にみられる特徴を，相互の関係において立体的に把握し，ついで第5章において，日本人の責任および権限意識にみられる特徴を，取扱うこととする。

I "ウチ"と"ソト"の意識

　欧米型の社会が,個々人の対立を前提としつつ,対立ゆえの共同を志向する社会であるとする指摘が,少なからぬ論者によって行なわれている。第3章において引用した,志水速雄氏の"対立→言語→共同"の図式によるヨーロッパ型民主主義の把握はそのひとつであり,また,欧米社会の構成原理と日本社会のそれとの相違を,"対立構造"と"同化構造"の差によって理解しようとする千石保氏の観察も,このカテゴリーに属するといえる[1]。このような"対立構造"を示す社会にあっては,志水氏や千石氏が指摘しているように,社会が成立するために,市民の間の"共同"が,至上命令として要求される。この"共同"は,「対立闘争の長い歴史を経て,人間が獲得した貴重な英知である」と考えられる[2]。このような社会においては,この共同の場としての"パブリック"の観念が発達し,また,人びとは,社会的ルールを尊重し,契約を遵守する生活態度を身につけてゆく。千石氏は,「そこには,日本人にみられるように,自己を中心とする距離の長短によって異なった価値基準はみられない」(傍点著者)と指摘する。

　これに対して,近隣の者との同化を理想とする,千石氏のいう"同化構造"を示す日本の社会にあっては,「自己を中心とする距離の長短」によって,価値基準が著しく異なってくる。その結果,友人や知人に対してはきわめて親切な人間が,見知らぬ人間に対しては,恐ろしく不遠慮な態度を示すという独特の行動様式が定着し,「日本人には親切な民族と不親切な民族の二つがあるのだろうか」と欧米人を慨嘆させることとなる[3]。このような社会では互いに同化しうる人間の範囲が,"自己を中心とする距離"によってきわめて限定されていることから,そしてまた,"対立を前提とする市民としての共同"を意識することが少ないことから,日本人にとって,身辺のかぎられた人間関係を越える社会は,参加の対象ではなく,遠い無関係な存在となっている[4]。千石保氏は,この点を次のように指摘している。

ある特定の対象に同化しようとする価値志向は，不特定な対象に無関心となろう。日本人が社会的存在，社会構成員としての意識をもたないのは，その人間観の本質に由来するといえる[5]。

以上のような日本人の社会意識にみられる特徴について，土居健郎氏は，「甘え」の観点から，きわめて興味深い分析を行なっている。すなわち，土居氏は，日本人が内と外という言葉で人間関係の区別する場合の目安は遠慮の有無にあること，この内と外の関係は，いわば3重の構造をもっていて，「遠慮がない身内は文字通り内であるが，遠慮のある義理の関係は外である」こと，「しかしまた義理の関係や知人を内の者と見なし，それ以外の遠慮を働かす必要のない無縁の他人の世界を外と見なすこともある」こと，「いま遠慮が働く人間関係を中間帯とすると，その内側には遠慮がない身内の世界，その外側には遠慮を働かす必要のない他人の世界が位置する」こと，内という日本語が，主として個人の属する集団を指していて，この点英語のプライベートが個人自体を指すのと，注目すべき対照を示していること，「日本には集団から独立した個人の自由が確立されていないばかりでなく，個人や個々の集団を超越するパブリックの精神も至って乏しいように思われること」を指摘している[6]。

以上のような日本人の社会意識や人間関係についての意識は，いわば，各個人を起点とし，個人からの距離によって規定された特徴的な意識であって，日本人の間に遍く存在する一般的な志向としてとらえられている。そこで次に，このような一般的な志向を背景として，個人が"特定集団"に全人的に参加してゆく場合にみられる，"ウチ"と"ソト"の意識について検討することが必要となる。

さて，すでに指摘したように，日本の社会においては，諸個人は，集団に"所属"することによって，相互に一定の関係を結び，社会における一定の位置を確保する。その結果，異なる集団に"所属"する人びとは，それぞれ，相手が"異なる集団に所属する人"つまり，社会において自分とは別の"位置づけ"をもった人として相互に相対することとなりがちである。それは，すでにみたようにひとつの市民社会における一市民としての相互関係ではない。この

ような集団に"所属するもの"としてみずからを社会に位置づけ，異なる集団に所属する人びとを別のグループとして認識する日本人の根強い傾向は，とくに，中根千枝氏のいう「場」，すなわち，「一定の地域とか，所属機関などのように，資格の相違をとわず，一定の枠によって」構成されている集団に関して，顕著に認められる。中根氏はこの点について，次のような指摘を行なっている。すなわち，

　　はっきりいえることは〔日本においては〕場，すなわち会社とか大学という枠が，社会的に集団構成，集団認識に大きな役割をもっているということであって，個人のもつ資格自体は第二の問題となってくるということである[7]。

　このような集団認識と相互の位置づけが行なわれる結果，日本の社会ではそれぞれの所属集団を規準として，しばしば指摘されるような"ウチ"と"ソト"の意識が形成されてくるのである。さて，このように個々人が"特定集団"に全人的に参加してゆく場合に形成される"ウチ"と"ソト"の意識には，さきにみた一般的志向のほかに，さまざまの要素がつけ加わる。すなわち，まず第1に，自分が特定の集団に属しているという"所属意識"がつけ加えられる。これによって，個人からの距離の短さに直接依存しない，"所属意識"を媒介とした"ウチ"意識が形成されるのである。すなわち，職務上・生活上の現実的な接触は乏しくとも，同一集団に所属するという意識そのものから生ずる"ウチ"意識がそれである。

　第2に，個人と"特定集団"との日本的な関係にみられる幅広い共有経験—職務上の関係にとどまらず生活の分野にまで入り込んだ幅広い共有経験や頻度の高い共有経験によって，個々の集団成員から独立に形成された，すなわち客観的な構造をもつところの所属集団を基準とした"ウチ"と"ソト"の意識が形成されてくるのである。この，所属集団を基準とした"ウチ"と"ソト"の意識の形成は，組織構造の複雑化にともなって，きわめて重要な意味を帯びるにいたるのである。すなわち，日本人のこのような意識が，第1に，日本人の責任意識をきわめて複雑なものとしていること，第2に，それが，日本の組織のうちに生みだされるある種のダイナミズムと重要なかかわりをもつものであ

ることを，とくに強調しておかなければならない。その意味するところは以下のごとくである。

　日本の社会を構成する諸集団が，かつての部落のように比較的単純な構造をもっている場合には，社会は，基礎集団の単純な集合体として存在し，その結果，日本人の集団意識ないしは，集団志向的行動様式が，分裂や矛盾にさらされることは比較的少ないと考えられる。しかし，近代的な巨大組織の発展は，わが国の集団の構造にきわめて重要な変化をもたらした。すなわち，かつて単純な構造をもっていた諸集団は，次第に近代的な巨大組織に発展し，あるいはこれにとって代られることになった結果，集団そのものが，その上位集団に"所属"するとともに，みずからもいくつかの下位集団を包摂するという，いわば一種の多重構造をとるようになった。たとえば，発展した巨大企業は，みずからのうちに，事業部・部・課・係などの多くの小集団をかかえる一方，他の巨大企業とともに，三菱グループ，住友グループなどと呼ばれる企業集団を形成するようになったのである。その結果，個人と集団との関係は，かつて日本の社会がきわめて単純な構造をもっていた時代のそれに比べて，きわめて複雑なものとなった。いうまでもなく，欧米の社会においても，このような巨大組織の発展はみられたわけであるが，諸個人が原則として明確に限定された機能に関してのみ組織と関係をもつこれらの社会においては，このような巨大組織の発展は，基本的には，職務・権限構造の複雑化にすぎず，したがって，個人と集団との複雑な関係は生じなかったといってよい。しかし，諸個人が特定集団に"全人的に所属"することによって，相互に一定の関係を結び，さきに指摘した"ウチ"と"ソト"の区分意識が明瞭に現れる日本の社会においては，このような集団の多重構造化は，人びとの集団意識をきわめて複雑なものとせずにはおかなかったのである。

　このような傾向を示す第1の点は，集団の多重構造化によって，個人の集団への所属意識は，状況に対する複雑な対応を迫られることになったことである。すなわち，特定集団への"所属"を規準として決定される"ウチ"と"ソト"の意識は，どの集団を準拠集団とするかによってその範囲が異なるわけである

が，集団の多重構造化によって，集団の構成員は，刻々と変化する状況に応じて，この準拠集団を選択するという対応を迫られることとなったのである。こうした集団への所属意識は，いうまでもなく組織上の地位によって規定されるが，同時にまた，それは，相手が何者であるかにも依存している。すなわち，それは一方でその組織上の地位が，社長であるか，部長であるか，あるいはまた，課長や係長であるかによって，当然基本的な準拠集団の選択規準が異なってくるのであるが，他方また，交渉の相手が，同一課内の他の係に所属するか，同一部内の他の課に所属するか，同一企業内の他の部に所属するか，あるいは，同一企業グループ内の他社に所属するかによって，"ウチ"と"ソト"の意識は急速な変化と対応を迫られることとなったのである。このような複雑な意識を反映して，組織メンバーの所属集団に対する忠誠心や責任意識も，きわめて複雑なものとならざるをえない。このことは，欧米人の責任意識とは顕著に異なる日本人の責任意識を理解するうえで，ひとつの重要なファクターをなすものと考えられる。なお，日本人の責任意識の特徴については，第5章において改めて論ずる。

　第2に問題となる点は，集団への所属意識から生ずる集団間の対抗意識・競争意識が，集団の多重構造化によって，きわめて複雑なものとなり，いわば，"集団内集団間競争"とでも名付けるべき，きわめて日本的な競争形態を生みだしたことである[8]。すなわち，同一企業内の支店間の競争や各事業部間の競争，同一支店内の出張所間の競争やセールス・ティーム間の競争がそれである。こうした競争は，自分の所属する小集団を"ウチ"と考え，同一集団内の他小集団を"ソト"と考えるという独特の集団意識を背景としており，さらに外部の集団に対しては，互いに"ウチ"として協力しながら，内部では相互に相手を"ソト"として，しのぎを削っているのである。こうして，激しく競いあっているセールス・ティームも，同一営業所に所属するものとして，他の営業所に対しては，一致して対抗しようという意識をもっており，このようなセールス・ティームを統轄する各営業所も，相互に激しく競いあう。こうした競争関係は，さらに諸支店の間においても認められ，それがさらに，同業他社との競

争へと集約されていく。こうした競争関係は，諸個人が機能によってのみ関係し合う欧米型の経営組織にはなじみにくい関係であって，日本的な経営組織における，ひとつの顕著な特徴的現象であるということができる。しかも，このような "集団内集団間競争" が，日本の経営組織にきわめて特異なダイナミズムをもたらしているとするならば，この問題は，"日本的経営" の分析において欠くことのできないひとつの重要な側面であるといわなければならない。そしてこのような傾向を支えているのがまさに "ウチ" と "ソト" の意識なのである。この "集団内集団間競争" については第8章で扱う。

さて，以上にみたような，所属集団を基準とした "ウチ" と "ソト" の意識の形成によって，人びとの主たる関心はその所属する "特定集団内部" にむけられ，集団の外の世界に対する高度の無関心が生みだされる結果となった。この独特の集団意識は，次節において取上げる，日本人の "所属集団への定着志向" に対して重要な心理的基盤を提供するとともに，また，このような志向のうえに築かれていった現実の定着傾向によって，逆に強化されるといった，相互関係が展開されているのである。また，この，集団内部への異常なまでの関心と，集団の外部に対する無関心とは，第3節で取扱う，日本人特有の "地位" の意識の形成に，重要なかかわりをもつことに注意しなければならない。

1) 千石保『日本人の人間観：欧米人との違いをさぐる』。
2) 千石・前掲書120頁。
3) 千石・前掲書91頁。なお，著者自身の観察では，アメリカ人の親切は一般には，知人に対する場合と見知らぬ人（stranger）に対する場合との間にあまり差が認められないようで，この点日本人の親切と顕著な対象を示しているように思われる。
4) 千石・前掲書113頁。
5) 千石・前掲書121頁。
6) 土居健郎『「甘え」の構造』38頁～41頁。
7) 中根千枝『タテ社会の人間関係―単一社会の理論』32頁。
8) このような日本人の競争意識を利用して成果をあげた例の典型として，わが国生命保険会社の戦後における販売活動をあげることができる。

Ⅱ　所属集団への定着志向

　第3章の分析であきらかなように，日本の社会においては，諸個人は，基本的には，その分担する機能によってではなく，むしろ，"特定集団"への"所属"を媒介として，相互に関係を結び，社会と一定の関係に入るのである。このような社会にあっては，すでに指摘したように，諸個人は"集団のメンバー"として自己の存在や属性を確認するのであり，集団を離れた個人は，無力で頼りない存在にすぎない。このような社会関係が存在するために，"特定集団"への"所属"は，集団に参加する個々人にとっても，また受入れ側の集団にとっても，欧米の場合とは異なって，きわめて重要な意味をもつものであった。このため，個人を受入れる集団の側においては，参加を希望するものの特定の能力にとどまらず，その人物や性格，さらには彼の家族関係までをも含めて，慎重な検討を行ない，参加希望者が，いわば全人格的にみて，集団への参加を認めるのに"ふさわしい"人物であるか否かが考慮されたのち，その人物を集団に参加させるべきか否かを決定する場合が多い。また個人の側でも，その集団の社会的威信や将来性について充分に検討したうえで，どの集団を"特定集団"として選択すべきかを決定する。このような背景のもとで，"新人"の集団への参加は，仰々しい"歓迎会"という儀式によって"公認"されるし，逆に，メンバーの誰かが集団を去る場合には，"送別会"の儀礼によってメンバーシップに終止符をうったうえで，これを送り出すことが行なわれている。

　こうして，わが国の企業をはじめとする多くの職域集団は，所属意識や共有経験の頻度を媒介とした，一種の"生活圏"を形成しているのであり，この集団に対する構成員の側のさまざまな期待——それは大部分暗黙の了解から成り立っている——と，このような期待にこたえるように集団の側から提供されるさまざまの保護とによって，これら"特定集団"は，多くの場合，勿論いく多の不満はあるとしても，一種の安定感を楽しむことのできる"安住の地"となっている。さらに，このような集団と個人との関係にとどまらず，集団の内部

にあっても，時間の経過とともに，欧米社会にはみられない独特な人間関係のネットワークが形成されてくる。すなわち，土居健郎氏の言葉を借りて表現するならば，「遠慮を働かす必要のない無縁の他人」の関係から，「遠慮のある義理の関係」へ，そしてさらには，「遠慮のない身内」の関係へと，次第に濃密な人間関係がつくりだされ，その結果，"ウチ"の意識に支えられて，お互いを「あてにする」ことのできる，"居心地のよい世界"が形成されるのである[1]。この関係は，窮地に陥ったときには精神的な支えを提供し，迷ったときには指針を，そして嬉しいときには，共にはしゃぐ機会を提供する。さらにそれは，多くの場合，職務や人間関係の円滑な処理に不可欠な情報の源ともなっている[2]。このように，日本的集団の内部においては，"望ましい人間関係"がとくに重要な意味をもっているが，他方，このような人間関係をつくりあげるためには，日常の接触におけるさまざまな気遣いや，巧みな人間関係の処理，さらに何にもまして一定の時間的経過が必要である。このため，このような"望ましい人間関係"は，集団の個々のメンバーにとって，いわば，重要な"無形資産"となっているのである。日本の諸集団においては以上のような条件が存在するために，多くの日本人は，その"特定集団"を離脱して，他の集団を第2の"特定集団"とすることに，大きな抵抗を示すのである。

　日本人が"特定集団"に定着しようとする志向を支えているいまひとつの条件は，いわばさきにのべた条件の裏返しともいうべきものであるが，これはまた，見逃すことのできない重要な条件となっている。すなわち，さきの分析からもあきらかなように，わが国の社会においては，主として職域集団にみられる"特定集団"が，一種の"ムラ"的構造をもち，それらが，それぞれに，社会の基礎集団（単位集団）を形成している。このため，集団の構成員にとっては，それぞれの所属集団が，何程かの安定感を楽しむことのできる"安住の地"となっているのに対して，その所属集団の外部は，集団のメンバーにとって，いわば見知らぬ"他界"となっていて，自分の住むミクロコスモスとは別の"世界"を構成しているのである。勿論，経済活動の過程で，別の職域集団に属する人びととも，さまざまな接触をもつわけであるが，彼らは，互いに相

手を"ソト"の人として，偶発的な，ないしは，利害を中心としたクールな関係を結び合うにすぎない。

　このような傾向を支えているひとつの重要な要因として，われわれは，集団の成員にとっての"義務の無限定性"をあげておかなければならない。この，著者が"義務の無限定性"と呼ぶ傾向は"日本的経営制度"のいわば基本的な存立条件をなすものであり，これなくしては，"日本的経営"そのものが存立しえないほどに重要な意味をもつものである。この傾向と日本的経営制度との関連については，のちに第9章において詳細に論じているので，ここでは，論旨の展開に必要なかぎりで，ごく簡単にふれるにとどめる。さて，この"義務の無限定性"と呼ぶ傾向は，これをごく単純化してのべるならば，およそ以下のことを意味する。すなわち，機能分担関係を重視し，また，川島武宜氏が指摘するように，義務の限定性・定量性をその規範意識の根底にもつ欧米社会においては，個人がある組織に参加する場合，その参加に先だって，その分担すべき職務，すなわち，その権限と責任の範囲，および，その職務の遂行に対して与えられる報償が，契約によって明確に規定されるのが通例である。これに対して，日本の社会にあっては，組織への参加に先だってこのような明確な取決めが行なわれることは稀である。このため，日本の組織においては，組織に参加したのちは，組織の側が一方的に取決める責任の受諾を余儀なくされるのであり，また組織の側の必要によって，何時でもその変更を受諾する慣行となっている。こうして，昇給・昇格・転勤のシーズンになると，大部分のサラリーマンは，期待と不安の入り混った複雑な心境で，自分の運命の行方を見守ることとなる。彼が，本社の重要な地位に"栄転"するか，僻地の支店に"飛ばされる"かは，ひとえに人事部の決定する組織の要求にかかっている。このように，日本の集団においては，集団に参加した個人が，将来，どのような待遇をうけ，どのような責任を負うことになるかは，不明確な場合が多く，組織および個人の負うべき義務が，いわば"無限定"なままに，両者の関係が進行する。悪くすると，僻地に"飛ばされ"たり，そのまま"飼殺し"にされる危険すら存在するために，他の集団は，給与水準や労働時間など，明示的な労働条件の

みからは推しはかることのできない "他界" としてたちあらわれるのである。

　以上のような特異な集団意識の存在によって，これら集団の構成員達は，現在所属する集団において極度の不適応を起こしている場合を別とすれば，かつての "ムラビト" 達がそうであったように，ある程度の信頼をおくことができる現在の集団，多かれ少なかれ "望ましい人間関係" も形成されている現在の所属集団に，定着しようとする根強い傾向を示す結果となったのである。

　ここで，ひとつの重要な論点について検討しておかなければならない。すなわち，従来，このような集団への定着傾向は，年功序列制度が一般化した結果，集団間の移動には大きな経済的不利益がともなうという事実によって説明されている。そこで，さきにみた日本人の "集団定着的志向" とこの後者の見解との関係があきらかにされなければならない。さて，集団への定着を経済的要因から説明しようとする論者が主張するように，終身雇用制や年功賃金制が，熟練労働者の移動を防止するために普及し，それなりの成果をあげたことは，事実として承認しなければならない。しかし，組織の構成員が，その所属する組織内において充分に適応しているかぎり，より有利な条件で勧誘しても，組織を移転することにきわめて強い抵抗を示す日本人の傾向は，彼らの集団定着的性向が，組織移転にともなう経済的不利益（これを "組織移転コスト" と呼ぶことにする）のみによっては説明しきれないことを示すひとつの証左であるといえよう。むしろ日本人のこの集団定着的志向を背景としてこそ，激しい労働移動を防止するための施策として，終身雇用制や年功序列制が導入されたと考えられるし，また，このような背景のもとでこそ，これらの施策が，充分な成果を発揮しえたと考えられるのである。換言すれば，年功賃金制や終身雇用制が，熟練労働の移動防止に相当の成果をおさめえたという事実そのものが，これらの施策が多くの日本人にとって魅力あるものであったことを物語っている[3]。

　また，戦後の経営における終身雇用，年功序列制度は，戦前のものとは性格を異にするものであり，終身雇用制は，戦後の労働攻勢のなかで，解雇反対を叫ぶ労働組合の強い要求によってかちとられていったものであること，年功序列賃金は，生活苦にあえぐ労働者の生活を守るために，組合側から要求された，

生活給賃金体系をその原型とするものであること，などが指摘されている。しかし，このような労働組合側の要求も，労働者の集団定着的意識を反映したものであるといわなければならないし，また根底に，このような意識による支持なくしては，決して定着することのないものであったと考えられる。このような状況を反映して，会社側も，結局若干の修正をほどこすことをもって，これらの制度の採用を得策と考えたのであり，現実にも，これらの制度を最大限に活用して，本書第7章において分析するように，組織のなかに一種のダイナミズムをつくりあげていったのである。ここで重要な点は，労働移動を防止するための施策が，日本とは異なる社会的文化的背景をもつ社会においても，これら日本的な諸施策と同じような形態をとるであろうと考えることには大きな疑問が残るという事実であり，また，戦後その他の難局において，労働攻勢が，日本の場合のように解雇反対・生活給賃金体系要求の方向にむかうことはなかったという事実であろう。これらは，所属集団のなかに安定性を求める日本的な意識を背景としてはじめて現れた傾向であったといわなければならない。

　以上の考察によって，日本人の間に根強くみられる所属集団への定着傾向は，たんなる経済的な利害関係よりもさらに深いところから発している，ひとつの情緒的な傾向であることがあきらかであり，したがって，このような傾向は，経済的な側面から理解するだけでなく，むしろ，企業をはじめとする職域集団を，ひとつの"ムラ"の変形と解釈することによって，いっそうよく理解することができるのである。この点，ムラ境についての荒木博之氏の次の指摘は，きわめて示唆に富んでいる。以下に引用しておく。

　　ムラびとたちにとって，ムラ境から外がいかに他界であったかは，ムラびとの旅立ちに際しての習俗からもうかようことができる。旅立ちに当ってはデダチの祝いといって，親類や近隣のものたちがムラ境まで送りそこで神酒をいたゞく。そしてその際，ワラジ銭と称してハナムケすなわち銭別を送るのがしきたりであったが，死者の棺に入れる小銭が，ワラジ銭と，同じ呼び方で呼ばれているという事実は，旅立ちがいかに他界に向かっての旅立ちであったかを明らかに物語るものである。ムラ境に塞の神としてたてられる道祖神が，人間界と霊界との境界を司どる神でもあるという事実の意味も，まさにこの点に存しているということができるのである[4]。

以上，日本人の集団定着的志向が，終身雇用制・年功序列制などの，日本的経営制度の心理的基礎となっていることをあきらかにした。このような心理特性を基盤として終身雇用・年功序列などの諸制度が形成され，逆に，また，これらの諸制度が，日本人の集団定着的傾向を強化していったものと考えられる。大正期の一時期，わが国においても，労働移動が現実に激しくなった事実が示しているように，集団定着的志向の存在そのものは，環境諸条件のあり方如何によっては，必ずしも現実に集団への定着をもたらすものではなく，志向と現実の定着との間に，何らかの"ズレ"が存在しうる。この志向は，これを支える制度的条件のもとで，現実的定着行動となって現れると考えるべきであろう。

1) 土居健郎『「甘え」の構造』38頁参照。なお土居氏は，日本の夫婦と西洋の夫婦とを対比してみるとそこに微妙な差違が認められること，この差異は，「日本の夫婦が互いに相手をあてにするのに対し，西洋の夫婦はそれをしない」こと，この"あてにする"という言葉は信頼 (trust) するというよりも，「あるものが自分に許されている，あるいは与えられているとみなす」意味に使われることを指摘している。はなはだ興味ある指摘であるが，この傾向は，程度の差こそあれ，日本人の間の"親密な関係"にはひろく一般に認められるように思われる。土居健郎『「甘え」雑稿』(132頁～134頁参照)。
2) この情報源としての集団の重要性について著者の注意を喚起したのは，武蔵大学講師山田正喜子氏である。このことは，集団のもつ貴重な情報に対する接近可能性だけでなく，職場集団のメンバーによって行なわれる宴会，とくにその2次会が，重要な情報交換の場になっている事実が示すように，その集団の内部において，職務や人間関係の円滑な処理を行なうのに必要な情報の源としての意味ももっていると思われる。
3) V. パッカードは，米国の組織にも報酬の後払いという形の"足どめ政策"が行なわれているが，このような政策は，米国人エグゼクティブの間に「このようなことは，人間が正直たらんとする場合に，考えられないほど大きなおもしとなってのしかかってくる」といった激しい反発がみられることを指摘し，「このようなエグゼクティブに対する非人間的制約がはたして必要か否かは，当然疑問の出てくるところだろう」という。(V. パッカード『ピラミッドを登る人々』徳山・原訳12頁参照)。このようなアメリカ人の反応と日本人の終身雇用制・年功序列制に対する反応とを対比してみると，はなはだ興味深い。
4) 荒木博之『日本人の行動様式』29頁～30頁。

III "地位"の意識にみる特徴

日本人には"パブリック"の観念が欠けている——といった指摘がしばしば

行なわれる[1]。これらの指摘は，主として，日本人が，自分自身や自分の所属する集団の利害にのみ敏感で，公徳心に欠けているといった観察のもとに行なわれることが多い。しかし，実のところ，日本人にあっては，こうした公徳心の問題にかぎらず，むしろ，一般に自己の所属する集団の"ソト"の世界に対する関心が，きわめて稀薄であるように思われる[2]。すなわち，さきに指摘したように，日本の社会は，

個人—— "特定集団" ——社会
　　　　　　↑
　　　　　所属

の図式によって表わされるような社会であり，その構成員は集団への所属を媒介として，これをつうじてのみ社会に一定の位置づけが確認される型の社会であって，このような社会にあっては，個人と社会とのかかわりは，間接的なものとならざるをえない。その結果，個人の主たる関心は，自分の所属する集団へとむけられる。さて，われわれの問題意識とのかかわりにおいてとくに興味ある問題のひとつは，このような社会意識を反映して，日本人の間にみられる"地位"の意識も，欧米人のそれに比べて，顕著な特徴を示しているという事実である。

　まず，社会的階層移動が比較的少ないといわれる，ドイツ・フランス・イギリスなどのヨーロッパ諸国においては，エリートの選別は，その出身階層によってほぼ定まっていることが指摘されている[3]。つまり，エリート出身者はエリートコースを歩み，そうでない階層の出身者は非エリートコースを歩むのが一般であるとされるのである。さらに職業の選択においても，自分の出身階層に見合った職業を選ぶことが多いといわれ，彼らの社会的地位の意識は，きわめて伝統的でかつ一般的な性格の"階層"にむけられている。こうしたヨーロッパの社会に対して，日本の社会は，明治以来，かなり社会的移動性の高い社会であったことが指摘されている。そして，第2次大戦以後のわが国の社会には，いっそうこのことがあてはまるといえよう。この社会的階層移動が激しいという点では，日本の社会は，アメリカ合衆国のそれに近似しているといえる。し

かし，この両国民の間にみられる，社会的地位の意識の間にも，やはりかなり顕著な差異が認められるように思われる。

　すなわち，米国の社会においては，人びとの社会的地位の意識は，職域集団や居住地域集団などの諸集団を超えて存在する，全国的な（national），あるいは地域的な(local)社会の内部における地位に主としてむけられる。したがって，彼らの場合には，たとえば企業内の地位のような，ひとつの集団内の地位に対してよりも，むしろより広い社会の内部における自分の階層的位置づけにより強い関心がむけられている。彼らにとって，企業内の地位も勿論重要であるが，それは，とくにその地位にともなう収入や権限が，より広い社会における階層的位置づけと重要なかかわりをもっているからであり，この特定の組織内における地位自体が格別重要なのではない[4]。アメリカ人の間にみられるこのような地位の意識を，加藤秀俊氏は，一種のカースト，すなわち"所得カースト"として理解する。興味深い観察なので，少し長文になるが御寛恕を願って，以下に引用する。すなわち加藤氏は，ゴーラー（G. Gorer）の観察に依拠しつつ次のようにいう。

　　アメリカのおとなの世界では，たとえば「所得」がカースト・ラインをつくる。アメリカの所得分布は，まんなかのふくらんだ，ちょうちん型分布で，年収六千ドル～一万ドルという人口がいわゆる「中堅所得層」を形成しているのだが，およそ千ドルきざみで，所得層（income bracket）という名のカーストをアメリカ人は想定する。（中略）
　　所得カーストは，いうまでもなく，経済水準の問題である。しかし，アメリカ人にとってある額の所得は，経済の目盛りというよりは，むしろ「成功」というシンボリックな価値の目盛りなのである。所得が多いということは，もちろん，らくな生活を意味するが，アメリカ人にとって，それは，あまり重大な問題ではない。アメリカ人にとって重大なのは，所得の多い少ないは，その人間の社会的成功の程度を意味するものなのであって，いわば勲章のごとき役割をはたすのだ[5]。

そして，この所得カーストは，つねに相対的なものであり，アメリカ人にとって，それは，いわば人生において，つぎつぎに通過してゆくような性質のものとなっている。このことが，アメリカの社会に，活発なダイナミズムをもたらしているのである。この点について加藤氏は次のように指摘する。

ここに，仮に七千ドルのカーストにぞくする人間がいる，としよう。かれは，六千ドル族を相手にせず，もっぱら自分と同じ七千ドル族を競争相手にして全力をつくす。おなじカーストの中で，他の同類よりもよくはたらき，よりよい趣味生活を送る。そして，その結果として，かれの年収は八千ドルに達する。かれは「成功」者となるのである。

しかし，年収が八千ドル族になったとたんに，かれは，八千ドルというあたらしいカーストに仲間入りしたことになる。そしてこんどは，そのあらたなカーストのなかでふたたび最善をつくさなければならぬ。アメリカ文化のなかで「成功」ということばのもつ含みは，つねに相対的なのだ。同一の条件を確認したうえで，フェアに競争してゴールに到達した瞬間に，あらたな競争がはじまっている。アメリカ人の人生は，フェアな競争のくり返しなのである[6]。

こうして，米国の社会には，ホワイト（William H. Whyte）やミルズ（Charles Wright Mills）が指摘するように，およそ等しい地位をもつ人びとの居住する地域や，社交クラブなどの集団が多数存在していて，人びとは，その社会的地位の上昇・下降にともなって，これらの居住地域や社交クラブを，つぎつぎに移動してゆく[7]。換言すれば，彼らアメリカ人の社会的地位の意識は，これらの諸集団を超えて存在する，全国的あるいは地域的な社会において，これらの地域や集団を媒介として表現されるような社会的地位に主としてむけられているのである。この場合，明確に"社会的階層における個人の位置"が問題となっていることに注意したい。

これに対して，わが国のように，人びとが自己の所属する集団を媒介として社会につながっているような社会，集団を超えて存在する社会に対する関心が乏しく，そのような社会の一員としての意識がきわめて稀薄な社会にあっては，社会における個人としての自己の階層的位置づけについては，それほどの関心をもっておらず，また，これを正確に規定しているわけでもない。人びとの地位の意識は，むしろ，(1)自己の所属する集団の社会的威信と，(2)その集団内部における自己の地位にむけられる。

(1) 集団の社会的威信と地位の意識

この問題について検討するにあたり，著者自身の個人的体験を，ひとつの参考として紹介することからはじめよう。ことが個人の心理の次元にかかわって

いるため，このような問題の分析においては，観察とともに，内省がときにきわめて重要な方法となりうると考えられるからである。

　さて，著者は，昭和41年7月から44年11月まで，東京大学経済学部において，助手の地位にあった。今にして思えば，3年間の助手期間中に，のちの研究の基礎らしいものは形成されたが，これという研究業績もあがらなかったことを告白しなければならない。このような状況のもとで，昭和44年7月，フルブライト奨学金をえて，渡米することとなったのであるが，事情により文部教官としての助手の地位を辞して渡米することとなった。実は，問題はここからはじまるのである。辞表を提出した時点では，地位に対するさしたる未練もなく，いわば"颯爽"(?)と辞表を提出したのであるが，羽田を発ったあとの数日間，形容しがたい不安に襲われるとともに，今後自分が頼りにしうるのは，"研究業績"のみであることを，痛いほどに感じさせられたのであった。このときの不安感は，さきに本書の第3章において論じた，"所属"を失うことから生ずる不安感であったのであるが，ここで問題となるのは，それまであまり痛切には感じていなかった"自分を社会に結びつける契機"としての研究業績の重要性が，このときになってとくに痛感されたことにある。のちにみずから分析したところによると，事情は次のとおりである。

　民間の企業等においては，のちに詳しく論ずるように，個人の地位への関心は，主として，所属集団の社会的威信と集団内部における自己の地位にむけられる。しかし，大学教員の場合には，階層構造が平らな形をとっていて，階層といっても，せいぜいのところ，助手，専任講師，助教授，教授の4階層くらいのものであり，ひとたび教授職についてしまえば，組織内における地位獲得の満足は消滅する。教授以外のその他の階層にしても，医学部など特殊な場合を除けば，業績の有無も無関係ではないが，ほぼ年功に従って昇進するとあって，昇進による地位の意識の満足は，さして大きなものではない。このような事情が存在するため，大学教員の場合には，地位の意識は，主として①研究業績その他(!)に支えられた学界での評価，②自分の所属する大学のプレステイジ，にむけられるものと考えられる。さて，著者自身の場合であるが，助手在任中，

さしたる研究業績がないにもかかわらず，いくらか"エラクなった"気持でいられたのは，まさに，東京大学という所属集団のプレステイジのなせるわざであったと考えられる。ところが，この所属集団の威信による"地位の満足"が突然消滅したとき，著者の関心は，研究業績の重要性へとむかったわけである。それのみが，自分を何らかの形で社会に位置づける手掛りであると感じられたからである。

　ここで，話を一般論に引き戻すことにしよう。著者の観察によれば，プレステイジの高い一流大学には"きわめて秀でた"研究者が存在する一方，"俗世間"ではともかく，学界では"あまりさえない"研究者（？）とみなされている人びとが，意外に多く存在している。一流大学のことであるから，本来もっとも優れた研究者と思われる人材を採用している筈であるし，また研究条件も他の大学に比べてはるかに恵まれている。そこで，抜群の能力と強力な個性の持主たちは，大学自体のもつ威信などには歯牙もかけず，みずから巨大な業績を生みだすこととなる。この場合，彼らは，学界において充分"地位の満足"をもエンジョイすることができるために，所属集団の威信をそれほど意識する必要もない。つまり，集団の威信の方が，"位負け"をするわけである。ところが，なかには，すぐれた研究業績をあげる代りに，"所属集団の威信"を楽しむことによって"地位"への欲求を充たす者が現れる。その結果，目ぼしい研究業績もあがらぬまま，学界での評価も香ばしくない事態となる。ひどい場合には，"××学部の三馬鹿教授"などといった有難くない汚名をきせられる破目にもなる。こうして，駄目な研究者ほど，大学のもつ威信にしがみつくこととならざるをえない。これがさらに二，三流大学になると，集団の威信すら，彼らの地位への欲求を満足させてはくれないため，彼らの関心は，ささやかながらも"組織内の地位"にむかい，学内行政上の役職に対するやみがたい情熱を現わしたりすることとなるわけである。断わっておくが，以上の解釈は，研究者達が，地位の満足のみを求めて研究にいそしんでいるということを，意味するものでは決してない。研究活動は一般に，対象に対するやみがたい関心に裏づけられていることは，いうまでもない。しかし，このような研究活動にも，"地位

Ⅲ "地位"の意識にみる特徴

への欲求の満足"は微妙に影をおとしていると考えられるのである。次にみる鳥羽欽一郎氏の観察や，尾佐竹徇氏の叙述は，著者のこのような観察が，著者だけのものではないことを示している。たとえば鳥羽氏はいう。

> 一昔前までは，大学教授という地位は魅力のあるものであったから，地位志向型の人びとが多く集る可能性があった[8]。

しかし，こうした意識は，程度の差こそあれ，現在もみられる。たとえば尾佐竹氏はいう。

> 現在の大学の若い教官は，研究をやっていた方が世間一般の評価が得られやすいので，どうしても教育には手を抜きがちである[9]。

このような傾向は，研究業績の如何にかかわらず，給与は研究歴によって定まっているという条件のもとで，現れていることに注意したい。すなわち，そこでは，ある種の"地位"こそが問題となっているのである。

さて，この大学教員の場合とは異なり，民間企業の場合には，組織の内部に，多すぎるほどのスティタスが用意されていること，また，経営者の場合を除けば，学界のようなより広い"場"における評価のメカニズムが存在していないことから，地位への欲求を充たそうとする関心は，いきおい，所属集団のもつ威信と，所属集団内部における，自己の組織上の地位へとむけられる。民間企業の場合にも，大学の場合と同様，所属集団のプレステイジは，集団成員にとって，きわめて重要な意味をもっている。すなわち，集団のプレステイジは個々の集団成員のプレステイジと結びついているために，集団のプレステイジの向上は，個人のプレステイジの向上をも意味するわけである。このことは，強い"ウチ"と"ソト"の意識や終身雇用制による集団定着傾向が一般化している状況のもとでは，集団の成員の間に，集団そのものの地位の向上をめざす高度の集団忠誠心がもたらされることを意味する。この場合，とくに注目を要するのは，集団の内部におけるさまざまの小集団の間でも，その享受する威信の間に差が認められ，支店から本店へといった具合に，より威信の高い集団への移動が渇望されたり，セールス・ティームなどの間にしばしば認められるよう

に，集団の威信を求めて，さきに指摘した集団内集団間競争が激化したりするなどの現象が認められるという事実である。

(2) 所属集団内部における地位への関心

日本的集団の成員達の多くが，社会的階層に対してよりも，所属集団内の組織上の地位に対してより敏感に反応するという事実は，さきにみた，所属集団の社会的威信によって地位の満足をうる傾向とともに，日本人の地位の意識にみられる顕著な特徴を構成している。集団の外部に対する関心が乏しく，集団構成員の関心が主として集団の内部にむかっているという状況のもとでは，これはむしろ自然の勢いであるといえるかもしれない。しかも，終身雇用制・年功序列制が制度として一般化したのちは，この傾向は，この2つの制度によってさらに強化される結果となった。もともと，年功序列制が充分に効果を発揮しうるためには，このような特異な地位の意識がその支えとなっているのであるが，逆にまた，年功序列制は，このような地位の意識にその制度的表現の場を保証することによって，両者は相互に強化し合いながら発展したものと考えられるのである。

さて，このような意識がいかに強固なものであるか，それが，終身雇用制・年功序列制などの"日本的経営制度"とどのように相照応しており，どのように相互に強化し合っているか，それが，いかに組織内昇進競争を激化させ，"日本的経営組織に"高度のダイナミズムをもたらしているか，などについては，第7章「『日本的』経営制度と競争」において詳細に取扱うので，ここでは，ただ，いわゆる転勤シーズンにみられる，サラリーマンの期待と憂うつに対する注意を喚起するにとどめよう。

ところで，このような地位の意識が存在するために，日本人は，多くの場合，他の企業に働く知人との給与の格差——それはしばしば少なからぬ金額に及ぶのであるが——に対してよりも，同一企業内の同僚の給与との間につけられたごく些細な格差に対して，より敏感に反応する。何故なら，このようなわずかな格差も，その組織内部における彼の地位を反映しているからである。したがって，このような賃金の格差に対する彼らの反応は，純粋に経済的な尺度によ

って推しはかることは困難である。このような意識が存在するために，わが国の諸企業においては，米国の企業の場合にはおよそ金銭的なインセンティヴとはなりえないような，微妙な賃金格差をつけるのに，細心の注意が払われている。この問題は，第10章において詳しく分析するが，日本の経営について検討する場合に，きわめて重要な意味をもっているのである。なぜなら，米国の企業においては，金銭的インセンティヴを有効なものとするためには，多額の増給を必要とするのに対して，日本の企業においては，わずかの増給によって，きわめて大きなインセンティヴを与えることができるからである。換言すれば，こうした日本人に特徴的な〝地位の意識〟を反映して，わが国の終身雇用・年功序列システムのもとでは，インセンティヴはきわめて増幅された形で現れることになる。著者はさきに，「終身雇用制がもたらす安心感や，年功序列制にもとづく競争意識の低下など安易な態度が組織内に生み出される結果，このような組織における労働の生産性は低く，激しい国際競争のもとで，わが国の経営制度は不適切なものとなりつつある」といった見解を批判し，「日本的」経営制度が激しい競争を組織の内部に生みだしていることを指摘した[10]。この〝増幅されたインセンティヴ〟も，まさにこのような組織内競争の活発化と重要なかかわりをもつものなのである。すなわち，この組織内昇進競争は集団内の地位に対してとくに敏感な日本人の心理特性をその基盤とするものであり，このような特異な〝地位の意識〟の存在こそが，年功制的賃金制度をある種の効率的な組織として支えてきたのである。

　こうした〝地位の意識〟に関していまひとつ重要なことは，それが終身雇用制を支えるひとつの心理的な基盤ともなっていたという事実であろう。すなわち，自分の所属する集団内における地位に対してきわめて敏感に反応した日本人は，他方，他の集団との間の格差に対しては，それほど敏感に反応しなかった。したがって，企業間にははなはだしい賃金格差が存在してきたにもかかわらず，労働力の移動はそれほど激しいものとはならず，その結果，大きな企業間賃金格差の存在にもかかわらず，終身雇用制が労働者の側から崩されることを防いできたと考えられるのである。終身雇用制や年功序列制が労働力の激しい

移動を防ぐためにつくりだされたものであることを承認するとしても，このようような特異な"地位の意識"の存在が，これらの制度を内部から支えていたことは否定できないように思われる。

　ここで，両者の関係，すなわち，集団の威信による"地位の意識"の満足と集団内組織上の地位による"地位の意識"の満足との関係について一言ふれておく必要がある。すでにみたように，大学教員の場合には，学界における評価による満足と集団の威信による満足とが，個人心理のレヴェルにおいては，奇妙な形での代替的な関係をもっているのに対して，企業の場合，この両者は，むしろ相即的な関係に立っているように思われることである。すなわち，所属する組織が，一流企業など，対外的威信の高い組織であるほど，集団の外部にむかっては，その所属集団の社会的威信によって地位への欲求を満足させる傾向が強くなると同時に，その集団の内部においては，激しい昇進競争への志向がよりいっそう明瞭に現れるという傾向が認められる。このことは，つまり，集団の社会的威信が高いものであればあるほど，その集団の内部において高い地位を獲得することが，長期にわたる困難な努力に価するものと考えられるからである。また逆に，中小二，三流企業の場合のように，集団の社会的威信がそれほど高くない場合には，集団内の地位は，それほどの努力に価するとは考えられず，結局，地位への欲求は，両者いずれの方法によっても満足されないこととなる。この場合，この欲求不満は，集団そのものの地位の向上を求める激しい要求となって現れたり，またそれが充たされそうにないときには，アメリカ型に近い形をとって，住宅や車などのスティタス・シンボルへの渇望となって現れるもののようである。

　以上に取上げた日本人の3つの心理特性および，第5章において取上げる日本人の責任意識・権限意識にみられる特徴は，さまざまの局面において，日本的経営の編成原理と深いかかわりをもっているものと考えられる。第5章において，日本人の責任意識の特徴について分析したうえで，さらに，これらの諸心理特性と日本的経営の編成原理との関連について論ずることとしたい。

Ⅲ "地位"の意識にみる特徴

1) たとえば，土居『「甘え」の構造』41頁～43頁。千石・前掲書第2章「社会構成の原理」参照。
2) 部落（ムラ）に住む人達が自分と直接関係のない部落の外の世界に対してもつ関心が如何に稀薄であるかを示す極端な例が，きだみのる氏によって紹介されているので，以下に引用しておく。

   この場合ムラは自分の部落のことだ。恩方村は広いので寺の曲り角に住む梅さんが村の奥の部落に行ったことがないというのを聞いてぼくがその好奇心のなさにあきれた顔つきをしたら「だってよ，用のねえところにわざわざ行けたものじゃあねえ」と至極道理に適った返事をしたのをみても解るように，村の中でも行ったことのない部落があるくらいだ。他部落のことなんか知らないのが普通で，懐かしの古里などという場合も部落のことなのだ。（きだみのる『にっぽん部落』9頁）

3) たとえば，ジェイムズ・カーカップ（James Kirkup）はその著『沈みゆく老大国』（*Sinking Old Empire, Britain*）のなかで，英国の場合について，次のように指摘している。

   特権階級になれる教育を受ける費用が高騰（中略）しているのにもかゝわらず，勢力者になれる席を得ようという要求が非常に強く，野心まんまんの両親達は，子供を妊娠するとすぐに，イートンやハーロウに登録する。（中略）富と家柄を受け継ぐ子供達が，確実に母胎から身をかためて生れ出るようにと親たちは願う。なぜなら，パブリック・スクールに入ってしまえば，将来は約束されているからである。上流社会に直ちに迎えられ，しかるべきクラブの会員に推され，政界，産業界，外交畑で，一番よい地位が与えられるのである。
   　イートンやハーロウに入学するかしないかは，その家の勢力と大いに関係がある。父親がイートンやハーロウの卒業生であり，相当額の寄付を学校にすれば，かわいい子供を有名校にたいていは入学させ，ウォーターローの戦いで勝利をおさめさせることができる。（『沈みゆく老大国』三浦富美子訳39頁～40頁）

4) ソニーの盛田昭夫氏が興味ある例をあげているので，以下に引用する。

   全米のナショナル・セールス・マネジャーをしていた人，これは副社長までやらせ相当な額の給料を出していたのが，しばらく前に，もう彼の能力より，われわれの仕事のスケールのほうが大きいというので，やめてもらったのであったが，せんだって，たまたま，セールス・ミーティングを開いてみると，その男が座っているのである。なにをしているのかと訊いてみると，なんと私の会社のバッファロー地区のセールス・リプレゼンタティブ（販売代理人）になって，いま商売にきているのだ，という。昔はソニーのアメリカ全部のセールスの担当をしていた人間が，いまやバッファロー地区のセールス・リプレゼンタティブで，そのかわり，自分で働けばコミッションが入ってくる，という形で，一地区のセールスをして食うという状態になっている。（盛田昭夫『学歴無用論』19頁）。

5) 加藤秀俊『アメリカ人―その文化と人間形成』82頁～83頁。
6) 加藤・前掲書85頁。
7) Mills, Charles Wright, *The Power Elite*, (N. Y., 1956) Chapter 3; Whyte, William H., *The Organization Man*, (N. Y., 1956), Part Ⅶ. 参照。なおこの社会的地位と居住地域との関係については，日本人の米国滞在者達によっても，同じような観察がしばしばなされている。たとえば桐島洋子氏はこの点について次のように観察している。

   不動産業の経験があるチャックは，男達の住所の地理学的研究において，おどろくべき識見を発揮した。

第4章　日本人の集団意識と行動特性

「ラファイエット・パーク・プレイスか，ここは中高年用の高級アパートが並んでいるところだ。ヴァン・ナイスの一万五千台といったら二万ドル程度の中流の下の平家木造住宅，シャーマン・オークスの一万八千台ならずっと上等で四万ドル以上の個性的な家だ。ユダヤ人の多い地区だけどね」

番地だけでえらく乱暴に断定するものだと思ったが，事実全くその通りなのである。地域ごとに，そこに建つ家の様相が見事に統一されている。(中略)

そしてその地域には，そこの家格にふさわしい人だけが住んでいる。地域ごとの格差はあまりにも露骨で，その境界では道路一本へだてて両側の家々の等級がはっきりとわかれる。(桐島洋子『淋しいアメリカ人』207頁〜208頁) そのほか，吉川裕子『孤独なアメリカ人』69頁参照。

8) 鳥羽欽一郎『大学の転落—新しい大学理念の創造のために』248頁。
9) 尾佐竹狗編『大学と研究者—危機に立つエンジニア教育』38頁。
10) 本書第7章に収録。

第5章　日本人の責任意識

I　日本人の責任意識

　日本人の"責任意識"が，欧米人のそれと対比した場合に，ある種の顕著な特徴を示しているという事実は，断片的にはすでに多くの論者によって指摘されている。この特異な責任意識の存在は，経営学上の分析において，きわめて重要な意味をもっている。その理由は，この日本人に特徴的な"責任意識"が，きわめて根底的なところで，いわゆる"日本的経営"の構造そのものに，重要なかかわりをもっていると思われることにある。"組織"というものをどのように理解するかは，視角によってさまざまである。組織を職務の体系，すなわち，権限および責任の体系として理解する立場，組織成員の心情的側面を重視する立場，これらの諸要素をも包括して，組織の一般理論を構築しようと試みる立場など，多様な見解が存在する。しかし，これらいずれの立場をとるにせよ，経営組織においては，その組織の構造および性格を規定するうえで，"権限"および"責任"の態様が決定的な意味をもっているという事実そのものは，否定できない。したがって，もし組織成員の間にあまねく存在する"権限"および"責任"の意識が，欧米人のそれと顕著に異なっているならば，これらの"権限"・"責任"意識を背景として組織された"日本的経営"の構造は，欧米におけるそれとは，当然大きく異なったものとならざるをえない。また，たとえ，欧米流の管理制度や管理技法が，わが国に輸入・適用されたとしても，それに対する組織成員の対応の仕方は，当然欧米の場合とは異なったものとならざるをえない。その結果，このような管理制度は，欧米における場合のようには機能しなくなるものと考えられる。このようにみてくると，日本人に特徴的な"責任"および"権限"の意識は，わが国における経営組織の構造や経営

のあり方と深いかかわりをもっていることがわかる。したがって，この両者の関係の究明は〝日本的経営〟を解明するうえでの，ひとつの重要な鍵をなすものと考えられるのである。

さて，しかし，問題のこのような重要性にもかかわらず，従来，日本人の〝責任〟・〝権限〟意識と〝日本的経営〟との関連について，深く追究した研究はあまりみあたらない。それには，さまざまの理由が存在しようが，とくに，次の理由には注目しなければならない。すなわち，①従来，〝日本的経営〟が論ぜられる場合に，あまりにも，家族主義とか和といった側面が重視され，このような，いわば〝伝家の宝刀〟によって，〝日本的経営〟をめぐる複雑な現実が〝快刀乱麻を断つ〟（！）がごとくに解明（!?）されてしまっていること，②他方，〝責任〟・〝権限〟意識という心理特性の分析がきわめて困難なために，日本人の責任意識の特徴が断片的に指摘されるとか，あるいは，欧米流の概念との類比，たとえば，「日本人の責任意識は，〝responsibility〟というよりは，〝accountability〟ともいうべき結果責任である」といった類の指摘が行なわれるにとどまっていること，などの理由がそれである。

ここで，このしばしば耳にする類比について検討しておくことは有意義である。その理由は，この一見もっともらしい解釈には，いくつかの重大な欠陥が認められるのであり，それらを検討することによって，われわれが追究しなければならない真の問題が何であるかを，いっそうあきらかにすることができると思われるからである。まず，このような欠陥としてあげなければならないのは〝accountability〟という英語によって表現される欧米人の意識，もっと厳密にいえば，英米人の意識そのものは，同じく英語である〝responsibility〟という用語によって表現される英米人のある種の〝責任意識〟をその背後にもっており，この英米人の〝責任意識〟は，さらにそれに照応する彼らの〝権限意識〟とも密接に結びついているという点である。換言すれば，彼らは，彼らのもつ〝authority〟に照応した〝responsibility〟を遂行しようとつとめ，この〝responsibility〟に対して〝accountability〟を負わされているのである[1]。

このようにみてくると，日本人の責任意識を「responsibility というよりは

accountability ともいうべき，結果責任である」と説明すること自体，あやまりであることがあきらかとなる。問題は，日本人の責任意識と，英米人の"responsibility"および"accountability"の意識との相違を分析することにあるのである。

　第2に，"責任意識"という日本人に特徴的な心理を問題とするときに，これを，安易に accountability などというヨーロッパ系言語に類比して理解しようとする傾向は，以上のような概念上の誤りを犯しているばかりでなく，さらに，これによって，この日本人の心理特性そのものをいっそう深く追究することを妨げ，現実についての分析を，既存の解釈でおきかえてしまうという欠陥を，ともなっていることである[2]。むしろ，われわれにとって必要なことは，日本人の間にみられる責任および権限意識の特徴を，欧米人等のそれと対比しながら分析し，ついで，このような日本的意識の特徴と，日本的経営組織のあり方とが，相互にどのようにかかわり合っているかについて，検討を試みることであろう。この章では，まず，日本人の責任意識そのものについて検討することとしよう。

　さて，日本人の責任意識の基本的特徴としてまず第1にあげなければならないのは，"個人責任"の意識が確立していないという事実であろう。そして，この事実は，2つの重要な側面をもっている。そのひとつは，"個人責任"の意識がきわめて稀薄なことから，各個人の引受けるべき"責任の範囲"が，きわめて不明確であるという点である。他のひとつは，家族，大学，企業等の集団の構成員の間に，"責任の連帯性"が顕著に認められる点である。この場合，責任の連帯性といっても，それは，契約ないし承諾によって成立し，明確にその範囲が限定されているといった類のものではなく，その集団に所属しているという事実そのものによって，好むと好まざるとにかかわらず，集団のメンバーが引受けることを期待される類いのもので，いわば，"連座制的責任の連帯性"とでも名付けるべき性質のものである。

　第2の基本的特徴は，個人の責任範囲の不明確さ，および，のちに分析する日本人の権限意識の不明確さに照応するもので，わが国においては，欧米の場

合とは異なり，一般に"権限"と"責任の範囲"が照応していないにもかかわらず，それがほとんど問題として意識されていないという事実があげられる。換言すれば，わが国の社会では，権限をもたない事項，あるいは権限の及びそうもない事項に対してまで，ある種の責任を負わされているという事実である。これは西欧的な"responsibility"とも，また"accountability"とも異なる，日本人の責任意識の大きな特徴といえる。

　第3の基本的な特徴としてあげなければならないのは，大きな社会に対する責任よりも，自分の所属する集団への責任がより強く意識されること，また所属集団の内部にあっては，上位の集団に対してよりも，より下位の集団に対して，責任が意識される傾向がみられることである。すなわち，より大きな社会に対する"責任"と所属集団に対する"責任"，ないしは，上位集団に対する"責任"と自己の所属する小集団に対する"責任"との間に矛盾が生ずるような場合には，現実には，所属集団あるいは小集団への"責任"が優先されることが多く，その逆の場合には，しばしば"裏切り行為"とみなされて，非難の的となる。たとえば，会社に対する責任よりも，自己の所属するセールスティームに対する"責任"がより重視されるなど，この類の行為といえる。

　最後に，日本人の責任意識におけるいまひとつの顕著な特徴としてあげておかなければならないのは，"強者の責任"とでも名付けるべきものである。すなわち，相手が"強者"である場合には，"弱者"は少々の無理をいっても許されるのであり，"強者"にはそれを充たしてやる責任があるとともに，弱者を"不都合"な境遇に放置することは無責任な態度であるという考え方である。このような弱者の"甘え"に発した責任観は，はなはだ興味深いことに，"強者"の側にも，かなりの程度に浸透しているように思われる。

　以上，日本人の責任意識の基本的特徴と思われるもののいくつかをあげたが，以下，これらのそれぞれについて，若干の事例を検討しながら，やや詳しくみてゆくことにしよう。

　　1) responsibility という用語は，Manley H. Jones の規定によれば，他人から期待されている

行為を実行すること（"Basically, responsibility turns out to be doing what others expect."）を意味する。それは，公式に割当てられた duties だけでなく，一般的な了解によって，非公式に期待されている行為をも含む概念である。したがって，authority, accountability との関係で論ずる場合には，duties として取上げた方がより明確となると思われるが，わが国で，責任意識と対比する場合，むしろ responsibility および accountability の用語が使用されるので，ここではこの慣用に従った。(Manley Howe Jones, *Executive Decision Making*, Illinois, 1962, p. 206 参照)

2) 同様のことは，しばしば，外国生まれの理論を借用する場合にも認められる。その理論が，すぐれて一般性をもっている場合にはこのような問題は生じないであろうが，それがある種の"風土性"をもっている場合に，その"風土性"を見落として安易な導入をはかると，同様の誤りを犯すこととなる。この場合に必要なことは，両者の違いを明確にしたうえで，さらに両者を統一的に説明しうるような，より一般性をもった理論を開発することであろう。

II "個人責任"の意識について

1972年 5 月，テルアビブ空港小銃乱射事件についてのニュースに接したとき，事件の衝撃とともに，この事件に対して日本人が示したいくつかの反応が，強く著者の心に残った。そのひとつは，犯人ないし容疑者の家族に脅迫電話をかけ，家族に対して何らかの"責任"を追求しようとするものが多数現れたこと，また，このとき，容疑者の肉親達が，"世間"に対して"顔むけができない"と謝罪していることである[1]。さらに興味深い点は，このような，"連座制"的責任連帯の意識は，家族の範囲にとどまらず，ひろく日本人としての連帯意識にまで拡散しているという事実であろう。現にこの事件が発生したとき，多くの日本人達が，ユダヤ系の友人達に 1 人の日本人として謝罪するという"事件"(！) が多数発生しているのである。たとえば，土屋守章氏は，このときの日本人の反応を次のように観察している。

> 五月のイスラエル・テルアビブの空港での日本人ゲリラの乱射事件の時には，ユダヤ人も多いハーバード近辺では，日本人はみな，自分まで怨まれるのではないかという気になって，身をちぢめたようである。
> 私も，日本人を代表したような気になって，ある友人に「アイム・ソーリー」と言ったところ，彼は「君がやったわけではないのに何であやまるのだ」という。どこの国にも，異常な人はいるがそれは君とは関係ないではないかというわけである。そう

いえば確かにその通りで，何かあやまりたい気持になったということも，私が日本的連帯責任意識を残していて，アメリカ的個人主義をまだ理解できなかったからであろう2)。(傍点著者)

このような国民的罪悪感の圧巻は，時の日本政府が，ただちに謝罪のための特使派遣を決定したことであろう。このとき日本政府のとった態度に対する欧米人の反応にはなかなか興味深いものがあった。たとえば，倉田保雄氏は，次のようにのべている。

> テルアビブ事件をパリから取材していて一番びっくりし，かつあきれたことは，日本政府が被害者に見舞金を払うことに決定し，謝罪使節をイスラエルに送るというニュースだった。
> これは日本にだけ通じる論理で，西欧ではまったく通じない論理である。だいいち，テルアビブ空港で大量殺人を犯した日本人三人のゲリラは日本政府が派遣したわけでも何でもないのであって，政府とはまったく関係がない。
> この論理で行くと，海外で日本人が犯罪を犯した場合は日本政府が被害者に補償金を支払うことになるわけで，私の知り合いのフランス人記者たちは，口をそろえて，「君の国の政府はおかしなことをやる。少なくともフランスでは考えられない。君もパリで駐車違反で罰金をとられたら，ツケを日本政府に回せばよいというわけだな」といったぐあいにまじめにとり合おうとしない3)。

また，以上のような日本人の反応に対して，ユダヤ系市民のこの事件に対する反応は，日本人のそれとはかなり異なるものであった。すなわち，著者の知るかぎり，ユダヤ系市民の日本人一般に対する反応は，このとき平静そのものであったのである4)。この事実は，日本人とユダヤ人の間に，その責任意識において大きな差違が認められることを明瞭に物語っている。この点に関して，欧米社会，とくにユダヤ人の社会においては，責任の主体が，つねにきわめて明確に意識されているという事実を，ユダヤ人ラビ，M. トケイヤー (Marvin Tokayer) 氏は次のように指摘している。

> 西欧社会，特にユダヤ人の社会においては「私」という概念は，最も重要なものである。「私」が全てを決定する主人公だからである。
> たとえば，日常会話において「私は明日あなたと会おう」というとき，主語はつねに「私」で始まるのである。また「私はそのようにするだろう」というとき，もし，

Ⅱ "個人責任"の意識について

　私がそのようにしなかったならば、すべての責任はその中心人物である「私」にのしかゝってくるわけである。「私」が、全ての行動に関しての最終責任をとることになるのである。「私」という考え方のうちに、すべての責任が帰着しているわけなのである。
　そこで、ユダヤの古い寓話を集めた膨大な書巻タルムードの中には、次のような表現が見られるのである。"人間"は自分の行動に関して、全責任をもっている。たとえ彼が眠っているあいだでも、全責任をもたなければならない[5]。

また、ルース・シロ女史は"個人責任"の原理が、ユダヤ人社会にあっては、すでに数千年の昔に確立していたことを、次のように指摘している。

　兄弟といえども、あくまでも、一個人であるという考え方は、ユダヤには、じつは数千年の昔からあったのです。旧約聖書は、「父は子のゆえに殺さるべきではない。子は父のゆえに殺さるべきではない。おのおの自分の罪のゆえに殺されるべきである」(『申命記』第二十四章十六)と教えています。
　古代では、家族のうち一人が罪を犯すと、家族全員が罰せられましたが、その当時にあって、ユダヤ人は、個人の責任をはっきりうたい、たとえ家族であっても、個人が優先すると主張したのです[6]。

以上の事例によってあきらかなように、日本人の間には、"責任は行為者個人が負うべきものである"という、"個人責任"の意識がきわめて稀薄である。この傾向は、前の章でふれた日本人の社会意識とも照応するものであり、日本人の責任意識の基本的特徴のひとつをなすものであると考えられる。
　さて、このような日本人の責任意識は、さきに指摘したように、2つの重要な側面をもっている。以下、これらの諸側面について検討しよう。
　(1) "責任範囲の不明確さ"について

欧米的な責任観に立つならば、責任は、一定の契約ないし同意によって成立するものであり、したがって、責任の範囲は、明確に規定されなければならない。また、責任を全うした結果享受しうる利益、あるいは、不履行の結果蒙る不利益についても、明確な規定が必要となる。その結果、責任をとる場合にも、一般に、この規定された範囲内でのみ、利益の喪失、ないし、不利益の甘受がなされる。しかし、われわれ日本人の責任意識においては、"個人責任"の原理が確立していないために、自分がどのような責任を負っているかは、通常、

明確に意識されていないことが多い[7]。このため，"職務を遂行する義務"という意味での責任意識はいきおい稀薄なものとなっており，何らかのトラブルが発生したときにはじめて，責任が強く意識されることとなる。しかも，このトラブルが発生した時点においてすら，個人の責任範囲は必ずしも明確ではなく，のちに指摘するように，家族・集団構成員・同胞の誰かがひきおこしたトラブルに対してまで，何らかの"責任"ないし"負い目"を感ずることを"余儀"なくされたり，あるいは，どの個人がどれだけ責任を負うかが明確でないために，状況に応じて責任の"割り振り"が行なわれたりする結果となる。

このような，個人（あるいは，状況によっては法人の場合ですら）の責任範囲についての不明確さは，驚くべきことに，責任範囲についての明確な契約が存在する場合にすら，この契約とはかかわりなしに，根強くみられる[8]。一例をあげよう。

東京近郊のある集合住宅団地で起った，まことにささやかな"事件"は，特別な社会的訓練をうけていない日本人大衆の間で，"責任範囲についての意識"がいかにあいまいなものであるかを，遺憾なく物語っている。そのささやかな"事件"とは，次のようなものである。

ある日，「団地自治会の設立について話し合いたい」という召集がかかった。出席者のほとんどは婦人達であったが，出席者は強硬な設立賛成派と，消極派に分かれていた。そこで，賛成派が消極派の説得にかかったのであるが，その論理がまことに面白いものであった。そのなかのひとつに次のような論法があった。いわく「子供達のためのブランコひとつ遊園地にはないではないか。そのことを建設会社にいって掛合っても，まともにとり合ってはくれない。われわれは自治会をつくって自分達の利益は守らなければならない。会社は売りっぱなしで無責任である」。（傍点著者）そこで著者自身「どのような施設が利用できるかは，配布されたパンフレットに克明に記されている。みんなそのことは承知で売買契約を結んだのではないか」と質問してみた。この発言に対して，賛成派の多くが，次のような反応を示した。すなわち，「そういわれても入居

してみなければわかりませんもの」というのである。このケースにみられる顕著な事実のひとつは、この人達の間に契約遵守の考えは皆無であり、責任範囲を明確に規定した契約が存在するにもかかわらず、会社・入居者双方の負うべき責任の範囲は、明確に意識されていないという点である。つまり、この住民たちにとって、会社の責任の範囲は、ひとえに彼ら住民の便宜に依存しているのである。このため、彼らにとって、契約を厳格に遵守している建設会社が"無責任"であっても一向に不思議ではないのであり、契約を無視して難題（？）をふっかけることが責任ある態度でもありうるというわけである。

　このような責任意識のあいまいさは、しかし相当な社会的訓練をうけている筈の人びとの間にも認められる。たとえば、千石保氏は、その著『日本人の人間観——欧米人との違いをさぐる』のなかで、購入した機械の保証期間をめぐって、日本の会社とスイスの会社との間にもちあがったトラブルについて、はなはだ興味深い例を紹介している。この例は、契約のなかに、保証期間についての明確な取り決めが存在したにもかかわらず、日本側が、責任の範囲について、きわめてあいまいな意識をもっていたために、保証期間が切れた直後に行なった修理の費用の負担をめぐって、日本側とスイス側との間にトラブルが生じたものである[9]。

　以上のような、個人の負うべき責任範囲の不明確さは、日本人の間にみられる、いわば"包括的責任"の意識とでも名付けるべき責任意識にもっとも端的に現れている。すなわち「すべておまかせいたします」、「万事よろしくお願いいたします」といった責任のあずけ方、「私に何事もおまかせ下さい」、「一切、オレが責任をもつ」といった責任の引受け方は、このような意識の典型的な表明といえる[10]。ここで注意すべきことは、以上のべた個人の責任範囲の不明確さは、日本的経営組織の特徴を生みだす基本的な要因をなしているという事実である。この点については、とくに第8章および第9章を参照されたい。

(2) "責任の連帯性"について

　第2の側面は、家族・大学・企業等の集団の構成員の間にみられる責任の"連帯性"である。これは、さきに指摘したように、契約ないし承諾によって

成立する類のものではなく，その集団に所属しているという事実そのものによって，好むと好まざるとにかかわらず，集団のメンバーが引受けなければならない点に大きな特徴が認められる。このような心理的傾向を実証することは容易ではないが，いくつかの実例によって例証することは，さほど困難ではない。2，3の例をあげよう。

事例1．さきにあげた，テルアビブ事件のとき多くの日本人が，容疑者の家族に脅迫電話をかけたという事実，また容疑者の両親の多くが"世間"に対して陳謝しているという事実，なかでも，容疑者の1人の父親が，世間に陳謝したうえ，世間に対する申訳なさから"このうえはイスラエル当局が息子を極刑に処してくれることを望む"とまで発言している事実——これは，心理的に息子と一体化した父親が，息子の罪を自分の罪と感じ，自分の身に刑罰を引受けるような心境で息子に極刑を望むという一種の同化現象のように思われる——などは，家族の間にみられる高度の責任の"連帯性"を示しているように思われる[11]。

事例2．また，職域集団である企業の場合にも，程度の差こそあれ，これと似た"責任連帯"の意識が認められる。ここでは，千石保氏があげているはなはだ興味深い例を孫引きさせていただくことにしよう。

　　会社と働く人間との関係は，イギリス人と日本人とでは，本質的に異なると考えられる。かつてS銀行本店総務部長であったA氏は，毎年の新入社員に，きまってこういう訓示をしたのである。
　　諸君は本日から晴れてS銀行の社員となった。心からおめでとうを申しあげる。これからは，同じS銀行の仲間として，苦楽をともにしていこうではないか。ここで，私は諸君にたゞ一つだけ，ご注意申しあげたいことがある。「立ち小便をするな」ということだ。世間では佐藤君が立ち小便をしても，佐藤君が立ち小便をしたとはいわぬ。田中君が立ち小便をしても，田中君が立ち小便をしたとはいわぬ。どの場合でもS銀行が立ち小便をしたという。立ち小便は一例に過ぎない。それが今日以後の社員としての諸君の責任だ[12]。

ここに引用した事例は，わが国の職場集団における根強い"責任連帯"の意識を遺憾なく物語っているといえよう。

事例3．ある大学の助教授が，教え子の1人である女子学生を殺害した事件に対する日本人の反応には興味深いものがあった。たとえば，「無責任男Oを生んだR大学英米文学科」（傍点著者）といった類のタイトルを派手にかかげた週刊ゴシップ誌がワッと現れたのである。この犯人の所属した職場集団の責任を追究しようとする記者達の姿勢は，さきにあげたテルアビブ事件において，家族に脅迫電話をした多くの日本人のナィーブな反応や，"立小便"的責任意識と大差はない。このとき大学側の示した反応についてはのちにふれる。

これらの諸事例は，日本の社会において，集団の構成員の間で，一種の"連帯責任"が意識されることを雄弁に物語っているといえる。土居健郎氏も，この連帯責任の意識を次のように分析している。

　日本人は，自分が関係するところで何か不祥事が起ると，自分に個人的責任はなくても，いわゆる連帯責任で辞職することが少なくないが，それはそうしないと連帯しなかったということで罪悪感をひっかぶることになるからである[13]。

1) 「実家に次々と脅迫電話」（朝日新聞昭和47年6月3日朝刊）なお，朝日新聞はこの記事のなかで，「脅迫の内容は『早く死んでしまえ』『いつまで生きているか』などひどいもので，傷心の家族に追打ちをかけた」と報じている。
2) 土屋守章『ハーバード・ビジネス・スクールにて』28頁〜29頁。
3) 倉田保雄『ジャポネとフランセ』119頁〜120頁。
4) これに対して，この事件にまき込まれて多くの市民が射殺されたプエルト・リコでは，日本企業の駐在員等に対するイヤがらせがあとを断たず，駐在員の一時引揚げを考慮する企業も現れる始末であったことを付記しておく。
5) M.トケイヤー『日本人は死んだ』箱崎総一訳77頁。
　なお，欧米人ことにユダヤ人にあっては，"個人責任"の意識が明確に確立していることをあきらかにしたうえで，トケイヤー氏は，著者の視角とはやや異なった角度からではあるが，日本人の責任意識の特徴を次のように分析している。きわめて興味深い指摘なので，本章の分析を補足する意味からも，以下に引用しておく。

　　日本においては，「私」というのは，主語ではなく，むしろ，目的語になってしまう。それは，ひとつの状況でもある。（中略）
　　ものごとの状況は，常に変化し，うつろいゆく。だからこそ，私もまた変化していく。私はそのような状況をコントロールすることはできない。だからこそ，私には責任がない……ということになる。（中略）
　　日本人が，「私がそれをする」というとき，その本当の意味は「私は，私のできる最善を尽くしてそれをやるだろう。もし状況がそれをゆるせば」という意味に理解されることになるわけである。
　　別の表現からいえば，もし状況が悪ければ私はそれをしないかもしれないのである。もし

状況が変われば，私はそれをすることができなくなってしまうからである。
　だから，ある個人が責任を果たさないとき，その個人自身が責められるのではなく，その責任を果たし得なかった状況が責められることになるのである。(M. トケイヤー・前掲書78頁～79頁)

6) ルース・シロ『ユダヤ式育児法』67頁。
7) わが国においては，雇用契約のような重要な契約においてすら，その内容は，一般的・包括的で，きわめてあいまいなものとなっており，しばしば，雇用契約そのものが締結されることなく雇用が行なわれる。
8) 川島武宜氏は，権力と権利とを区別して，権力が，「実力によって」相手に一定の行為をさせる「力」であるのに対して，権利は，平等者の間の関係であり，争いを「実力」行使によって解決する代りに，一定の「客観的な判断規準」による評価によって解決しようとするものであると規定する。そして，この意味での権利―義務関係においては，義務の限定性・定量性がその特徴となる。この義務の限定性・定量性の観念は，本稿のテーマとの関係においても，きわめて重要な意味をもっている。すなわち，権利―義務の関係を，川島氏のいうように，平等者の関係，すなわちJ. R. コモンズ流の用語を使用するならば，bargaining transaction における関係であるとするならば，権限―責任の関係は，一種の上下関係，すなわち，managerial transaction の平面上に現れる関係であるとみることができる。そして，欧米流の組織にあっては，このような権限―責任の関係においても，一定の客観的判断規準にもとづく責任の限定性・定量性が存在するのである。ところが，川島氏が指摘するように，日本人の伝統的な規範意識においては，義務の非確定性・非限定性がその特徴となっているのであり，この傾向は，著者の見解では，組織内の権限―責任関係にも明瞭に反映して，権利―義務意識の場合と同様，権限―責任意識においても，内容の不確定性・不定量性がその基本的特徴となっているのである。そして，この，責任の非限定性・非定量性こそが，欧米的組織とは決定的に異なるところの，「日本的」組織の特性を支えている基本的要因のひとつなのである。(なお，この問題については，川島武宜『日本人の法意識』第二章「権利および法律についての意識」を参照)
　なお，ここで，日本語の"責任"という用語は，managerial transaction の平面での権限―責任の関係だけでなく，さらにひろく，平等者の関係にも使用されることに注意したい。
9) 千石保『日本人の人間観――欧米人との違いをさぐる』132頁～136頁参照。
10) このような責任意識は，身元引受契約に典型的に表われている。(川島・前掲書 108頁～112頁)
11) 「イスラエル大使にわび状。岡本公三の父。(朝日新聞昭和47年6月5日朝刊) 土居健郎氏も父と子の結びつきについて，別の角度から次のようにのべている。

　　またひとり生き残った岡本公三が最初に会った日本の新聞記者に，自分の父が自殺したかどうかをすぐに聞いたということも，大変意味深長です。ともかくこれは父子の異常な結びつきを暗示する点で極めて日本的です。(『「甘え」雑稿』24頁)。
　ほかに，家族の間の責任連帯の意識については，きだみのる『にっぽん部落』48頁参照。
12) 千石・前掲書157頁～158頁。
13) 土居・前掲書199頁。なお同書 59 頁をも参照。また，間宏氏も，集団の連帯責任制をあげ，日本の会議はこの連帯感を確認するためのものであると指摘する。(間宏『日本的経営―集団主義の功罪―38頁)

Ⅲ 責任と権限との不一致について

　責任と権限との不一致を日本的組織の特徴と考える見解が存在する。たしかに，この責任と権限との間の不一致は，日本的組織においては顕著に現れているといってよい。しかし，この傾向は，必ずしも日本的組織のみの特徴とはいえないように思われる。ヴァンス・パッカードも，米国の組織について次のように指摘している。このパッカードのあげる例など，日本でもあまり存在しないような極端な例であると思われる。パッカードはいう。

　　会社には組織図なるものがあり，職務機構を明記しているが，実際の権限は必ずしもそのとおりにゆかぬ場合もある。
　　社長は名目上の看板にすぎず，人間関係の力により，第三副社長が重要事項の決定に実質上の最大の発言権がある場合もあるだろう。〔中略〕ある東部の包装食品メーカーの最高権力者は長年にわたり会長の秘書のオールドミスであった。エグゼクティブたちは重要事項の決定にあたっては事前に彼女の承認を求めた，重役会では，彼女は会長の隣にすわり，重要案件の処理にはいちいち意見を述べた。そこでこの会社のエグゼクティブの間では会社外で彼女のことを「エグゼクティブ・スウィーティ（姐御重役）」と呼んでいた[1]。

　もともと，"責任と権限との不一致"についての問題意識は，すでに，個人の明確な権限と責任範囲を前提としている。米国流の経営管理論においてこのことが問題となる場合には，こうした意味での権限と責任の不一致が問題となる[2]。しかし，日本の組織においては，事情はきわめて異なってくる。すでにのべたように，日本の組織においては，個人の責任範囲は明確でないことが多い。他方，日本人の権限意識も，また，きわめてあいまいなものであることが多い。そこで以下，日本人の権限意識の特徴について，若干の分析を行なっておく必要がある。さて，日本人の権限意識の特徴としては，2つの点をあげることができよう。すなわち，第1の点は，権限の正当性についての意識が稀薄であるということである。この結果は，およそ組織上の権限が及びそうもない人びとに対してまで，組織上の権限を及ぼそうとしたり，逆に組織上正当な権

限が委譲されているにもかかわらず，それがあまり意識されなかったり，その行使をちゅうちょするといった傾向となって現れる。第2の点は，与えられた権限の範囲についての明確な意識が欠如していることである。以下，これらの傾向を示すひとつの事例について検討することとする。

事例　東京郊外のある住宅団地に，ある日次のような"告示"がはり出された。

告　示

居住者各位　　　　　　　　　　　〇〇自治会
　　　　　　　　　　　　　　　　　　評議会

自転車置場及び階段の整理について

　最近，郵便受の前に自転車，ベビーカー等が置かれて，郵便物が取れないとの苦情が多く出ておりますので，下記日時にハイツ内自転車置場を一斉点検・整理を行ないたく思います。当日不在の方は戸口代表者又は隣りの方にお願いして下さい。時間内に持主のあらわれない自転車，ベビーカー等は，"不要品"とみなして処分させていたゞきます。

　又，長期間御使用にならない三輪車，ベビーカー，子供の自転車等は各自処分するか物置等に収納して下さい。（以下略）

〔傍点著者〕

さて，この自治会は，当時住民の約90%を組織しており，なお約10%のアウトサイダーが存在した。しかるに，この告示の対象は居住者各位となっており，あきらかに組織のメンバー以外の人びとに対してまで，"告示"という通告の形式がとられていること。さらに，この告示は，みずからの設定した条件を充たさない場合には，私財といえども"処分する"という，一種の警察行動（？）

をとろうとしていることに注意したい。これは団地自治会のような，ヴォランタリー・オーガニゼイションの行為としては，権限の正当性に対する配慮を欠いた，きわめて一方的な通告といえる。この事例は，このような行為を行なう権限がこの評議会にあるか否か，評議会の決定によって，組織成員以外の人びとを拘束しうるか否か，などの点についての考慮が全く欠如しており，権限の正当性や権限の範囲についての，日本人のあいまいな意識をよく表わしている。

以上のように，個人の権限および責任の範囲が明確に意識されない情況のもとでは，"権限"と"責任"の間に事実上大きなズレが存在したとしても，通常その矛盾は表面化しない。この場合，権限のあるなしにかかわらず，"関係者"の間の"話し合い"を尊重するいわゆる"和"の精神によって，事がはこばれてゆくからである。しかし，このような情況のもとで，何らかの不都合が生じた場合には，突然"責任問題"が強く意識されはじめ，誰が"責められる"べきかが問題となる。しかし，この場合，"権限"および"責任"の範囲が不明確であるという，日本人の特徴的な意識から，誰が責められるべきかが明確でないことが多い。このため，"責められるべき"人物を決定する場合に，権限および責任の所在・範囲を明確にしないままに，"責められるべき"人間が決定されることが多い。丸山真男氏が"「国体」における臣民の無限責任"の例として取上げている"虎ノ門事件"は，このような，日本人の間にひろく認められる責任意識が，ひとつの劇的な形をとって現れたものといえよう。本稿にとってきわめて重要な意味をもつ観察なので少し長くなるが以下に引用する。

　かつて東大で教鞭をとっていたE・レーデラーは，その著『日本＝ヨーロッパ』(E. Lederer, *Japan-Europe*, 1929) のなかで在日中に見聞してショックを受けた二つの事件を語っている。一つは大正十二年末に起った難波大助の摂政宮狙撃事件（虎ノ門事件）である。彼がショックを受けたのは，この狂熱主義者の行為そのものよりも，むしろ「その後に来るもの」であった。内閣は辞職し，警視総監から道すじの警固に当った警官にいたる一連の「責任者」（とうていその凶行を防止し得る位置にいなかったことを著者は強調している）の系列が懲戒免官となっただけではない。犯人の父はただちに衆議院議員の職を辞し，門前に竹矢来を張って一歩も戸外に出ず，

郷里の全村はあげて正月の祝を廃して「喪」に入り，大助の卒業した小学校の校長ならびに彼のクラスを担当した訓導も，こうした不逞の徒をかつて教育した責を負って職を辞したのである．このような茫として果しない責任の負い方，それをむしろ当然とする無形の社会的圧力は，このドイツ人教授の眼には全く異様な光景として映ったようである[3]．

さて，この事件は，「国体」にかかわるものであったことから，はなはだ劇的な形をとって現れたとはいえ，このような責任意識のあり方そのものは，戦前はもとより，戦後の今日にいたるまで，大なり小なり日本人の責任意識の一部を形成しているのであり，「国体」に関してのみ現れたものとはいいえない点，われわれにとって，きわめて重要な意味をもっている[4]．

以上のような，権限・責任意識を反映して，わが国の組織においては，しばしば"権限"をもたない者が，一定の業務を遂行し，(あるいは遂行することを期待され)，不都合が生じた場合には，はなはだ奇妙な形で責任を負わされたり，事情によっては，業務の遂行に携わらなかった組織上の上司が，"責任ある地位"にあるものとして責任をとるという"権限"・"遂行責任"・"結果責任"の間の"不一致"が，日本的諸組織においては，きわめてありふれた現象として目撃される．なお，責任のとり方の特徴については，のちに検討する．

1) V. パッカード『ピラミッドを登る人々』(徳山・原訳) 25頁．
2) このような議論としては，たとえば，Willam H. Newman & Charles E. Summer, Jr., *The Process of Management : Concepts, Behavior, and Practice*, Maruzen Asian Edition, pp. 64-65 参照)．
3) 丸山真男『日本の思想』31頁〜32頁．
4) 以上のように，権限のないものに対してまで責任が問われ，あるいは，意識される場合とは逆に，権限のみが意識され，責任の方は意識されないという，責任意識のあり方も認められる．この傾向について，南博氏は次のように指摘している．

> 日本の社会では，役人が一番いゝ例であるが，本分にふくまれているはずの権限と責任のバランスが一方にかたよって，権限だけが大きな割合をしめていることが大きな特徴である．今井一男というお役人はこの点について日本の役所では「権限については，はなはだ詳細な規定があるのであるが，一方こうして与えられた仕事をしくじった場合に，どれだけの責任を負うかについては，ほとんど規定らしい規定は見当らない．」(『官僚』) と正直にいっている．この権限と責任のバランスは，軍隊生活でも役人と同様に一方的だった．たとえば敗戦まで，海軍の下士官は，「海軍の生活のたのしさ自体，そこで兵隊をおもうまゝに使って，責任のない地位で最大の権力をふる」うことができたのである．(南博『日本人の心理』208頁〜209頁)

IV "集団への罪"にみられる責任意識

　日本人の責任意識の第3の特徴としては，社会に対する責任よりも，自己の所属する集団に対する責任がより強く意識されるという事実，また，より大きな上位集団に対してよりも，身辺の下位集団に対して責任が意識されるという事実をあげることができる。

(1) 集団への"裏切り"行為と責任

　日本の文化を，恥の文化として類型化し，これを罪の文化としての西欧文化と対置したのは，周知のように，ルース・ベネディクトであるが，土居健郎氏はこれをさらに分析して，日本人にも勿論罪悪感が認められること，ただ日本人の罪悪感は，「自分の属する集団を裏切ることになるのではないかという自覚において，最も尖鋭にあらわれる」こと，日本人の罪悪感は，裏切りに発して謝罪に終るという構造を鮮明に示していること，これこそ実は罪悪感の原型であること，などを指摘している[1]。

　ここで，われわれにとってとくに興味深い点は，日本人の場合には，より大きな社会の規範を守ること，すなわち，市民社会の法の遵守や社会的価値の擁護などの，いわば市民としての責任よりも，自分の所属する集団に対して"迷惑"をかける（！）行為や，裏切りとみなされる行為に対して，より強くかつ敏感に，責任問題が意識されることである。このような日本人の根強い意識を示すひとつの事件を野村平爾氏の著作から引用しよう。この例は，近代的組織内部における"責任"の問題と直接かかわるケースではないが，ここにみられるような"裏切り"の意識は，日本人の間にあまねく存在しており，近代的組織の内部においても，それを構成する組織メンバー達の心理特性として，組織内の責任をめぐる行動に，深甚な影響を与えているものと考えられるのである。この事件とは，野村氏自身の表現によれば，次のようなものである。

　　昭和27年の静岡県参院補欠選挙で，部落の有力者が棄権者の入場券を集めて歩き，これを使って数回も同一人が投票場に入るのを管理者が黙認したという選挙違反が行

なわれ，このために関係者が取調べをうけ，多くの者が送検されたという事件が起った。これはあきらかに近代憲法の認める民主的参政権の侵害となるところである。ところが，同事件が部落内の一少女の公明選挙を期待する投書から発覚したことを知った村民の一部が，「村人を罪におとし入れたのはけしからん」という考えから，この少女の一家を村八分同様の状態におとし入れた[2]。

この事件に示された村びと達の意識においては，あきらかに，市民社会の価値・道徳よりも，集団の利益が優先されており，この村的ルールに反する行為は，"裏切り"行為として，当然"責められる"べき行為なのである。このような行動類型は，何も保守的な農村にかぎってみられる特殊なケースではない。このような行為は，近代的な大企業の場合にもつねに見受けられる行為であって，たとえば，自社の公害責任に対して企業別労働組合の多くが示した反応は，そのひとつの典型的な行為といわなければならない。なお，この事件は，行為者である少女個人に対する非難にとどまらず，少女の一家に対して"村八分"の制裁を加えた点から推察しうるように，さきに指摘した"責任連帯"の意識をも明瞭に示している。

(2) 集団に"迷惑"をかける行為の責任

また，行為そのものは何ら集団に対する"裏切り"を含まない行為であっても，たまたまそれが，集団にとって"迷惑"な結果をもたらしたといった場合にも，ある種の責任問題が生ずる。たとえば，ある行為が，予想しえなかった事情によって重大な結果を招いた場合や，行為自体間違ったものでなくても，たまたま事態の進行が重大な結果に導かれてしまい，"世間"に対して集団が苦しい立場に立たされることとなった場合などには，その行為者に対して，責任の追求が行なわれる。ひとつの事例をあげよう。

さきにふれた，R大学O助教授事件の事後処理に関して，次のような新聞記事が報道された。（新聞は実名になっているが，ここでは頭文字を使用する。）

　同大学は昨年三月，「大学独自の立場から事実を究明する必要がある」として，各学部の教授ら17人で構成する「特別委員会」を発足させた。調査結果に新しい事実はほとんどないが，事件に関係した教授らの不手際が厳しく批判された。
　たとえば事件を最も早く知り，Oに自首を説得し続けて失敗したM助教授について

Ⅳ "集団への罪"にみられる責任意識

は「私情を優先するあまり，情報を私物化した。公人としての資格に欠け，判断にも誤りがあり，大学の対応を後手に回らせる原因になった」としている。

　Оの恩師でM助教授の説得工作に同席したこともあるH教授については「最も積極的な事故処理に当たるべき立場にもかゝわらず，一切をM氏らにまかせ，何ら処理に介入しなかったのはあまりに無自覚」。T総長に対しても，最高責任者としての措置がきわめて不適切で，「組織の長としての資格が問われる」としている。（朝日新聞昭和50年3月2日朝刊）

新聞は，このように，関係者（?!）に対する厳しい糾弾とともに，T総長が辞表を提出したこと，H教授が1月から3月まで自宅謹慎をしていることを報じている。

　しかし，この事件の場合"親しい友人の犯行を知って，自首をすすめた"行為そのものは，わが国の伝統的な行動様式からみて，決して，非常識な行為でもなければ，不道徳な行ないでもない。むしろ，このようなステップを踏まないでいきなり警察に連絡するといった行為の方が，友人らしくない行為とみなされる傾向が，あきらかに存在する。しかし，この事件にあっては，たまたま事態がこの恩師や友人の望んだ方向に進まず，さらに一家心中の悲劇を生んだうえ，その結果，この事件が発覚するという，この集団の"威信を著しく傷つける"方向へと発展してしまった。事の重大さに驚いたこの集団のメンバーが，予想困難であった事態に対して，この恩師や友人の責任を追究しようとしたことは，さきの引用にあきらかである。

　このような責任意識を反映して，わが国においては，一方自分の行為が誤っていなかったことを表明しながら，他方で，自分の所属する集団（あるいは世間）に対して，"迷惑をかけた"ことを陳謝するといった行為が，しばしば観察される。すなわち，「自分の行なった行為は正しかったと信じている」が，「世間を騒がせた」点，あるいは，「会社に迷惑をかけた点」，「まことに相済まないと思っている」—といった発言がしばしば行なわれている。その際，"騒いだ世間"の側の責任や，"会社に迷惑のかかった"真の原因は，あまり問題とされず，個人の行為と，これらの事態との間に，何らかの因果連関が認められるというだけで，しばしば，一方的に責任が追究され，あるいは意識される点，き

わめて特徴的であるといわなければならない。

　以上のように"集団への責任"がことさら強く意識されるという特徴的な責任意識を反映して，日本人の責任意識は，人類に対してよりも日本の社会に対して，日本の社会に対してよりも，たとえば，自分の所属する会社や地域社会のような小集団に対して，さらに，たとえば会社のなかでも，自分の所属する部・課など，より身近な小集団に対してむけられる傾向をもっている。その際，上位集団に対する責任を優先させ，下位の集団の利益に反する行為を行なうことは，しばしば"裏切り"の制裁をもって遇されるのである。このような責任意識のあり方は，たとえば集団内部に発生した望ましくない事態に関する，集団構成員の行動に，しばしば，顕著な特徴をもたらす。すなわち，このような場合には"身内の恥"という独特の意識によって，そのような望ましくない事態の陰ペイがはかられることが多い。

　しかし，他方，また，逆に，このような責任意識が有効に組織され，動員された場合には，それが，前章において指摘した，集団内集団間競争を促す動因ともなるのであり，このような責任意識は，欧米の組織にはみられない，日本的経営組織独特のダイナミズムと深いつながりをもっていることを見逃すことはできない。

　(3) 集団への忠誠と責任

　"責任"をめぐる以上2つの意識は，また，次のような独特の責任意識と表裏をなしている。すなわち，当該の行為が，市民社会の規範に違反した場合や，集団の内部において何らかの失態を仕出かした場合にも，その行為者の集団に対する"忠誠心"が認められるならば，その責任は深くは追求されないという事実である。このことは，責任問題が生じたとき，わが国では，"詫びる"ことや，"誠意を示す"ことが，きわめて重要な意味をもっていることと照応している[3]。さて，このような，詫びや誠意を重視する責任意識は，わが国の裁判のあり方にさえも，大きく反映している。すなわち，しばしば指摘されるように，欧米の裁判においては，罪を犯したものが犯行を認めるか有罪の判定をうけると，犯行の性質によって自動的に量刑が定められるのに対して，わが国

の裁判においては，"改悛の情"の有無が量刑の決定に大きな意味をもっている。また，裁判にいたらないトラブルにおいては，詫びや誠意はいっそう重要な意味をもっている。よく観察される例としては，交通事故を起こした場合に，詫びること，誠意を示すことが，和解のうえで決定的な意味をもっており，逆に，このような行為を欠くことが，裁判沙汰を結果するもっとも重要な契機となっている点をあげることができる。こうした日本人の責任意識にみられる傾向は，近代的な組織の内部にも明瞭に反映していて，責任追求のあり方を，欧米の組織におけるそれとは，きわめて異なったものとするひとつの重要な要因となっている。

1) 土居健郎『「甘え」の構造』48頁～51頁。
2) 野村平爾「権利意識」(長谷川正安・宮内裕・渡辺洋三編『日本人の法意識』新法学講座第一巻48頁) なお野村氏は，この事件について，次のように論評している。

「この少女の行為は単なる告げ口ではない。近代法における民主的参政制度を侵すことに対する権利の自覚に発して行動したものといっていゝだろう。村八分をやった人々には近代法における権利を権利として尊重する自覚が欠けているといえるのである。」(同書48頁～49頁)
「そこではまだ近代的権利意識を展開するだけの地盤が未成熟であったのである。しかしこれを報道したマス・メディアと世論は決してこの少女に味方しなかったのではなかった。戦後の日本には，その後の諸改革を通じて，すでにこれを支持するだけの一般的条件も生長しつつあったのである。」(同書56頁)

ここで注意すべき点は，このような新しい傾向は，集団の部外者の間にみられる傾向であって，"集団のメンバー"としての行動には，今日なお，この"ムラビト"達にみられる意識が，色濃く影をおとしているという事実であろう。なお，きだみのる氏は，"ムラ"の掟として次の4戒をあげている。すなわち，①刃傷するな，②"他人の家をつん燃すな"。③盗人するな，④部落の恥を外にさらすな。(きだみのる『にっぽん部落』86頁)
3) なお，詫びの重要性については，土居健郎氏が詳細な分析を行なっている。土居『「甘え」の構造』51頁～54頁参照。

V "強者の責任"

日本人の責任意識の特徴としていまひとつ無視できないのは，"強者の責任"とでも名付けるべき責任意識であろう。さきにのべた，団地自治会の結成にまつわるエピソードは，日本人の責任意識における"責任範囲のあいまいさ"を示すひとつの事例であるが，この事例はまた，"強者の責任"について

の庶民の意識を明瞭に示している。すなわち、"弱者"が不都合な状況におかれている場合には、"弱者"が何らかの救済を要求するのは当然であり、これに対して、"強者"が相応の対応を行なわないのは"無責任"であるとみなされる傾向を示している。こうした、"弱者"の"甘え"に発した責任意識は、興味深いことに、強者の側にも、かなりの程度に受入れられている。たとえば、この団地においても、自治会が、「自転車置場が足りない」と建設会社に抗議し、建設会社側も、これに応じて、売買契約には規定されていない自転車置場を、2ケ所にわたって無料で建設したことがある。"強者"と"弱者"との関係についてのこのような意識は、たとえば、日本人の議論においてしばしば論敵に投げつけられる"それは強者の論理だ"という言葉が、一種の非難を含んでいること、また強者の側も、このような非難に対して、しばしば弁解の必要を感ずるにいたることなどの事実にも現れている。こうした"強者""弱者"双方の意識は、近代的経営組織の内部においても、集団と集団構成員との間に、さまざまな形での保護と被保護の関係をつくりだしているように思われるのである[1]。

1) 間宏氏は、日本人の責任意識の特徴のひとつとして、「上に対しては責任をつよく感ずるが、下に対してはそれが弱い」ことをあげているが、これとは逆の関係に立つ"強者の責任"の意識も見逃すことはできない。(間宏『日本的経営』204頁)

Ⅵ 責任をとる行為

以上のべてきた特徴的な"責任"意識を反映して、日本的"責任のとり方"にもさまざまの顕著な特徴が認められる。

まず、組織成員の間に"責任の連帯"が強く意識される一方、個人の責任範囲は不明確で、与えられた権限とは一致しない形で責任が意識されるという特徴的な責任意識のために、何らかの不都合な事態が生じないかぎり、"責任"は、通例、あまり意識されない。平常時において若干職務を"ずるける"ことは、公然と行なわれている。たとえば、多くのサラリーマン達にとって、仕事

場をぬけ出して喫茶店でノンビリした時間を楽しむことは，日常茶飯事となっている[1]。また，大学においても，講義の時間が明確に定められているにもかかわらず，10ないし20分遅れて教壇に現れる教師は珍しくない。むしろ，定刻に現れて講義をはじめる教師の方が，一種の"変人"として，学生間のウワサの種になる位のものである。しかし，ひとたび何らかの不都合な事態が生じた場合には，状況は一変する。とくに，この場合，遂行すべき職務に関する何らかの手抜かりよりも，集団内部に発生した不都合な事態が外部にもれて，集団が窮地に立たされた場合や，集団が外部から攻撃される結果を招くような行為，換言すれば，問題が集団内部で処理しきれなくなった場合に，もっとも重大な"責任問題"が発生する。しかし，一般に，責任範囲が不明確であるために，誰が"責められる"べきであるかは必ずしも明確ではなく，また，"責任連帯"の意識によって，責められるべき人の範囲はきわめてあいまいかつ流動的となる。こうした状況のもとで，とくに責任問題が強く意識された場合に，いわゆる"責任をとる"行為が行なわれるわけであるが，その際に現れる特徴的な行動として，ここでは3つの引責行動のタイプをあげることができる。第1のタイプは，関係者の間に責任を割り振る行為であり，その際に現れる"打撃均衡"の意識である。第2のタイプは，集団の長が，いわばスケープゴーツとなって引責することである。そして第3に，事が重大で以上の引責行動ではおさまらない場合や連帯感の表明が重要な意味をもっている場合には，集団の成員全体が，自己の責任を表明していわゆる"総ざんげ"をすることである。以下，これらの諸行動パターンのそれぞれについて，若干の事例を検討することにしよう。

(1) 責任の割り振りにおける打撃均衡の意識

日本人の間では，責任の所在を決定する場合に，しばしば打撃均衡の意識が強く現れる。つまり，個人責任が確立していないために，責任の所在は，事前には必ずしも明確とはなっていない。しかし，問題が生じたあと，誰かが責任をとらなければならないような事態が生じたとき，しばしば，事後的に責任の分配が行なわれる。この場合，一方のうける打撃がきわめて大きいようなとき

には，往々にして，これにかかり合った者にも，応分の責任をとらせようとすることが多い，西欧的責任意識からすれば，責任のあるものが，たとえその蒙る打撃がいかように大きなものであれ，彼が100％その責を負うべきものであって，たまたまかかり合った人間が，全くの予期に反して，責任の一部を分担させられるのは不合理である。しかし，わが国においては，この衡平ないし，打撃均衡の意識は，われわれの思考習慣のうちに，深く浸透しているように思われる。

　再び，千石氏の引例を拝借しよう。本稿のテーマにとってもきわめて興味深い事例なので，千石氏にはとくにお許しを願うこととして，以下，やや長文の引用をさせていただく。

　日本人H氏がある日パリの街でフランス人の運転する車に追突された。激しいやりとりのあとで，

> このフランス人は，H氏が大声を出してから文句をいうのをやめた。いいがかりをしても無駄だと悟ったらしいとH氏は判断した。H氏の主張がとおったわけである。
> こういう相手の態度をみて，H氏は急に相手が気の毒に思えた。幸いなことに，両者ともけがはない。ただH氏の車のバンパーが曲がっているし，ルノーの前部もへこんでいる。しかし，バンパーくらいどうということはない。（中略）それよりも背の低いルノーのほうが，相手のバンパーのために前部を破損していて，そのほうがけががが大きいのである。

そこで，理くつとしては，次のようになる。

> しかし責任はルノーの側にあるのだから，痛み分けというわけにはいかない。バンパーの修理費は，当然フランス人が出費すべきである。H氏はルノーの損害については，何の責任を負う必要はない。というわけで，当然H氏は権利者の立場にあるわけであるし，フランス人は義務者の立場に置かれたことになる。彼は文句をいうのをやめてH氏の主張を肯定したから，そう確定したといえよう。

ところが，日本人H氏がこのとき示した反応は，あきらかに，このような欧米的責任意識とは異なるものであったのである。

> こうした状況を把握してH氏はこう思った。"勘弁してやろう" H氏がこういう決心をしたのは，損害が少ないことのほか，相手が急に文句をいうのをやめたからであ

る。気の毒と思えてしかたがないからだ[2]。

　このH氏の気持のなかには、やはり、相手の打撃の大きさと、自分の打撃がさほどでなかったことが大きく影響している。もし打撃の程度が逆であったならば、たとえ相手が文句をいうのをやめたとしても、相手を気の毒がったり"勘弁してやろう"などと考えたりはしないに違いない。この場合、やはり、H氏の気持のなかでは、"痛み分け"あるいは、"打撃均衡"の意識が強く働いたように観察されるのである。

　川島武宜氏は、このような"打撃均衡"の意識がわが国の裁判にも影響を与えていて、「裁判所は、被告に全面的に責任があるという裁判をすることを避けて、原告にも責任の一端をおわせようと努力しがちであるように思われる」と指摘する。氏は、あるトラック運転手が、他の自動車の有する道路交通法上の優先通行権を無視して道路を横ぎり、その自動車に衝突して事故を起こした事件で、被害者も速度をおとさなかったことに過失があったと認めて、賠償額をわずか3万円に引下げた例（昭和34年3月24日の東京地裁判決）ほか一例をあげて、次のように論評している。「判決がこのような結論をあえて認めたことの背後には、『黒白を明らかにする』ことを回避しようとする『喧嘩両成敗』的思考があったのではないかと推測される」、「被告一方のみに責任があると断定することに対する一種の心理的抑制があったからだ、としか私には考えられない」[3]。

(2) "責任ある地位"とスケープゴーツ

　第2の形態は、集団のメンバーの誰かが"いけにえ"となり、この犠牲を払うことによって、"筋を通し"、集団外からの、あるいは、上位集団内部での非難をなだめる方法である。この場合、集団のメンバーも、集団外の攻撃者も、それが彼の個人的な過誤にもとづくものでないことを承知していたとしても、事態を大きく変えるものではない。わが国においてしばしば耳にする、"オレが責任をもつ"という言葉は、自分が責任をもって職務を遂行することよりも、問題が生じたとき、自分が"いけにえ"となって非難を一身に引受けることを意味する場合が多い。とくに、集団外からの非難をなだめるためには、その集

団において，できるだけ地位の高いものが責任をとって辞任することが，きわめて効果的である。かくして，"責任ある地位"にあるものは，ときに思わぬ責任をとらされる破目になる。しかし，この場合，彼が真に"責められるべき"当事者であるとは誰も考えていない。むしろ，部下の失敗に対して"いさぎよく"責任をとることによって，かえって人望が高まる場合さえみられ，一定期間後に，しかるべき地位に復帰することも稀ではない。こうした責任のとり方は，欧米人らには理解困難な行動様式であるように思われる。一例をあげよう。

かつて，著者が"日本人の責任意識と日本の経営"というテーマで，7ヶ国から集まった聴衆の前で講義をしたことがある。その時，聴衆の1人であるあるパキスタン人の会社社長から次のような質問がでた。いわく，「日本人の責任のとり方について，どうしても理解できないことがある。何年か前に，航空自衛隊のジェット機と民間航空機とが衝突して，多くの人が死んだ事件があった。原因は自衛隊パイロットの操縦ミスによるものであるらしいとされたが，時の防衛庁長官は，この責任をとって辞任した。長官が操縦していたわけでもないのに，どうして辞任したのか全く理解できない。この話をパキスタン人の友人達にしたら，"馬鹿なことをする"といって大笑いになった。まだ理解できないことがひとつある。一歩ゆずって，この事件に対して長官に責任があったとしよう。ところで，このような多くの人命を損なった大事件に対して責任を認めた男が，ごうごうたる非難を浴びることもなく，たんなる辞任によって結着がついたのはなおもって理解できない事態である」。この事件に対しては，英国人出席者の反応もほぼこれと同様のものであったことをつけ加えておこう。

ところで，ここでいう事件とは，昭和46年7月，岩手県の雫石上空で起った，全日空機と自衛隊機とのあの不幸な衝突事故を指しているのであるが，この時の新聞記事から，とくに日本人の責任意識と重要な関連をもつと思われるいくつかの記事の見出しを抜き書きしてみると，そこにきわめて特徴的な傾向をよみとることができる。

○防衛庁幹部真っ青
○避けられぬ政治責任
○政府・自衛隊に高まる批判。国会で野党厳しく追及へ
○佐藤内閣に大きな衝撃
○増原長官，進退に発展？
○野党，一斉に政府非難
○増原防衛庁長官更迭へ。「政府責任まぬがれぬ」政府・自民主脳の意向
○佐藤退陣を要求。総評・社党

（記事はすべて朝日新聞）

なお参考までにつけ加えると，この事件についての盛岡地裁の判決がでたのは，事件後ほぼ3年を経過した昭和50年3月11日のことであり，一方これらの責任追及は，事件の直後に行なわれていることに注意したい。

さて，このような責任追及ないし責任のとり方は，日本人にきわめて特徴的なものであると同時に，さきに指摘した日本人の責任意識の特徴，すなわち，

　a 個人の責任範囲の不明確さ
　b 責任連帯の意識
　c 責任と権限の不一致，ことに包括的責任の意識
　d 誠意を示すことの重要性

さらには，部下をかばうことによって示される〝強者の責任〟の意識などをあますところなく示していて，まことに興味深いものである。

(3)　〝総ざんげ〟による責任の表明

いまひとつの，責任表明の方法は，集団成員の誰かが行なった行為に対して，集団の成員全員が責任を感じ，〝総ざんげ〟することである。この場合，その個人の行動と集団成員の総ざんげとの関連について，一応の理由づけは行なわれるとしても，その論理的関連は必ずしも明確ではない。集団メンバーにしても，集団的連帯感，ないしせいぜいのところ，〝かかり合い〟の意識でもって，若干迷惑に感じながらも，総ざんげに参加するといった傾向がみられる[4]。とくに，集団内部の問題を〝身内の恥〟として隠匿し，集団の内部で処理しよう

としたことが外部にもれ，集団が外部からの攻撃にさらされた場合，それが総ざんげの形をとる契機ともなる。この形態の責任表明は，大は第2次大戦直後の"一億総懺悔"から，小は，競技に破れた大学・高校運動部の"総員丸坊主"にいたるまで，さまざまであるが，この形態そのものは，集団メンバーの間の"責任連帯の意識"および"お詫びの重要性"を示していて興味深い。

　以上の分析によって，日本人の責任意識は明瞭に集団主義的特徴を示していることがわかる。そして，このことはまた，わが国に伝統的な集団志向的行動様式が，急速に崩壊しつつあるという見解に対するひとつの反証ともなりうるものである。以下第6章において，これら日本人に特徴的な心理特性が，日本的な経営の編成原理と，どのようにかかわり合っているかについて論ずることとする。

1) 多くの企業は，ビルの一角に専用の喫茶室までつくり，常時連絡がつくかぎり，勤務時間中に，喫茶室に行くことを認めている。
2) 千石・前掲書122頁～125頁。
3) 川島・前掲書143頁～149頁。
4) このため，このような責任の表明は，充分な反省をともなうことなく，口先だけの責任表明となることが多い。

第6章　安定性志向の編成原理

　以上，第3章から第5章までの諸章において，まず，日本的経営の編成原理の基盤をなしている日本人の心理特性，およびその背後にある社会関係について，検討を加えてきた。以下，さきに第1章で提出した図式，すなわち，心理特性・経営の編成原理・経営制度の3者の相互関連を念頭におきながら，日本的経営の編成原理について，検討することとする。本章においては，とくに，諸関係の安定性を志向する編成諸原理を取上げる。これらの編成原理とは，すでに第1章において指摘した，①組織と組織構成員との間の永続的関係の維持，②この永続的関係のもとでの，調和的・同調的関係の形成・維持，③形成された身分秩序の尊重，④急激な変化の回避の4つをあげることができる。

I　関係の永続性と調和的関係の形成・維持

　関係の永続性の原理について検討する前に，まず，戦前，わが国の経営の内部にみられた，イエ意識とムラ意識との関係についての，著者の見解を再確認しておこう。この両者の関係について，著者は，第2章において，概略次のように，その見解を表明した。すなわち，戦前の日本の企業は，たしかに財閥その他の富豪一族や，一族のひとりとして別家に"封ぜられた"番頭達にとっては，家産の維持・増大を目的とする家業であった。しかし，"ムラ"を押し出されて大都市に集まった人びとが都市の第2次集団に求めたものは，"新しいイエ"ではなく，それは"新しいムラ"であった。戦前のわが国大企業組織においては，最上層部に典型的にみられた"イエ"意識，これを従業員に押しつけようとする恩情的家族主義施策，中・下層部にみられた"ムラ"意識などが，微妙にからみあって存在していたものと考えられる。つまり，"家族主義"が

"集団主義"を生みだしたのではなくて，逆に集団主義的志向の存在によって，"経営家族主義"の施策を，"家"の成員以外にまでおしひろげることが，ある程度可能になったと考えられるのであると。つまり，戦前の経営においては，イエ意識とムラ意識とが経営体において出会い，ある程度相互に浸透し合って存在していたと考えられるのである。

ところで，この両者が，戦前の経営において，"微妙にからみあって存在した"という事実のひとつの表現は，関係の永続性を理想とする経営の編成原理に認められる。換言すれば，この原理は，ともに，イエ的関係とムラ的関係との共通的表現であり，このため，それが，家を重視し，家の構成原理によって経営を説明しようとした上層部の思考方法とも，また，"新たなムラ"を求めた中・下層部の思考方法とも一致したと考えられるのである。こうして，この編成原理は，日本的経営の存在態様のなかに，深く定着していった。

まず，家の構成原理として，関係の永続性の維持が，きわめて重要な位置を占めていたという事実は，容易に理解できるところであろう。このため，家の構成原理が優位を占めた，商家同族団や同族経営においては，家族的関係の一表現として，この原理が，重要な意味をもっていた。すなわち，商家同族団においては，長年の奉公を無事につとめあげて，"のれん分け"をうけ，一応独立の家業経営を営むようになったのちも，分家や別家は，互いに，祭祀を中心として永続的関係を維持し，さらに，"のれん"を守り相互にたすけ合う関係を維持しようとした。その後，経営規模の拡大とともに，分家あるいは別家が独立の小営業主とはならず，本家に通勤してその家業経営に参加するという同族経営へと変化したのちも，この編成原理は維持され，強化されていった。この点，19世紀の米国に少なからずみられた，家族構成員の間のパートナーシップとは，顕著な対照を示している。すなわち，米国のこのようなパートナーシップにおいては，パートナーシップを結成しあるいはそれを継続するか否かの判断は，家族的考慮よりも，独立のビジネスマンとしての家族構成員個人の情況判断にかかっていたと考えられるからである。

話を日本の場合に戻そう。同族経営は，その後さらに，その規模のいっそう

Ⅰ　関係の永続性と調和的関係の形成・維持

の拡大とともに，"上層だけが同族で固められた形態"へと変化してゆくが，このような経営形態の変化によって，経営体構成員のますます増大する部分が，家族的構成の埒外に立つようになり，ここに，イエの原理とムラの原理とが交錯することとなった。しかし，すでに指摘したように，この編成原理は，ムラの構成原理とも一致しており，このことが，この編成原理が容易に受入れられる素地を提供したのである。すなわち，わが国における"ムラ"の人間関係は，きわめて安定的な関係の予想のうえに築かれていたということができる。なぜなら，"ムラビト"達の関係は，現実に，長期にわたって安定していることが一般的であったからである。次に引用する守田志郎氏の叙述は，"ムラ"の関係が驚くべき長期にわたってほとんど変化していないという，いわば標本的ともいうべき事例について，興味深く紹介している。

　　弘さんが奥から大きな和紙を筒に巻いたものを出してきたことがある。ひろげてみると畳一枚ほどの筆書きの人名一覧表のようなもので，明治十年より少し前の年代のものである。当時の部落の模様がそれでわかるのだが，そこでこのお年寄に尋ねた結果はっきりしたことがある。現在のこの部落との食いちがいは二軒だけで，一軒はいつのことかはともかく消えており，明治のはじめになかった家がいま一軒ある，というのである。だから家数でいえば，明治のはじめの四十七軒が百年のあとも同じだという。部落というものには家数をふやさない働きがあって，まるで法則のようなものだという自説をもっている私としては，得意顔になってよいようなものでもあるが，しかし，こうもはっきりした事実を示されてみると気味のわるさをさえ感じてしまう。
　　一軒一軒の農家のどの人たちにしても，それぞれに同じ顔ぶれでの四十七軒の一軒としての自分の家で生涯をすごすというのだから，都会に住む者からすれば息のつまるようなはなしである。
　　しかし，百年間，といっても世代は変るから人々の実感では三十年とか四十年，といえばよいと思う[1]。

このように"イエ"の原理であると同時に"ムラ"の原理でもある，永続的関係を理想とする思考習慣は，たとえば，わが国における刑罰のあり方にも，あきらかに認められる。すなわち，わが国においては，永続的人間関係が重視された反面として，家における"勘当"や，ムラにおける"ムラ八分"のよう

に，関係そのものの切断が，刑罰としてきわめて重要な位置を占めていたのである。また，死罪とならんで流刑が重視されたことも，そのひとつの表れといえる。この点，米国の歴史にしばしば登場する"リンチ"や，欧州諸国で行なわれた残酷な刑罰など，人体そのものに危害を加えるタイプの刑罰とは，興味深い対照を示しているように思われる。そして，このような刑罰のあり方にみられる差は，その根底に存在する人間関係の差を表わしていると考えられるのである。また，この，永続的関係を理想とするこうした日本人の思考習慣は，戦前，主人と奉公人との間にしばしば使われた，"おいとまをいただく"とか"いとまをとらす"といった，表現にも，現れているとみることができる。すなわち，"奉公人"達が職を辞するときには，彼らは"おいとま"——しばしのいとまと同じ表現である——をいただいたのであり，かつての主人と奉公人との関係は，これによっては断ち切れないと意識されたのであって，現実には関係が断たれたとしても，なお関係が存続するものと擬制されたのである[2]。

　以上のような，関係の永続性を理想とする日本人の思考習慣は，現代日本人の間にも，なお強く生きている。"去るもの日々にうとし"の格言が存在するにもかかわらず，日本人の間にひとたび形成された関係は，強い立腹や絶交によって意識的に絶たれないかぎり，日々の接触がきわめて少なくなっても，存続しつづけている。この関係は，長らく疎遠になったとしても"平素の御不沙汰を謝す"ハガキによって，容易に復活する性質のものであり，長年の不在ののち再会したような場合には，むしろ，"久しぶり"であるために，かえって，"友あり，遠方より来たる"とばかり，いっそう歓迎される結果となったりする。これに対して，欧米人の場合には，ひとたび形成された知人・友人の関係も，つねにそれを維持する努力が必要とされるのであり，このような努力を欠いては，ひとたび形成された"関係"も，容易に自然消滅の過程を辿る。在日20余年といわれるドイツ人弁護士，ラインハルト・アインゼル氏は，この点について，次のような興味ある観察を行なっている。

　「ドイツ人は週に一回とか月に二回とか，時どき会っていないといけない」。つまり，友情は時々あたゝめておく必要がある？「ところが，日本人は必ずしもそうじゃ

ないんです。半年ぶり，一年ぶりでも，電話でやあ，やあ。仕事の話も遊びの話もOKです。世話好きで，親切な人が多い。(朝日新聞昭和51年8月30日朝刊「日本と私」)

　このような思考習慣を背景として，わが国の諸経営体とその構成員との間には，永続的関係を維持しようとする根強い傾向が，一貫して認められる。こうした傾向の制度的表現形態の中心は，いうまでもなく，終身雇用制であろう。勿論，この終身雇用制そのものは，長期にわたる歴史的変遷を経て今日にいたっている。すなわち，それは，はじめ，"イエ"意識が支配的であった時代の経営においては，"イエ"の一員，あるいは潜在的一員と考えられた少数の人材，すなわち丁稚制の枠内で養成された子飼いの経営者候補にのみ適用され，また，藩営から官営への系譜を辿った経営体における，武士階級出身者を中心とする職員層にのみ適用された。しかし，その範囲はのち次第に拡大され，有力民間企業の一般職員層をはじめ，職人的思考の伝統をひく技術者や熟練工をも包括するようになり，さらに一般工員にまでひろげられていったのである。この点に関して，津田真澂氏は，大正末から昭和初年の時期の雇用制度や雇用慣行についてみるとき，あきらかに2つの管理原則，すなわち，「企業の解雇権の絶対保持」と「勤続優遇」とが並立していたと指摘する。すなわち，一方で，正規採用時に提出させる誓約書や就業規則において解雇権を明記するなど，解雇権の保持に慎重な配慮がなされる反面，勤続優遇策がその管理原則の中心をなしていたのである[3]。つまり戦前の経営においては，解雇権が保持されたうえで勤続優遇策がとられたわけであるが，それが，結果的には，終身雇用制の形態となって次第に定着していったのである。このような終身雇用慣行の定着，その適用範囲拡大の，直接的契機は，その先駆企業のひとつである鐘淵紡績の例にみられるような「労働力の募集難」であったり，その他の重化学工業企業の場合に顕著に現れたように，「機械化の進展に見合った良質な定着労働力の確保」や「労働運動の展開に対処するために企業忠誠心をもつ労働力を育成する必要」などにあったとしても，これら環境諸条件からのインパクトが，終身雇用制というまさに日本的な形態の制度化を促した根底には，関係の永続性を

常態（normal）と考える日本的な発想法が，労使双方に存在したという事実を見逃すことはできない[4]。

　勿論，終身雇用の慣行は，全従業員に対して適用されるものではなかった。津田氏によれば，この慣行が適用された子飼いの「基幹従業員」の全従業員に占める比率は，重化学工業の大企業で20～30％にすぎなかったという[5]。しかし，終身雇用の慣行に表現される，永続的関係の維持・拡大を志向する傾向は，第2次大戦後の混乱期を経て，日本経済が復興し，さらに飛躍期を迎えるにつれて，制度としては，むしろ，次第に完成に近づいているように思われる[6]。周知のように，日本経済の高度成長期には，経済事情の好転，欲求の多様化などによって，一部において現実の労働移動は逆に活発化するすう勢が認められたし，また不況期に集中的に現れる個別企業の危機に際しては，終身雇用の慣行が貫徹せず，資本の論理が終身雇用の慣行に優先する事態が，しばしば暴露されている。たとえば，最近読売新聞に現れた次の記事はその一例といえる。

　　終身雇用，年功制の日本的経営が崩れ始めている。一部の企業では，既に従業員の"最初の定年"を40～45才と考え，中高年層に対して人事，給与面で厳しいしわ寄せをし，さらに会社に残す者と出す者とを選別する傾向が現れてきたからだ。（読売新聞昭和51年12月3日朝刊「ゆれる中高年」5）

　しかし，この記事のなかでも指摘されているように，このような動きが「高度成長下の"水膨れ"体質が質的に改まるまで続く」ものであるならば，それは"水膨れ"体質改善のためのものであって，それが終身雇用制・年功制そのものをつき崩すところまで進行するかどうかたがわしい。もし，一部の企業がこれらの制度を廃止したとしても，日本人の多くが，安定性を求めて他の企業を選ぶならば，これら一部企業は人材難に陥り，結局第1章でのべた制度間の淘汰作用をうけることとならざるをえない。さきにかかげた読売新聞の記事も，さきの引用箇所につづけて次のようにのべている。「とはいえ，企業が減量作戦を自信をもって進めているかというと，そうでもない。（中略）『どこまで進めてよいものやら。合理化が裏目に出て企業が不安定になることはないだろうか』という，自信のない，相談ともつかぬつぶやきが聞かれるとか」。このよ

うな傾向は，環境諸条件からのインパクトと，国民的心理特性を基盤とした経営の編成原理との相互関係によってどこまで進行するかが決定されるわけであるが，これらの傾向が，しばしば停年延長問題とのからみあいで現れてきている事実が示すように，永続的関係維持の原理の制度的表現形態が次第に拡充されてきたというさきに指摘したすう勢を，そのまま否定するものではないように思われる。さきの読売新聞記事も東京人材銀行の室長の談をかかげて次のようにつづけている。「『ここ5，6年は，定年延長とからみ従業員の振り分けの問題が大きな課題となるが，特に合理化が落とし穴にならないか，難しい問題となりそう』である」と。

また，停年延長問題についてみると，最近，停年延長の必要性がしきりと論じられ，一部の企業はすでにその方向に踏み出している。もしも，近い将来，現在の55歳停年が，たとえば60歳にまで延長されるような時代が到来するとするならば，その直接的契機が何であれ，諸経営体の直面する問題が，ここにおいても，関係の永続性を強化する方向で解決されようとしているという意味で，永続的関係維持の原理の制度的表現形態は，今日なお拡充の方向にむかっているとみることができる。

以上の検討からあきらかなように，永続的関係の維持を理想とする日本的経営の編成原理は，日本人の国民的心理特性と密着しているために，容易には廃絶されない根強さをもつとともに，歴史的にはむしろ次第に拡充されてきたものとみることができる。

ところで，ひとたびこのような制度が形成されると，一般にこの形成された制度が，そのよって立つ国民的心理特性を逆に強化するように作用することは，すでに第1章において論じた。これら終身雇用制度を中心とする経営諸制度も，その普及・確立によって，日本人の集団定着的志向を強化し，これをひとつの行動特性として現実化した。そして，この定着行動の現実化によって，集団所属意識，"ウチ"と"ソト"の意識，集団内の地位にとくに敏感に反応するという特異な地位の意識，所属集団への責任をことさら強く意識するという日本的な責任意識など，日本人に特徴的な諸意識を，これらの諸制度は逆にいっそ

う強化するという作用をもっているのである。

さて関係の永続性を志向する，日本的経営の編成原理は，経営体の内部における制度的表現形態としては，終身雇用制，年功序列制，退職金の停年加算制など，およびそれらの補足的制度である，停年退職者のためのクラブの制度などの諸形態をとって発展してきた。しかし，関係の永続性を望ましいとする思考習慣は，日本人の考え方に深い根をもっているために，経営体内部の人間関係を規定するにとどまらず，さらにひろく，経営体と同系企業，取引銀行，取引先との関係にも現れているのである。以上のべてきたところを，著者の枠組みに沿って図式化すると以下のようになろう。

("イエ"的関係)＼　所属意識＼——永続的関係の維持——終身雇用制その他の経営制度
("ムラ"的関係)／　定着意識／　　　　　　　　　　　　（関係企業間の特殊な関係）

次に，最近の高度成長期に，若年層を中心に現れてきたといわれる，意識の変化についてふれておかなければならない。次にかかげるデータは，この時期における若年層の間にみられる激しい労働移動の状況を示している。

新規学卒者の離職状況　　　　　　（単位：％）

	中卒 42年3月卒(5年後)	中卒 44年3月卒(3年後)	中卒 46年3月卒(1年後)	高卒 42年3月卒(5年後)	高卒 44年3月卒(3年後)	高卒 46年3月卒(1年後)
4人以下	86.0	68.1	33.3	85.0	71.2	38.7
5～29人	76.6	55.7	23.3	79.8	61.5	26.8
30～99人	78.3	56.9	23.1	75.5	54.2	19.5
100～499人	74.9	52.9	20.8	71.4	51.2	17.0
500～999人	70.6	45.3	15.8	66.5	46.2	14.1
1,000人以上	64.2	39.4	12.8	58.2	39.2	11.4

資料：労働省職業安定局労働市場センター「新規学卒就職者就職・離職状況調査」（48年1月）。
　　　労働大臣官房統計情報部編著『日本人の勤労観』24頁から転載。

しかも，こうした動きは，若年層にとどまらず，次第に高い年齢層にもひろがっており，「従来の職業観が大きく変化しつつある」と報じられている[7]。労働省が昭和46年12月に行なった「勤労者生活意識調査」によると，「あなたは

現在の会社にいつまで勤めたいと思いますか」という質問に対する回答は次のとおりとなっている。

	(N) 人	将来もずっと（定年まで）いまの会社に勤め	よい条件のところがあれば転職するかもしれない	近い将来転職	を考えている	結婚するまではいまの会社で勤めていたいまた子供ができるまで	その他	不明
総　　数	26,058	37.3	28.7	7.7		12.3	11.2	2.9
[勤続年数]								
1 年未満	2,700	19.6	27.1	11.4		21.4	16.9	3.6
1 ～ 3 年	5,443	20.9	30.1	11.6		20.8	14.3	2.6
3 ～ 5 年	4,458	25.5	31.1	9.4		18.6	12.7	2.7
5 ～ 10 年	5,962	38.7	32.1	6.6		9.6	10.3	2.7
10 ～ 15 年	3,627	52.7	30.3	4.2		2.0	7.6	3.1
15 ～ 20 年	1,710	61.8	23.3	2.6		1.5	7.3	3.6
20 ～ 30 年	1,821	76.9	14.8	1.9		1.0	3.8	1.5
30 年以上	265	79.2	7.8	1.5		—	8.3	3.0
不　　明	72	40.3	22.2	5.6		8.3	9.7	13.9

資料：労働省「勤労者生活意識調査」（昭和46年12月）
備考：質問文：あなたは現在の会社にいつまで勤めたいと思いますか。
　　　労働大臣官房統計情報部編著『日本人の勤労観』112頁より一部転載。

　このデータにもとづいて『日本人の勤労観』の編著者は，「よい条件のところがあれば，転職するかもしれない」とするものと，さらに積極的に「近い将来転職を考えている」とするものとを合わせると，転職の可能性をもつものが勤続を望むものとほぼ同数に達していると分析している[8]。しかし，この分析にはやや納得しがたいものが残る。その理由は，「よい条件のところがあれば転職するかもしれない」という選択肢にある。つまり，どのような好条件を示されても絶対に転職しないという人間はむしろ特殊ケースであると考えられる以上，「将来もずっと（停年まで）いまの会社に勤めたい」という回答を選ぶか「よい条件のところがあれば，転職するかもしれない」という回答を選ぶかは，「よい条件」という言葉をどのようにイメージしたかにかかっているといえる

からである。また，現実問題を離れたところでこのような回答が現れたとして
も，それは転職の現実的可能性を示すものではないと考える方が穏当であろう。
したがって，このデータは，むしろ「近い将来転職を考えている」と答えたも
ののみを転職の可能性をもつものと考えるべきであろう。してみると，あの高
度成長のまっただなかにあっても，転職意識はきわめて低かったという見解も
成立しうるのである。いずれにしても，こうした日本人の意識の変化がどこま
で進行するものであるのか，それが「日本的」経営制度にどのような影響をも
たらすのかについては，今後の動きを見守らなければならないであろう。

　最後に，この永続的関係の維持が，日本的経営のさまざまな局面にさまざま
なインパクトを与えていることについて，簡単にふれておかなければならない。
すなわち，それは①まず，人事採用に関して現れる。組織成員の組織との関係
が，長くその停年までつづくことが予想されるために，人事採用は普通きわめ
て慎重とならざるをえない。一般に，志願者の職務遂行能力にとどまらず，本
人の人物・性格・素行や家族関係にいたるまで，幅広く検討が行なわれる。ま
た，職務遂行能力そのものも，組織成員としての長期にわたる在職期間中に，
さまざまの異なる職務を遂行するであろうことが予想されるために，特殊な専
門的能力よりも〝一般的能力〟の高いことが要求されるのである。②それは，
採用後の配置や配置転換にも現れる。長期にわたる永続的関係のネットワーク
のうちにおかれる組織成員は，将来より重要な職務につくことを予想されるた
めに，多くの場合，割当てられた職務に，教育的な意味が賦与されている。し
たがって，配置や配置転換にも，たんに与えられた職務の遂行であるにとどま
らず，経験を与え能力を開発する意味がつねにつきまとっている[9]。このことは，
とくに配置転換のあり方に，大きな特徴を与える結果となる。③第3に，関係
の永続性は，人事評価や昇進にも特徴をもたらす。すなわち，評価は幅広く，
継続的・累積的に行なわれ，いっときの成功や失敗が，あまり端的に評価に影
響を与えないように配慮されている。昇進も，長い時間をかけて少しずつ，し
かも継続的に行なわれる。このようにして，きわめて長期的な視点から，将来
より重要な職務につくものを，慎重に見分け，分類してゆくのである。④最後

に，関係の永続性は，しばしば，組織における年齢構成の重視を結果する。このことは，勿論，年齢を基準とした秩序の重視ともかかわっているが，この秩序と業務の円滑な遂行がともに保たれるよう長期的視点から，計画的に年齢構成のバランスがはかられる。これらの傾向は，いずれも，関係の永続性維持の要請が，わが国の経営の人事計画に，ある種の長期的視点をもたらす結果となっていることを示している。

次に編成原理の第2，すなわち，永続的関係のもとで行なわれる，調和的関係ないし同調的関係の形成・維持についてみよう。この原理は，本来，長期的な関係のもとにおいてはじめて可能であるとともに，逆に永続的関係を維持することの意味も，この調和的関係の形成・維持によってはじめて完成するという性質のものであり，相互に密接な関係にある。さて，この調和的関係維持の要請も，もともと，家族的構成の原理の一部をなすものであったが，同時にそれはまた，ムラの原理でもあったのである。ここに，第1の原理の場合と同様，"イエ"意識と"ムラ"意識とが経営体において出会い，"微妙にからみあって存在する"第2の理由が存在したのである。さて，この調和的関係維持の要請は，必ずしも心からの調和を要求するものではなく，むしろ集団を分裂に導かないよう，自己主張を抑制し，ゆずり合い，話し合いによってことをはこぶことによって，表面上の調和的関係をともかくも維持しようとする要請を意味する。このような発想は"ムラ"の伝統にまで遡ることができる。この点に関して，きだみのる氏は次のように述べている。

> 部落の生活で根幹的に大切なことは何か。それは部落が何事につけても一つに纏ることだ。これは協調，協同，協力，封建的な言葉でいうと和を予想する。如何に部落が小さく，お念仏でいうように日毎に，そして朝に晩に顔を見上げ見下ろしている親しさの雰囲気の中にあるといっても，すべての問題にすべての住民がすべての機会に常に同じ意見であり得ないことは明らかだ。したがって部落が一つに纏るには他に対する自発的服従或は自己制限が必要となる[10]。

このような調和的関係の維持は，第3章で指摘した，集団と個人との緊張関係の処理における日本的解決，すなわち"タテマエ"と"ホンネ"との分離に

よる解決と照応している。したがって，このような調和的関係は，集団構成員の間の，あるいは集団内小集団間の激しい競争意識や嫉視をうちにはらみながら，集団に一種の安定をもたらしているのである[11]。日本の経営組織が，一方で安定性を志向しながら，その内部に激しいダイナミズムを生みだしているのはこのためである。

　以上のような調和的関係維持の要請は，対内的には"和"の精神の強調となって現れ，この"和"を維持・強化するためのさまざまの制度的工夫を生みだした。このような制度的工夫には，のちに検討するように，さまざまのものがあるが，この"和"の精神の強調は，しばしば指摘されるように，日本的な会議のあり方に，その集中的な表現をみることができる。また，同時にそれは，対外的には，銀行や取引先との相互の信頼関係の重視,さらには，馴れ合いによる癒着関係の形成となって現れた。馬鹿馬鹿しいほどに高価な，銀座その他におけるバーや料亭の発達，いわゆる社用族によるその熱心な利用は，こうした，経営組織の外部にも，ムラ的関係を延長しようとする努力を抜きにしては，これを理解することはできないであろう。それは，いわば，対内的には"ウチ"意識の強化，さらに密接な関係をもつ他者との間にも"ウチ"意識の延長をはかろうとする努力であると考えられる。このような努力が現れる背景についてみる場合，久枝浩平氏の指摘はきわめて示唆的である。久枝氏は，社会を構成する人間関係をひとつの保険機構としての側面から理解し,アメリカには,保険システムという人間関係を支える明確にシステム化された独自の機構が存在しているように，わが国にも人間関係を支える独得の機構があると考える。そして氏は，それを，明確にシステム化されたアメリカの"保険システム"と区別するために，"保険機構"と呼び，その内容について次のように説明している。

　　協議が始まる前に，弁護士を入れて話し合うことは，戦いのルールを知り，作戦を練ってものごとにとりかゝることであり，失敗を予測して保険をかけることである。日本式の根回しとはまったく違う。だから北米においては，調査会社，保険会社は非常に発達している。
　　日本人は，調査会社に依頼して調査を行い，事故に備えて保険をかける代りにコミュニケーションをはかるのである。互いに相手方とお茶を飲み，気心が知れ合うまで

時間をかける。この相互に信頼感をもった人間関係が，日本の保険機構の本質的な部分である12)。(傍点著者)

また久枝氏は次のようにもいう。

　保険機構は要するに人間関係であり，この人間関係は信用を基盤にしたものである。(中略) 保険機構内における信用は，全人格的なものであって，たとえば "金に関しての信用" とか "上司に対する信用" とかのように，個別に分割できるものではないと考えられている13)。

この久枝氏の指摘は，日本の社会において，信用を基礎とした調和的な関係の維持が，いかに重視され，かつまたいかに重要な役割を果しているかを，遺憾なく示している。それは，組織内部の関係にとどまらず，さらにひろく，密接なつながりをもつ "関係者" の間の関係を規定する。組織内部における調和的な人間関係の維持は，以上のようなよりひろい "場" における人間関係の特異な性格の，一表現であるとみることもできる。久枝氏のあげている次の例は，対外的な関係においても，調和的関係の維持がいかに重要であるかを，よく示している。すなわち，大学で近代的な経営学を学んだある実業家の御曹子が，父の死後，会社を再編成し，合理化することを思いついた。そして，先代とともに会社に貢献してきた人びと，「外見上は，取引先や銀行員とお茶を飲む以外は，ほとんどといってよいほど会社業務に無関係と思われる人たち」を冷たくあしらい，折を見て解雇してしまった。こうして彼は，欧米式の経営方法を実行したが，そのうち，次第に社内の統率が悪くなり，数年のうちに赤字経営に転落してしまった。そこで，彼は，久枝氏によれば，次のような事態に陥ったのである。

　さらに会社経営が苦しくなりはじめたころ，運悪く不況にみまわれた。この不況を乗り切るため，わずかではあったが，回転資金が必要となり，銀行に融資を依頼した。ところが銀行側は取りあってくれず，そのために経営状態はますます悪化し，倒産寸前になって取引先の某商社に身売りし，御曹子は雇われ社長となって，親会社である商社のリモートコントロールで経営をしているのである14)。

しかし，この調和的な関係が維持された場合には，これが日本的経営の大き

な強味となる。久枝氏には御寛恕を願うとして、さらに、この点についての久枝氏の言葉を引用しよう。

> 欧米では金の力によって人を動かしているが、真に人の心を動かしているとはいえない。ビジネス社会において、人の心を動かそうと試み、それに成功した社会は日本以外にはないだろう。人の心を動かすこと、それが信用に裏打ちされたわが国の保険機構の最大のメリットであると思う[15]。

こうした日本的経営のあり方は、勤労者達のあいだに、福利厚生施設や人間関係重視の態度を生みだしている。『日本人の勤労観』の編著者は、「勤労生活意識調査」の結果をもととして、勤続・転職を決定するうえで諸要因がどのように影響を与えているかを次表のように分析している[16]。

アイテム・カテゴリー	30歳未満 影響率（％）	30～44歳 影響率（％）
1　仕事の内容の満足度 　①　やや不満、大いに不満 　②　かなり満足、まあ満足、どちらともいえない	12.0	11.3
2　賃金の満足度 　①　やや不満、大いに不満 　②　かなり満足、まあ満足、どちらともいえない	11.8	7.4
3　労働時間・休日の満足度 　①　やや不満、大いに不満 　②　かなり満足、まあ満足、どちらともいえない	0.7	5.2
4　福利厚生施設の満足度 　①　やや不満、大いに不満 　②　かなり満足、まあ満足、どちらともいえない	13.9	8.5
5　作業環境の満足度 　①　やや不満、大いに不満 　②　かなり満足、まあ満足、どちらともいえない	0.0	10.0
6　職場の人間関係の満足度 　①　やや不満、大いに不満 　②　かなり満足、まあ満足、どちらともいえない	8.0	7.1

この影響率の計算は、「よい条件のところがあれば転職するかもしれない」と答えたものを転職するものとみなしているが、しかし、漠然とした可能性につ

いて答えたものを，勤続か転職かの意思決定に与える影響の分析において転職する側に分類することは理解しがたい。そこで「近い将来転職を考えている」ものについてみると，人間関係の満足度は，いっそう重要性をもってくるのである。すなわち，人間関係を大いに不満としているものの18.6％が「近い将来転職を考えている」のであり，これは他の項目と比較してもかなり高いといわなければならない[17]。また，この人間関係の満足度が仕事の内容についての満足度との間に，かなり高度な相関関係を示しているという事実も無視できない[18]。

さて，経営の編成原理としてのこの"調和的関係維持"の要請は，"永続的関係の維持"および，第2節で取扱う"形成された秩序の尊重"・"急激な変化の回避"によって支えられている。またそれは同時に，"永続的関係の維持"によって一種の生活圏と化した経営体の要請および組織の集団的編成による能率向上の要請にこたえるものである。それは，一方で日本人の"ウチ"意識をその心理的基盤とするものであり，また，諸福祉制度や人事異動・昇給・昇進，さらには会議の進め方等にその制度的表現形態を見出すことができる。いまこれらの諸関係を図式化して示すと次のようになろう。

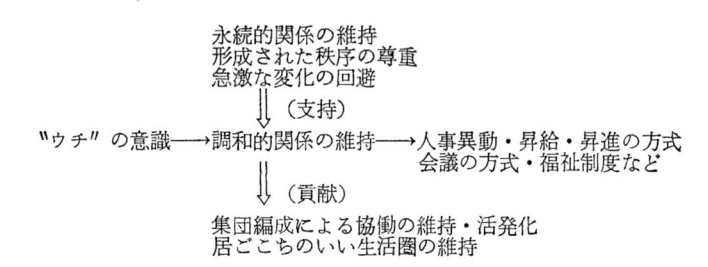

```
              永続的関係の維持
              形成された秩序の尊重
              急激な変化の回避
                  ⇓（支持）
"ウチ"の意識──調和的関係の維持──人事異動・昇給・昇進の方式
                                  会議の方式・福祉制度など
                  ⇓（貢献）
              集団編成による協働の維持・活発化
              居ごこちのいい生活圏の維持
```

以上のような組織内における調和的関係の重視は，家父長的権威主義が優越していた日本的経営の初期の時代から，すでにその萌芽的形態が認められ，それは，種々の福祉制度からいわゆる"ニコ・ポン"的労務管理にいたるまで，日本的経営の発達とともに次第に多様化し巧緻化して今日にいたっている。ことに戦後家父長的権威主義が一般に放棄された結果，この調和的関係の維持の

原理は，日本的経営の労務管理において，以前にもまして重要な意義を担うようになっている。その結果，今日においては，この調和的関係維持の原理は，日本的経営制度のあらゆる局面に，微妙な配慮となって現れるが，そのもっとも重要な制度的表現形態は，諸福祉制度であろう。ここでは，この福祉制度を津田真澂氏の用法にしたがって，住宅や老後保証退職金など従業員のライフ・サイクルに関係するものはもとより，「経営体を従業員の全人的生活環境にすることを目的」とした一切の諸施設，制度を指すものと考えておこう。このなかには，勿論，生活給賃金体系や慶弔見舞制度，部局単位での宴会や旅行などの集団的諸行事までも，これに含めて考えることができる。

ところで，津田氏は，日本の経営体を"生活共同体"として理解するところから，この福利厚生制度を生活共同体原理の基底にすえている[19]。しかし，生活給賃金体系や住宅など，人のライフ・サイクルに合わせた福利制度を別とすれば，これらは生活保証としての役割を充分に果すようなものではなく，津田氏自身，「経営体を従業員の全人的生活環境にすることを目的」とするとのべているように，むしろ，組織の成員に対して，彼らが集団の一員であることを意識させ，かくて高度の集団意識を形成することを目的とするとみる方が妥当であろう。勿論，ライフ・サイクルに合わせた生活保証も，このような集団意識の形成に重要な役割を果していることはいうまでもない。このようにみてくると，福祉制度ないし福利厚生制度は，津田氏がいうように"生活共同体"の基礎原理として，"生活共同体"にもっとも基底的な，いわばそれ自体が目的であるような原理であるのかどうかについて，いまいちど検討しなおしてみる必要があろう。著者には，それが，関係の永続性・調和的関係の維持発展・組織内秩序の維持を目的とした，いわばひとつの手段にすぎないように思われる。

また，この調和的関係維持の原理は，人事異動・昇給・昇進に関する諸制度のうえにも，さまざまのインパクトを与えているものと考えられるが，これらの点については，"急激な変化の回避"を取扱う第2節において検討することとしたい。

I 関係の永続性と調和的関係の形成・維持

1) 守田志郎『村の生活誌』5頁〜6頁。また，きだみのる氏も，氏の観察した部落の状況を次のように述べている。

> 村のほとんどの部落では戸数の増減はない。農業では工業や商業と違って生産を飛躍的に増大することは出来ず，またあまり遠く耕地が離れていては何かと不便で，朝の畑の見まわりにも行けない，という農業事情もある。こうして耕地が限られているので畑の収穫も限られ，自然と日よう取りの仕事にも限度があって，それ以上の軒数を殖やせないからだ。部落に残られるのは長男だけで，次男以下は他家の養子に行くか，外に出て暮しを立てるか，でなかったらオンジイと呼ばれ家の飼殺しの労働者になるより外はない。別な言葉でいえば生産が部落の軒数を一定させているのだ。（きだみのる『にっぽん部落』183頁）

また，きだ氏によれば，「小さくとも一軒の家と菜畑の一枚も持って部落の土地に縛られていないと余所者なみに警戒され，十分の信頼は得られない」という。この事実は，〝ムラ〟の関係が永続的・安定的関係を基礎としていることをよく物語っている。

2) いとま（暇・遑）という言葉には，およそ次の8つの意味があるとされている。すなわち，①用事のないとき。ひま。②それをするに必要な時間。③休暇。④辞職。⑤喪にひきこもること。⑥離別。⑦解雇。⑧離婚。離縁。（広辞苑）この言葉は，日本人の人間関係を分析するうえではなはだ興味深い言葉であると思われる。

3) 津田真澂『日本的経営の擁護』62頁〜65頁。
4) 津田・前掲書63頁〜64頁。
5) 津田・前掲書67頁〜68頁。
6) 最近，大学卒業生の就職に関してはなはだ興味深い現象に遭遇した。著者の勤務する大学の学生には，中小企業経営者の子弟が数多くみられるのであるが，彼らが中小企業経営者の子弟であるという事実そのものが，就職における大きなハンディキャップとなっていて，そのことが，彼らにとって大きな悩みとなっているのである。その理由は，家業を継ぐために途中で退社するかもしれない彼らの採用を，多くの企業がためらうことにあるようである。ここにも，関係の永続性を望ましいとする日本企業の態度がよく現われている。
7) 労働大臣官房統計情報部編著『日本人の勤労観』24頁参照。
8) 『日本人の勤労観』24頁〜25頁参照。
9) このような教育的配慮にもとづく配置が米国の経営組織に全く存在しないわけではない。V.パッカードも，この点について次のように指摘している。

> ある場合には，こういった昇進計画図中に，場所ふさぎとなっている者がいることがある。もし，ある地位がさらに上の地位に進む場合の経験上，どうしても一度やった方が良い職務があるとすると，たまたまその地位にあるものが一応そのポストをこなしてはいるが，さらに上に昇進するほどの人材ではない場合，この男の存在は邪魔となるので，道を開けるため，その地位からはずされることもある。（V. パッカード『地位を求める人々』徳山・原訳121頁）

しかし米国の経営組織にあっては，このような教育的配慮は，主として将来の昇進を約束された幹部候補に対して与えられるのに対して，わが国の場合には，組織成員の大部分が一応昇進を予定されているために，こうした教育的配慮は全組織的なものとなる。

10) きだみのる『にっぽん部落』8頁。
11) 〝部落〟の内部や〝部落〟間の，競争や嫉視の激しさについては，きだみのる『にっぽん部落』に詳しい。とくに，36頁〜37頁，115頁，118頁などを参照。にもかかわらず，〝部落〟を

割ることはもっとも忌避すべきことであり，部落が1つにまとまることが，部落の生活のうえでもっとも大切とされるのである．
12) 久枝浩平『契約の社会・黙約の社会——日米にみるビジネス風土——』123頁．
13) 久枝・前掲書126頁〜127頁．
14) 久枝・前掲書15頁〜16頁．
15) 久枝・前掲書135頁．
16) 『日本人の勤労観』115頁．
17) 『日本人の勤労観』114頁．
18) 『日本人の勤労観』100頁．
19) 津田真澂『日本的経営の擁護』28〜29頁参照．

Ⅱ 身分序列の尊重・急激な変化の回避

　すでに第3章において指摘したように，欧米型の社会では，人は，一定の年齢に達すると，社会を構成する1人の市民として，"大人"の仲間に入ることを承認される．こうして，"大人"として承認された人びとは，その年齢にかかわらず，理念的には，対等の市民として観念される．勿論，組織上の指揮・命令関係においては，彼らは対等ではなく，日本の組織よりもはるかに厳しい権力的関係のうちにおかれることが多いが，しかし，契約によって受諾された組織上の機能関係の外部においては，彼らは対等な個人として相対する．少なくとも，タテマエ上はそうあるべきものと考えられているのである．これに対して，日本的な社会関係は，以上のような欧米型社会関係とは大きく異なっている．

　この両者の社会関係の差を示すはなはだ興味深い現象のひとつとして，対話の場において自己および相手を言い表わす言語表現の間にみられる，顕著な差異をあげることができよう．すなわち，しばしば指摘されているように，日本語の人称代名詞，ことにその第1人称と第2人称には，はなはだ多様な表現が存在している．また，これらの表現は，多様であるばかりでなく，対話者の相対的地位を示すさまざまのニュアンスが，これらの表現につきまとっている．言語学者，鈴木孝夫氏は，ある特定の人物をかぎって，その人が日常の生活のなかで自分および相手をどのように言語で表現しているかを調査してみたところ，

人称代名詞を使用する範囲が意外にかぎられていて，"目下"の場合には普通これらが使用されるのに対して，"目上"の場合には，資格や地位で呼ぶのが普通であることを指摘している。このような表現法は，第1人称および第2人称の表現をいっそう複雑なものとしている[1]。これらの事実が語っているように，日本的な社会関係においては，対話者は瞬時に相手の相対的位置づけを行なって，言葉・態度の使いわけを行なわなければならない。また，相手の相対的地位が不明な場合には，比較的丁重な言葉づかいや態度を示していたのが，相手の位置が判明するにつれて，態度・言葉づかいが変化するという現象は，しばしば経験される。このような現象は，われわれ日本人にとっては，説明も論証も要しない自明の慣習となっている。しかし，これもしばしば，指摘されるように，欧米型の社会にあっては，そうではない。フランス語の tu と vous やスペイン語の tú と usted など，ラテン系言語にみられる第2人称の区別は，親しい関係であるかやや距離をおいた関係であるかを，区別するにすぎない。英語の sir は，相手の地位を認めるニュアンスを含んではいるが，その対象は，ごくかぎられており，高い地位にある人物であることがあきらかな場合に限定されている。もっとも米国においては，たとえば大学教授が学生に sir を使ったりする場合もあるが，このような場合には，かなりニュアンスが異なってきている[2]。彼らの場合，日本人の場合のように，2人の人間が出会うごとに，相手の相対的位置を確かめ合うことはない。この点に関して，"相対的敬語"および"絶対的敬語"についての指摘は，きわめて示唆に富んでいる。以下大出晃氏の著作から引用しておこう。

　よくいわれる日本語の特徴のひとつに，敬語法の発達があります。しかし，発達した敬語法は，マライ・ポリネシア語やチベット・ビルマ・タイ語などにも見られるといわれます。
　ただ，日本語の敬語は，話し手・聞き手の相対的な地位や関係などによって変化する敬語です。これに反して，他国語の敬語は，話題となる人の社会的地位によって決まるとか，話し手や聞き手の属する階級によって決まるような絶対的敬語で，日本語のような相対的敬語ではない，という専門家もあります[3]。

以上の指摘にみられるように，この相対的敬語が他のアジア諸国にさえみら

れないような，日本独特の言語表現であるとするならば，この“相対的地位の確かめ合い”はきわめて“日本的”な行為であるかもしれないと思われるのである。

　以上のような言葉づかいの差は，その背後にある社会関係の相違を明瞭に反映しているものと考えることができる。次に示す著者自身の体験も，このような社会関係と言葉づかいとの関係をよく示している。この体験とは，次のようなものである。すなわち著者は，大学を卒業したのち，ある企業に職をえたのであるが，4年間勤務したのち，この職を辞して大学院に籍をおくこととなった。その結果，学部時代の“後輩”である“先輩”諸氏にとり囲まれる破目になった。このとき，著者自身および“後輩である先輩”の双方に，相手を呼ぶとき，実に奇妙な“とまどい”が生じたのである。つまり，双方相手の位置を判断しかね，どのような言葉をつかうべきかに，迷うこととなった。著者の観察によれば，この両者の関係が安定するのには，2つのパターンが存在した。そのひとつは，両者の関係がやや離れていた場合で，この場合には双方相手を“さん”と呼ぶことで安定した。しかし，両者の関係がより密接であった場合には，とまどいも大きく，結局，次のようなプロセスをとって安定したのである。すなわち，はじめ互いに“さん”づけで呼んでいたのが，どちらか気の強い方が“氏”をつけて呼びはじめ，さらに相手が“氏”に合わせたり，場合によっては“君”まで飛躍する。そこで結局双方“君”におちつくこととなる。また他方が“氏”に合わせた場合には，しばらくの間双方“氏”をつけて呼びあっているうちに，一方が“君”をつけはじめ，この場合にも結局双方“君”で安定するというわけである。著者が，このような体験をここにもち出してきた理由は，この例が次の事実を明瞭に示している点に求められる。すなわち，わが国のように，人びとがつねに相手の相対的位置に気を遣う社会においては，身分関係ないし相対的地位の関係は安定していることが望ましく，この関係が急激に変化すると，さまざまの混乱を起こしかねないという事実である。ことに，日々相互に接触する組織の内部にあっては，第1に身分関係が安定していることが必要である。もし，昨日まで“君”づけで呼んでいた“目下”の者が，突

然抜擢されて"目上"となり，明日から"さん"づけで呼ばなければならないような事態に対しては，一般の日本人は容易には対応することができないからである。たとえば，大学院で自分が教えた学生が，メキメキと業績をあげ，自分がまだ助教授である間に，教授として高給をもって迎えられ，母校に戻ってくる——などといった事態は，日本の一般の大学教師には，想像だにしたくない事態であろう。しかし，このような状況は，米国の大学ではときどき耳にする事態である。第2に，もし身分関係の変更が必要な場合には，ちょうど"後輩である先輩"と"先輩である後輩"の関係が，"さん"から"氏"を経由して"君"におちつくまでに若干の時間が必要であるように，時間をかけて徐々にその変化に慣れるような態勢をつくることが必要である。このような配慮を欠き，急激な変化を導入するならば，それは，日本的経営組織に，大きなそしてしばしば望ましからざるインパクトを，与えることとなろう。

〔付記〕本書の脱稿直前に，読売新聞のコラム「日本語の現場」に，この問題についての興味ある記事が掲載されたので引用しておく。

「くん」呼びしていた後輩が上役になった時——。「その時こそ，サラリーマンが『さん』と『くん』の間で一番思い悩む」と実社会の言語生活を研究している吉沢典男・東京外語大教授（48）は指摘する。

悩んだ末に，どう決着を付けているか。「たいがいは『くん』から『さん』や役職名に切り替えているそれが常識的な"サラリーマン作法"ですよ。タテ割組織の一員である限り，無言のうちにその作法が要求される。きちんとした組織をもつ会社ほどこうした傾向が強い」

組織といえば，三菱。話を進める前にまず，三菱グループでも代表格の三菱銀行のタテ割制を紹介すると——。〔中略〕

これほどの組織だけに，"吉沢説"はピタリ実証された。

「だいたい『さん』か役職で呼んでいるようです。もちろん規則で"そうしろ"と強制などしてませんが……」と同銀行広報課。

ところが，この三菱銀行に，組織維持の"サラリーマン作法"にとらわれない人がいた。業務第一部のA調査役（43）で，社歴を「さん」「くん」使い分けのモノサシにしているという。だから，五年後輩だが上司になった課長をためらわず「○○くん」と呼ぶ。

年上でも社歴が下なら，「くん」付けだ。七年前，高校時代に一年先輩で，社歴では一年後輩という"やゝこしい関係"の人と席を並べた時も，「くん」呼びで通した

という。（後略）（傍点著者）（読売新聞昭和51年11月16日朝刊。「日本語の現場」290参照）

　この場合，A調査役の上司となった後輩が，A氏を何と呼んでいるかは，著者にとってはなはだ興味深いところである。もし双方「くん」で安定しているならば，これは著者の体験とも一致する。ともあれ，このような事態は組織のなかに大きなとまどいを生みだすものであり，ときに人間関係を損なうものともなりかねないのである。

　さて，ここで問題となるのは，最近大きく変化してきたといわれる"若者"の意識において，この問題がどのようにうけとめられているかということである。著者自身，広範な調査をしたわけではないが，興味ある事例を見つけたので紹介しておく。すなわち，著者が大学2年生のゼミナールでこの問題を提起したとき，次のような事例が紹介された。

　　自分が浪人をして大学に入学し，運動部に入ったところ，一年前に入学した，高校時代の同級生が同じ運動部にいた。一年生のときは，「オレ」と「オマエ」で呼びあっていたし，今でも2人で酒を飲むときはそう呼んでいる。しかし，自分が2年生になって，彼がキャプテンになり新しい部員が入ってくると，大学では上級生でもあるキャプテンを呼び捨てにするわけにはゆかなくなってしまった。にもかかわらず，自分としてはどうしても彼を『さん』と呼ぶ気にはなれない。そこで，部活動をしている間双方非常に気まずい思いをし，最近では，お互いに相手に話しかけることもしなくなってしまった。

というのである。しかも，類似の事例が，二十数名のゼミナールでほかにも2例紹介され，このうち1件は女子学生から提出されたのである。信頼度の高い結論をうるためには，精密な調査が必要であるが，著者自身の印象を語ることをお許しいただくならば，この問題についての若者の意識は，あまり変化していないように思われる。また，このような意識をつくりだすうえで，わが国の画一的な教育制度が，大きく影響しているのではないかと思われるのである。すなわち，実力によって学年をとび越させたり，上級の課程をこなす実力のないものを進級させないような制度がとられていて，同じ学年に異なる年齢の児童が珍しくないような状況がつくられるならば，より実力主義的な意識が，少年時代から培われるかもしれないと思われるのである。

　ここで，この"さん"と"くん"の関係について見逃すことのできないひと

つの事実を指摘しておきたいと思う。その事実というのは，この"さん"と"くん"の関係が，一般に同一集団内の関係に集中的に現れるという事実である。たとえば，同一大学の出身者の間では，職業・職域集団が異なっても，この関係が形成ないし継続されやすいし，また逆に，異なる大学の出身者でも，同一職域集団に属すると，この関係が形成される。しかし，大学も職域集団も異なる場合には，この"さん"と"くん"の関係は形成されにくい。これらの例からあきらかなように，この関係は，何らかの集団に所属する者の間に現れるということである。また，はなはだ興味深いのは，大学で形成されたこうした関係が，卒業後にも継続してもち込まれるように，ある職域集団を退職したのちも，かつてその集団内で形成された身分秩序が消滅しないで継続することである。たとえば，大学教師である著者を，かつて勤務した企業の先輩達はためらわずに"くん"で呼ぶ。しかし，かつての関係が存在しない場合には，同様の立場にある人達は，著者を"先生"または"さん"と呼ぶ事実などはその一例といえよう。この事実は重要な意味をもっている。すなわちこのことは，①第1に"おいとま"をいただいたあとも，かつての関係が何らかの形で切れずに継続している，と意識される傾向を示しており，また②第2に，わが国においては，ひとたび形成された身分序列が，なかなか消滅しないという事実を，示しているからである。

　以上のべたような意識が厳存するために，日本的経営組織においては，その編成原理として，①組織内秩序の維持，すなわち，身分関係安定性の原理と，②急激な変化の回避の原理が重視されることとなる。これら2つの原理の制度的表現形態が，年功序列制度であり，またこの制度と密接に結びついている，小刻みな継続的昇進制度なのである。

　そこで，まず，日本的経営の編成原理のうちの第3の原理として，組織内身分秩序の尊重について検討する段取りとなるが，この原理について検討するためには，その秩序化の諸原理についてみなければならない。ところで，この秩序化の原理としては，さしあたり①出生ないし家柄，②学歴，③年功，の3つをあげることができる。

1. 家柄：家柄すなわち家族関係による組織内地位の決定は，資本主義が私的所有に基礎をおいているかぎり，避けることのできない傾向であろう。とくにわが国戦前の経営においては，創立者や有力株主の子弟が，組織内で有利な地位に立つことは，避けえない事態であったといえる。勿論，今日でも，その規模にかかわらず，家族的色彩の強い企業においては，この傾向は強く現れているし，また，企業規模の拡大および所有と経営の分離傾向によって，この原理が戦前のようには公然と作用しにくくなってはいるものの，しかし，この傾向は，一般に，ある程度やむをえないこととして是認されている。また，相互会社のように，株式による支配の原理に立っていない企業の場合ですら，各所に創立者の一族が適当な間隔をおいて配置され，一族のなかから絶え間なくトップ・マネジメント要員を提供できるように"仕組まれ"ていることは，稀ではない。こうした，見方によっては社会的資産の私物化ともいえる事態に対して，組織内部ではとくに強く反発する空気はみられず，むしろある程度やむをえぬ事態として是認され，かえって，これら一族出身の幹部要員と交友関係を結ぶことによって，みずからの地位の保全をはかろうとする傾向すら，認められる。このような傾向は，企業の最上層部が"自己永存体としての寡頭制"(self-perpetuating oligarchy) と呼ばれる構造をもっているために，私的所有を離れても存続しうるのである。なお，この一族出身の幹部要員は，しばしばその姓を異にしているので，組織成員でないと見分けるのが困難である。以上のように，"家柄"は，今日なお，組織内身分秩序化の原理として，ある程度の役割を果しているが，一部の同族経営を別とすれば，その範囲はかぎられており，取締役会や常務会に，一族出身者を数名送り込む程度にとどまっている場合が，多いように思われる。

2. 学歴：戦前においては，大学卒業者の数も少なく，彼らの多くは，はじめからエリート・コースを約束された人びとであった。しかし，このエリート達の間にも，官学出身者と私学出身者との間には，明瞭な差別が存在していたという事実が指摘されている。また，大学卒業者と専門学校やそれ以下の学歴をもつものの間にも，差別があった。戦前，厳然と存在した職員と工員の区別も，基本的には，学歴差を反映したものであったということができる。このように学

歴は，身分秩序の形成原理として，きわめて重要な役割を果していたと考えられる。この学歴による身分秩序の形成は，勿論戦後の経営においても引きつがれている。しかし，戦後多数の大学の簇生や大学卒業者の急激な増加によって，学歴による身分の秩序化は，大きく変貌をとげた。すなわち，一部有名大学の出身者がやや優位に立つことがあるとしても，国立大学・私立大学の双方とも，一流大学から三流大学までを含んでいるために，戦前の官学と私学のような区別は，個々の大学自身の格付けによる微妙な区別に変化したし，また，組織の内部では，これらの格付けがほとんど意識されないような状況が生まれてきた。さらにまた，学歴段階も，戦後の新学制によって，中学卒・高校卒・大学卒と単純化されてきている。その結果，学歴は，単純化していえば，組織成員を大きな3つのグループに分ける役割を果しているにすぎない[4]。

3. 年功：以上のように，家柄による区別は存在するとしても組織成員のごく一部にのみ適用されるにすぎないものであり，学歴は，組織成員を大きく3つないし2つ（たとえば中学卒を採用しない企業の場合）に分ける原理にすぎない。このようにみてくると，組織全体を規定する身分制秩序化の原理としては，年功が，きわめて重要な役割を果していることがわかる[5]。さて，この "年功"——年齢ではない——による序列化の原理の発生論的研究は，はなはだ興味ある課題であるが，いまここでこの問題に深く立入る余裕はない。この問題の研究は今後の課題として残すこととするが，ここで重要な事実は，少なくとも，この年功による序列化が，"イエ" の原理でも "ムラ" の原理でもなかったという事実であろう。すなわち，この年功の原理は，父母・兄弟・姉妹という家族の原理でも，また，長子相続を基軸とした本家・分家という "イエ" の原理でもなかった。この年功の字句が示すように，これは，本来，家族外的関係を意味するように思われる。なぜなら，功の観念は，本来家族関係の原理とは異質のものだからである。いうなれば，これは主従関係の原理なのである。したがってまた，これは "ムラ" の原理とも，異質なものであったと考えなければならない。きだみのる氏の観察によれば，部落では住人の信頼を集めた人が世話役に祭りあげられ，その信頼を失えば，他のものが世話役に推される。しかし，

にもかかわらず，部落の構成員の関係はきわめて並列的である。きだ氏はいう。

　社会学的にいえばぼくの部落のように並列的な社会では気前のよさで他を凌いだ者が皆に推されて世話役になる。何となれば，気前で他を凌いだ者のいう言葉には凌がれたものが聞く力が出てくるものだから。
　ここで気がつくのだが，言葉に敬語も卑語もない部落では世話役と平の間でも命令的な表現は使われていない。頼むときは一種の希望法（optatif）的動詞「……してくれ（或はもらえ）めえか……」を追加する。（中略）住民の間に権力的な上下の区別は用語的にはないように見える6)。

　このような人間関係に年功序列の入り込む余地はない。この年功の原理が，本来，家族的原理でも"ムラ"的原理でもなかったという事実は，重要な意味をもっている。なぜなら，従来しばしば，年功序列制を説明するのに家族主義をもってしたり，あるいは年功序列制をもって，日本的経営が家族主義の原理に立っていることを論証するひとつの根拠とするなどの論法が，日本的経営の研究者によってとられているからである。しかし，この事実は，このことが決して自明の事柄ではなく，なおかつ慎重な検討を要する問題であることを，われわれに示しているからである。むしろ，この年功の原理は，家の成員以外から使用人を多数雇った場合に，この主―従の関係および"従"たる被雇用者の間の序列関係を規定する原理として，日本人にもっとも抵抗なく受入れられる原理であったと考えられるのである。

　さて，この"年功"の原理が"年功"にもとづいていたとはいえ，その根底においては，"功"の原理に立っていたことから，ときに大功をたてたものによって，この年功の秩序が破られるという契機を内在するものであった。このため，戦前の年功制においては，しばしば大幅な抜擢が行なわれた。しかし，戦後においては，労働組合も一役買って，急激な変化回避の原則がよりいっそう強力に作用するようになった結果，大幅な抜擢は稀となり，これに代って，小刻みの継続的昇進過程で，有能な人材を長期間にわたって徐々に浮かび上がらせるような方法が，とられるようになってきている。この意味で，年功制はよりいっそう完成に近づきつつあるとみることができる。

　さて，次に第4の原理である，急激な身分序列の変更の回避についてみよう。

さきにあげた年功序列の重視は，日本人に比較的受入れられやすい序列観に沿いながら，組織内人間関係の安定性を導入することによって，さきに第2原理としてかかげた，調和的関係維持の原理に対して，一面においてこれをサポートする役割を果しているとみることができる。しかし，この年功序列を中心とした組織内秩序を重視するといっても，ひとたび形成された秩序を，そのまま長期にわたって維持することは困難である。その組織をめぐる情況は刻々と変化しているからである。ところで，この情況の変化としては，①組織外状況の変化すなわち環境の変化と，②組織内状況の変化すなわち，重要なポストにあるものの死亡・退職や，組織成員の老齢化など，をあげることができる。すなわち，まず環境に変化が生ずると，経営体は新しい領域への進出を試みたり，既存の領域からの撤退を余儀なくされたりする。このような活動領域や活動形態の変化は，当然，組織内の秩序にも大きく反映せずにはいない。また，組織内状況の変化についてみると，まず，その重要な要因として，組織成員の老齢化をあげることができる。すなわち，当然のことながら，形成された秩序をそのまま維持するとすれば，組織成員は年々老化することになるから，組織全体の老化を防ぐためには，年々何らかの新陳代謝を行なわなければならない。また，いまひとつの重要な要因として，重要なポストに生ずる欠員をあげることができる。この欠員をどのようにして埋めるかは，しばしば組織内の秩序にきわめて大きな反響を及ぼす。この外部状況の変化と内部状況の変化とのいわば接点に生ずる，状況変化の重要な要因として，企業の合併をあげることができる。この企業の合併が，日本的経営組織の内部秩序に，欧米社会では考えられないほどの，きわめて複雑な反響を呼びおこすという事実は，多くの論者達がさまざまの形で指摘しているところである。最後に，組織内身分秩序の変更を必要とする要因として，能力主義の必要をあげることができる。すなわち，いかに年功を重視するとはいっても，有能な働き者と無能な怠け者とを同じように評価し，昇進させることはできない。組織活動を刺激し，組織の沈滞を避けるためには，何らかの能力評価が必要であると考えられるからである。以上に指摘した諸要因は，身分秩序の維持をその編成原理のひとつとする日本的経営組織

にも，さまざまの形で序列変更の必要を生みだしているわけであるが，この必要な変更に対しては，一般に，急激な変化を回避するよう，慎重な配慮がなされているのである。

さて，この身分秩序や人間関係の急激な変更を望まないという日本人の心理は，身分的上下関係や人間関係が固定的であった，家族関係ともまた同時に"ムラ"的関係とも照応している。しかし，現代の経営体においては，さきに指摘したさまざまの要因によって，ある種の変更は避けることができない。そこで，日本的経営組織にあっては，急激な変化を回避しながら必要な変更を導入するために，次のような慎重な配慮がなされているのである。すなわち，①変更の必要を予想して，あらかじめ周到な準備をしておくこと，②定期的・連続的に小幅の変化を導入することによって，人びとが関係の変化に次第に慣れることができるよう配慮すること，などをあげることができる。そこで以下，急激な変化を回避しつつ必要な変更を導入するという組織活動が，現実にどのように行なわれているかについて，若干検討しておくこととしよう。

新陳代謝のパターン：欧米型の組織においては，組織にとって望ましくない部分が生じた場合には，解雇によってすみやかにこの部分を切捨て，新たに必要な人材を雇うことによって，組織の更生が行なわれる。それは，いわば，外科手術にたとえることができるような方式である。しかし，日本的経営組織にあっては，組織の更生は，いわば新陳代謝にたとえられるような方式によって行なわれている。すなわち，日本的経営組織における身分制秩序化の原理である年功の原理と，組織内人間関係の調和の原理とをともに維持しながら組織の更生を行なうために，一方で，一率に老齢化した部分を切捨てる停年制が厳格に施行されるとともに，また，他方では，年々新規学卒者の採用が行なわれる。この新規学卒者の採用は，卒業が一般に年1回毎年3月に行なわれることと照応して，定期一括採用方式となる。さて，この定期一括採用方式によって，毎春4月に入社する新入職員達は，基本的には年功の原理によって形成された身分秩序の階梯を，年々一歩ずつ登ってゆくこととなる。その結果，組織成員達は，小刻みな継続的昇進の過程を辿りつつ，停年に達するという形をとる。こ

のようなシステムが採用されているために，日本的経営組織においては，組織成員の年齢構成（あるいは年功構成）が重視されることとなるが，このことはまた，人員の採用が，職務遂行上の必要に応じてのみ行なわれるのではなく，ときには年齢構成上の必要から，余裕人員が採用され，余裕のある配置によって，オン・ザ・ジョブ・トレイニングを行なったり，この組織内に蓄えられたスラック（slack）によって，組織の柔軟性の確保が行なわれる。

　このように，労働力として労働市場に登場してから引退にいたるまでの，人びとのライフ・サイクルを一循環とする，きわめて長期にわたる組織の"新陳代謝"が行なわれており，その間，組織の年齢構成が重視されていることから，予想される停年者の数と業務の増大をもととして，長期的視点のもとに，年々の新規採用計画が立案される。この方式は，組織成員の老齢化に対応しうるように仕組まれているだけでなく，さきに指摘した，組織内秩序の変化をもたらす諸要因，すなわち，環境の変化による業務の拡大や，重要ポストの欠員，能力評価の必要にも柔軟に対応できる仕組として，急激な変化を回避しつつ徐々に変化を導入しようとする日本的経営の編成原理を現実化する，すぐれた枠組みとなっているのである。たとえば，わが国経済の高度成長期における組織の拡大は，必要人員を，組織内秩序に大きなインパクトを与える中途採用を極力避け，むしろ，この新陳代謝のサイクルにおける，とり入れないし"摂取"を次第に拡大する形で行なわれた。その結果，年齢構成を大幅に崩すことなく，かつまた"年功"という組織内秩序化の原理を維持しながら，組織の拡大が行なわれた。この方式によって，組織成員の数が大幅に増大したにもかかわらず，組織内身分秩序は大きな変更を蒙ることなく保たれたのである。また，重要なポストに欠員が生じ，それが何らかの形で補充された場合にも，それによって，アメリカの組織にみられるような，大きなインパクトをうけることは，重役人事を別とすれば，ないといってよい。なぜなら，継続的昇進制度によって，一時選にもれたものも，いずれ類似の役職につくことが保証されているからである。これに対してアメリカの組織にあってはヴァンス. O. パッカードが指摘するように，ひとつの空席が埋められることによって，組織のなかに大きな失

望と不満が生みだされるのである。この点について，パッカードは次のように述べている。

　会社の組織がピラミッド型になっている関係上，一つのポストが空席になるたびにその下の何人かの人は必ず昇進にとり残される結果となる。このことには，エグゼクティブ斡旋会社の専門家たちも注目しており，彼らは現職のエグゼクティブで，人事異動の結果に不満をもっているか，あるいはもちそうな能力のある人々のリストをつねに備えることにつとめている。アメリカ最大のエグゼクティブ就職斡旋会社ボィド・アソシエーツのハロルド・ビクスラーは，つぎのようにこのへんの事情を説明している。「われわれはつねにピラミッドに戻ってゆく，これが，人材が移動可能な理由の一つだ。もしある会社で四人のうち一人が総支配人に昇進したとすると，昇進しなかった他の三人は移動可能とみてもよい。彼らは『この会社について将来出世の可能性があるのだろうか。転職を考えるべきだろうか』と自問しているかもしれない。あるいは三人とも移動可能かもしれない。なんとなれば，彼らは最高地位の直下までいって昇進に成功せず頭はつかえているのだから。このようなことは，下級事務員でも幹部でも同じで，ピラミッドの原理があてはまるのだ7)。』（傍点著者）

このため，将来のポストや収入がきまってしまっていてはり合いがないという不満は，下に掲げた統計によっても容易に推察しうるように日本の場合には著しく低く，欧米諸国においてはかなり高く現れている。

	将来得られるポストも収入もきまっていて，はりあいがない	
	はい	いいえ
日　　　本	32.4	64.4
ア メ リ カ	53.0	45.6
イ ギ リ ス	48.2	50.9
西 ド イ ツ	46.6	43.5
フ ラ ン ス	52.9	39.6
ス イ ス	52.2	46.3
スウェーデン	52.8	43.0
ユーゴスラビア	63.2	35.4
イ ン ド	62.5	26.2
フィリピン	65.9	33.7
ブ ラ ジ ル	56.2	41.3

資料：総理府青少年対策本部『世界青年意識調査報告書』。
　　　労働大臣官房統計情報部編著『日本人の勤労観』223頁から一部転載。

能力評価についても同様のことがいえる。勿論，日本の経営組織においても，大幅な抜擢は行なわれてきた。戦前においては，年功制のもとでも，抜擢は珍しいことではなかったし，ことに戦後，経営主脳陣の多くがパージに会ったときには，有能な若手の抜擢がしきりと行なわれたのであった。しかし，経済秩序が安定し，日本経済の発展が軌道にのったのちは，能力評価にもとづく昇進は，次第に安定したパターンを示すようになったのである。勿論，企業の将来を左右する

ような最高主脳の人事においては，身分秩序の階梯を数段階とび越えて有能な若手を抜擢することが今日でも行なわれているし，組織内身分制秩序の外部からの突然の"天下り"もなくなってはいない。しかし組織全体としてみると，能力評価にもとづく身分格差の導入は，組織内秩序に急激な変化を生じないよう配慮されている。すなわち，人間の能力と意欲に大きな格差がみられる以上，その職務担当能力にも差がみられ，その結果，担当職務およびこれと結びついた職位に差が現れてくることはやむをえない。しかし，日本的経営組織においては，このような身分秩序の変化の導入は，人びとがこの秩序の変化に対してあまり大きな衝撃をうけないよう，そしてまたこのような変化に対して次第に慣れることができるように，年々累積する微妙な格差をつけることによって行なわれ，こうした累積的過程がかなり長い期間経過したのち，はじめてその格差が明瞭となるよう，慎重な配慮がなされている[8]。しかし，自己の所属する集団内部における地位と承認に対してことさら敏感であるという，第4章で分析した日本人の心理特性を反映して，この微妙な累積的な格差の導入は，諸関係の安定性を基礎とした組織の維持・再生産システムを，同時に，稀にみる強力かつ効率的なインセンティブ・システムとしているのである。すなわち，このシステムは，組織の内部に，金銭よりも地位と承認を求めて激しく競い合うという行動形態を生みだしているのである。このような行動形態は，成功の可能性をより多くもつ大学卒の職員層にもっとも顕著に現れるものであるところから，大学卒の増大，ホワィトカラーを中心とした組織のウェイトが増大するにつれて，いっそう組織内の活発な競争行動が刺激されるといった様相を呈している。そして，賃金の上下格差が米国のそれに比してきわめて少ないという事実があきらかに示しているように，このインセンティブ・システムは，主として金銭よりも地位と承認を基礎にしており，とくに重要な職務を担いうる多くの有能な人材を，いわば"安上り"な方法で働かせることが可能なシステムであることがわかる。アメリカ的な組織であったならば，有能な人材をひきとめておくために，いっそう大きな金銭的インセンティブが必要であると考えられるからである。そしてまた，一般に日本の勤労者達が示す高い勤労によって

あきらかなように，このインセンティブ・システムは，組織全体の活発な勤労意欲を刺激するうえで，きわめて有効なものなのである。この安定性を志向するシステムが，どのような事情で効率的に機能し，日本的経営組織のなかに高度のダイナミズムを生みだしているかについては，次の第7章で，また，この日本的インセンティブ・システムが，いかにして"安上り"なものでありうるのかについては，第10章において詳細に分析する。

1) 鈴木孝夫『閉ざされた言語・日本語の世界』183頁〜186頁参照。なお，読売新聞の連載記事「日本語の現場」は，こうした日本人の言語表現に関して，さまざまの興味ある事実を指摘している。
2) 著者を助手として雇った米国人のある教授は，助手である著者にしばしば sir をつけて呼んでいた。
3) 大出晃『日本語と論理―その有効な表現法』88頁。
4) 学歴によるこのような3分割も，所得格差の面からみると次第にあいまいなものとなっているように思われる。これについては，埼玉銀行編『経済メモ』No. 361 (1976. 11. 5 発行) 掲載の次の資料を参照。

> 9月の末に昭和51年度「国民生活白書」が発表されました。その中で，学歴別所得格差が縮小し，ただ高学歴者であるというだけでは経済的エリート性をもちえない社会になりつつある事が指摘されています。
>
> **学歴別所得格差は縮小**
> 男子の学歴別の生涯所得を試算してみるとその格差が縮まっています。(表1) また，大卒で就職したあとの累積所得が一足早く就職した同年齢の中・高卒の累積所得に追いつく時期も，中卒者との一致点38歳8ヵ月 (40年35歳9ヵ月)，高卒者との一致点39歳1ヵ月 (同35歳2ヵ月) と次第に先に伸びています。
>
> 表1 学歴別生涯所得の比較（男子雇用者）
>
> | 区　　分 | 40年 生涯所得(千円) | 格差 | 49年 生涯所得(千円) | 格差 | 49/40 |
> |---|---|---|---|---|---|
> | 旧大・新大卒業者 | 40,280 | 100 | 122,878 | 100 | 3.1 |
> | 高専・短大卒業者 | 34,242 | 85 | 107,889 | 88 | 3.2 |
> | 旧中・高校卒業者 | 27,884 | 69 | 92,686 | 75 | 3.1 |
> | 小・新中卒業者 | 23,211 | 58 | 82,312 | 67 | 3.5 |
> | 平　　均 | 26,105 | 65 | 92,327 | 75 | 3.5 |
>
> (備考) 1. 労働省「賃金構造基本調査」(各年版) による。
> 2. 各階層とも学校卒業後59歳まで継続して勤務すると仮定して算出した。
> 3. サービス産業を除く全産業の平均で，パートを除く。
> 4. 各年の賃金構造に基づく年令階層別所得を合算し，それをその時点で人々の平均的な生涯所得と仮定した。

5) 経営組織においては，一般に年齢よりも年功が重視されている。年齢は，役職・先任順など他の条件が同じ場合，すなわち序列をつけにくい場合に拠りどころとされるにすぎないもののように思われる。

6) きだみのる『にっぽん部落』34頁。
7) V. O. パッカード『ピラミッドを登る人々』(徳山・原訳) 25頁〜26頁。
8) このような場合には，たとえば，格差の生じた2人をできるだけ同一部・課に配属しないような配慮がなされている。所属が異なれば自然接触も少なくなるため，屈辱感も柔らげられるからである。

第7章 「日本的」経営制度と競争
―安定のなかのダイナミズム―

I 日本的経営と能力主義

　組織の巨大化，その官僚制的機構化が進むにつれて，組織上さまざまの逆機能が現れるという事実は，すでに多くの研究者によって指摘されており，この問題は，官僚制理論の重要な構成部分となっている。そのうえ，わが国においては，この官僚制一般のもつ逆機能に加えて，さらに，その特異な経営制度のもたらす弊害が，しばしば問題とされている。すなわち，終身雇用制がもたらす安心感や，年功序列制にもとづく競争意識の低下など，安易な態度が組織内に生みだされること，その結果，このような組織における労働の生産性は，きわめて低いものとなること，かくして，これらわが国の経営制度は，国際競争の激化した今日，いよいよ不適切な制度となりつつあること，などが指摘されている[1]。そして，この種の見解は，必ずしも充分な検討を経ぬままに，今日，わが国の経営学者の間に，かなりひろく受入れられている。いうまでもなく，「日本的」経営の功罪に対する，経営学者（経営問題に関する発言をしばしば行なっている経営者をも含めて）の評価は，問題の複雑さを反映して，さまざまである。一方には，非常に厳しい否定的な見解が存在する。たとえば，アメリカ式の経営と親しく接し，みずからもこれを実践してきたという，ソニーの盛田昭夫氏は，日本の会社の不合理性を批判して次のようにいう。

　　会社は徒らに社員の面倒の一切をみる社会保障団体と化しており，その上に，社員はそれにのうのうと甘えて事なかれ主義に堕し，沈滞しきっているといっても過言ではなかろう。
　　自由経済のもとで，激烈な国際競争の渦中に乗り出してゆかねばならない日本の経

営者は，この点をはっきり自覚し，なんらかの方策を講じなければならないだろう。
(中略)
　出発点から，こういう大きなハンディキャップを背負っているのだから，アメリカをはじめ諸外国の，骨の髄まで営利に徹した会社と普通に競争していたのでは，日本の会社が負けるにきまっているのである[2]。

　このような厳しい見解とはやや異なる立場から，日本アイ・ビー・エムの井上富雄氏は，「日本的」経営の長所および短所を比較検討しながら，氏が「前進の体制」と信ずる「日本的能力主義」へと移行すべきことを説く[3]。しかし，これらの意見は，いずれも，程度の差こそあれ，米国流の能力主義や，あるいは，その適応形態としての日本的能力主義を，よりすぐれた経営形態と認めて，「日本的」経営と能力主義とを厳格に対置している。最近変化のきざしをみせているものの，わが国の経営学界においては，このような立場が，いわば主流を占めていると思われる。ここに，ひとつの皮肉な現象がみられる。すなわち，年功序列制のもとで"気楽な稼業"を営む，安易なサラリーマンのイメージがひろく定着する一方，"エコノミック・アニマル"とまでいわれる日本人社員の猛烈な働きぶりや，あるいは，ノイローゼ・蒸発をさえ誘発するほどの過酷な負担・競争の圧力などが，新聞紙上をにぎわしているのである[4]。しかも，この"モーレツ"イメージと，"気楽な稼業"のイメージとの間の，あきらかな断絶に対して，経営学者の間からは，充分な説明はもとより，ほとんど疑問すらも提出されてはいないのが現状である。

　さて，しかし，終身雇用制・年功序列制のもとで，現実に，"モーレツ精神"が旺盛に発揮されている以上，われわれは，これに対する何らかの説明を必要とするし，また，この問題の解明には，従来の経営学者の常識を，いまいちど根底から検討しなおしてみることが必要であると思われる。ここで，きわめて興味ある第3の見解にふれておかなければならない。野田一夫氏は，アメリカ的人事管理の方式が，「個々のパースナリティを個々の職務遂行能力に要素分解し，企業体の構成単位である職務の客観的価値の実現度によってその能力を評価」する一種の能力主義であるとし，これを"要素能力主義"と呼ぶ。そ

して野田氏は，このような米国流の能力主義とは異なるが，わが国在来の人事管理方式もまた，年齢あるいは勤続にふさわしい貢献力を評価する一種の能力主義であったと指摘する[5]。この指摘は，きわめて興味ある指摘なので，以下，少し長くなるが，さらにつづけて引用する。

> わが国に伝統的な能力主義は，アメリカの場合のように，特定の職務を遂行する要素能力ではなく，人間の全人的能力を評価する傾向がある。さらにアメリカの場合のように，その時点その時点における能力の発揮度を評価して対価を支払う対価能力主義よりは，長期的・持続的な能力の発揮度を評価する傾向がある。
> 　年功主義的能力評価とは，こうした長期的・持続的な個人の総合能力評価である。そして，この場合，能力評価の基準は実にはっきりしている。それは，彼が属している集団の存続・繁栄に対する貢献である。この意味で，アメリカの人事管理が職務主義で特徴づけられるとすれば，わが国のそれは"集団主義"と呼ぶことが出来るかもしれない[6]。

　この問題，すなわち，「日本的」経営と能力主義との関連についての，著者自身の見解は以下のとおりである。著者は，「日本的」経営が一種の能力主義にもとづいているとみる点では，野田氏の見解に賛同する。しかし，著者は，さらに一歩進めて，「日本的」経営制度が，ある意味で，"競争的"といわれる米国社会以上に激しい競争を，組織の内部に生みだしていることを指摘したいのである。すなわち，米国においては，組織の官僚制的機構化の進行につれて，ひと握りの経営上層部を除き，伝統的な激しい競争の形態は次第に弱まっていること，これに反して，わが国においては，ある特異な条件のもとで，官僚制化の進展にもかかわらず，むしろ逆に，組織成員の間の競争が強められてきたこと，しかも，この特異な現象は，従来の通説とは逆に，終身雇用・年功序列制度そのものによって支えられていること，かくして生みだされた激しい競争意識は，一般に，高度の意欲と激しい労働とをもたらしたこと，しかし反面，競争エネルギーのかなりの部分が，組織目標とは直接関係のない方向に発散されていることである。以下これらの諸論点に対する著者の見解を，順を追ってあきらかにすることにつとめよう[7]。

1) このような考え方は，しばしば表明されていて，枚挙にいとまないが，たとえば，盛田昭夫『学歴無用論』文芸春秋などは，もっとも明確な形でこの立場をとっている。
2) 盛田・前掲書 62～63 頁。
3) 井上富雄『日本的能力主義』日本経営出版会。
4) 目についた新聞記事のなかから，2，3 の例をあげよう。
   * 「蒸発―エリートなのに……ストレスが爆発」『日本経済新聞』夕刊，昭和47年2月1日
   * 「モーレツが招く悲劇：ノイローゼ，蒸発，離婚」『日本経済新聞』夕刊，昭和47年7月5日
   * 「30代働き盛りの精神硬直症」『日本経済新聞』夕刊，昭和47年8月3日
   * 「パパたいへんネ部課長族：年一回病気に：家でも会社の残業」『日本経済新聞』昭和47年11月22日
   * 「突然，働きすぎパニック：職場での自分を失う」『日本経済新聞』昭和48年1月5日
5) 野田一夫「新能力主義論：能力主義とは何か」『別冊　中央公論，経営問題特集』昭和43年春季号。
6) 野田・前掲論文。
7) 本稿は，以上の諸点についての分析を意図するものであって，「日本的」経営の功罪についての評価を意図するものではない。

II　「日本的」能力観と競争の性格

　分析をはじめるまえに，まず，2，3 の基本的な問題点についてふれておかなければならない。

　第1に，従来，米国の経営制度を能力主義として理解することから，米国の制度とはきわめて異なるわが国の経営制度を，安易に能力主義と対置することが行なわれている[1]。そして，このような図式を前提として，わが国の経営制度を，いかにして能力主義に移行させるべきかが論じられる。こうした議論は，ひとつの欠陥をもっている。すなわち，それらが，能力主義というものの多様性を見落としていることである。しかし，米国流の経営が能力主義にのっとっているという事実は，決して，これとは異質な能力主義の存在を否定するものではないのである。

　第2に，以上のような混乱を導いたひとつの理由として，次のような事情が存在する。すなわち「日本的」経営制度と能力主義との関連をめぐる諸論議には，多くの場合，能力という用語に関して，内容の異なる2つの概念，すなわち，

①訓練や経験の結果現実に到達しえた，能力のレヴェル (the attained level of ability) と

②潜在的な可能性としての能力 (potential ability)

とが混同されており，この概念の混同が，議論を混乱させ，ひいては，わが国の経営制度に対する理解を，誤らせていることである。そこで，本稿では，以下，前者を"実力"，後者を"能力"と区別して呼び，この両者を含む広義の概念を指す場合に，能力の用語を使用することとする[2]。

　第3に，第1点と同様の発想にもとづくいまひとつの概念の混同が，議論をいっそう混乱させている。すなわち，"米国では，能力主義の結果，厳しい競争が行なわれ，ハードワークと高い生産性がもたらされる"といった観察をそのまま裏返しにして，"わが国では，年功制のために，競争がチェックされ，その結果，労働意欲や生産性の低下がもたらされる"と考えられていることである。このため，競争と労働意欲と生産性とが，直線的に結びつけられている。しかし，この3つの概念は，必ずしも一直線に結びつくものではない。まず，競争のエネルギーと労働意欲とは，あきらかに別のカテゴリーに属する。すなわち，競争のエネルギーが，組織の機能とは別のところで浪費されて，組織目標とは結びつかないことが，しばしば起りうる。このような競争形態のもとでは，激しい競争意識は，高い労働意欲とは結びつかない。このことは，いわゆる"足の引っ張り合い"も競争の一形態であることをみればあきらかであろう。同様にまた，労働意欲と生産性も別のカテゴリーに属する。生産性は，労働意欲だけでなく，組織内諸システムの合理性とも深くかかわっているからである。

　第4に，この問題に関する従来の論議の多くが，性急に是非論へと走り，経営制度とその根底を支える社会秩序のあり方との関連を踏まえた，幅広い実態分析を欠いていることである。

　以上の諸点を踏まえたうえで，われわれは，次の諸問題について検討しなければならない。

　①終身雇用・年功序列などの「日本的」経営制度が，果して，能力主義と対

置されるべき性質のものであるか否か，

②これらの経営制度が，組織内の競争とどのようにかかわっているか。それは果して，従来一般に主張されているように，組織の内部に安易な気風を生みだし，競争を低下させてきたのかどうか，

③この経営制度のもとで展開される競争の態様は，組織成員の労働意欲といかにかかわっているか。

さて，これらの問題について分析するためには，まず，わが国において，能力というものが，どのような内容のものと考えられているかについて，検討することが必要である。その理由は，このわが国独特のニュアンスをもつ能力観が，わが国における競争のある特異な性格と深くかかわっていると思われることにある。

(1) 「日本的」能力観

米国の社会においては，ある人間のもつ能力が問題とされるとき，人びとは，その人間のもつ"潜在的な可能性としての能力"すなわち"能力"に対してではなく，むしろ訓練と経験によって彼が現実に到達しえた能力のレヴェルすなわち"実力"に対して，強い関心を示す。この社会では，"アビリティ"（ability）は，現在ただちに発揮出来るたぐいのものであり，したがってまた，それは，ある特定の活動領域との関連においてはじめて認識されうるものである[3]。このような能力観は，米国の人事慣行，なかでも採用のやり方に，きわめて明瞭に現れている。このことは，たとえば，盛田昭夫氏が仕様書雇用と呼ぶ，米国の採用慣行についてみればあきらかである。盛田氏は，米国における人事採用の特徴を，次のように説明している。

> まず会社が「その人にどういう仕事をやってもらうか」を明示するスペシフィケーション，つまり，"仕様書"がつくられて，公表される。〔中略〕就職を希望するものは，"仕様書"をみて，自分の能力や適性を考えた上で応募してくる。そこで，会社と就職希望者の間で交渉がはじまる[4]。

以上のような能力観から，米国社会における競争の2つの特性がもたらされる。第1に，競争における個々の勝敗は，人生における長い一連の"戦い"の

ひとつの局面にすぎない。このような勝敗は，敗者が勝者に対して決定的に劣っていることを示すものではない。なぜなら，能力の到達水準はつねに変化しつつあるからである。人は，今日の競争におくれをとったとしても，明日の勝負には栄光を克ちうるかもしれないのである。このような条件のもとでは，競争の形態も，当然，執ような，ねばり強いものとならざるをえない。競争のこのような特性は，今世紀の初頭，組織の官僚制的機構化が米国社会に根をおろしはじめる以前には，米国社会に支配的に現れていたし，また今日でも，経営の上層部や学界などに，あきらかに認められる。第2に，しかし，米国社会では，人びとは，いわば局部的にしか競争にまき込まれていない。ある特定の領域にかかわる彼らの能力は，彼らのもつ人間的美質のごく一部にすぎないからである。したがって，ある競争に敗北したとしても，そのことは決して，彼が人間としてより低いレヴェルに位置づけられることを意味するものではない。競争のこの側面は，官僚制的機構化の普及・高度化とともに，次第に前面に現れてきた。その結果，巨大組織の内部では，生活水準の安定・向上とも相まって，競争意識は次第に減退し，組織の大部分は，現状に"かなり満足した"人びとによって占められてくる[5]。井上富雄氏の次の観察は，この間の雰囲気をよく伝えている。わが国の現状と対比するとはなはだ興味深い。以下に引用する[6]。

　　アメリカの社会は機能によって人の位置がきめられていて，価値体系もその機能をベースにしている。したがってステイタス（肩書）は日本ほど重要視されないし，あこがれの的ともならない。また価値も多元的であり，金銭に高い価値を認める人達ばかりではなく，自分のもっともやりたい仕事である場合にその職業に高い満足感を覚えたり，あるいは愛情に満ちた家庭生活に人生の無上の価値を認めたりする[7]。（傍点著者）

　さて，わが国の状況は，以上のような米国社会のそれとは，非常に異なっている。日本語の能力という言葉は，米国社会における"アビリティ"の観念とは異なる，2つの独特のニュアンスをもっている。①まず第1に，能力は，ある漠然とした，一般的な性格のものとけとられることが多いこと，②第2に，

能力は，訓練や経験によってさらに開発されるべき，ある潜在的な力であり，したがって，ただちに実用に役立つ力，つまり"実力"とは考えられていないことである。したがって，わが国では，すぐれた能力をもつ人，すなわち"できる人"は"何をやらせてもできる"のであり，逆に，"駄目な奴"は，"何をやらせても駄目"なのだと考えられやすい。いいかえれば，わが国においては，"できる人"は潜在的によりすぐれた一般的能力を賦与されており，彼がその気になりさえすれば，いかなる領域においてもすぐれた力を発揮するのであり，逆に，"駄目な奴"は，乏しい潜在的能力しかもちあわせないために，何をやらせてもうまくゆかないのである。

　以上のような能力観は，わが国の社会に深く浸透している[8]。このため，わが国においては，米国の場合とは異なり，人が訓練と経験によって到達した能力の水準，すなわち"実力"に対してよりも，人のもつ"潜在的能力"に対して，より大きな関心を示す傾向が認められる。この傾向は，わが国の学校教育のあり方のうちに認められるし，また大企業の職員採用のやり方などにも，明瞭に認められる。以下，この傾向を示す若干の具体例について考察してみよう。

　1. わが国では，一流大学の卒業生達は，その"就職戦線"において，その他の卒業生よりはかなり有利な立場に立っている。このことは，彼らが，"実力"において他に抜きんでているからではない。むしろこれは，彼らがよりすぐれた"潜在的能力"をもっていると想定されているからであり，入社後の長期にわたる訓練の結果，次第にそのすぐれた"能力"を発揮すると期待されているからである。つまり，彼らは，一流大学に入学することによってその"能力"を証明したのであり，適正な訓練をうけることによって，将来，さまざまの領域で，その"能力"を発揮するものと考えられるのである[9]。

　2. また，大学卒業者の主たる雇用者である大企業は，大学教育に対して，ある特定領域における専門知識よりも，むしろ"一般的能力"の開発を期待する傾向が強い。これらの大企業は，特殊技術者の場合を除き，大学院教育や実地訓練・経験をつうじて専門知識をより多く身につけているものよりも，大学の新規卒業生を採用することを好む[10]。これらの企業は，普通，手のこんだ教

育プログラムを企業の内部にもっており，"能力"のある"選ばれた素材"を，みずからの必要に合わせて次第に"仕上げ"てゆくのである。

3. 同様の考え方は，わが国のほとんどの大企業がとっている，一括採用・定期移動方式にもあきらかに認められる。日本の企業は，普通，毎年4月に，新卒者を定期採用する。新卒者達は，とくに希望する職務をもたぬまま，特定の企業に入るという希望をもって就職試験にのぞむし，企業の側もまた，「適性についてはほとんど白紙の状態で採用し」，「長い年月をかけていろいろの職場を配置転換し，どんな仕事でもたいていこなせる万能選手をつくりあげてゆく」（傍点著者）のである[11]。以上の例は，いずれも，わが国においては，"実力"よりも，"能力"が重視される傾向を示しているといえよう。

(2) 「日本的」競争の性格

さて，以上のような特異な能力観は，わが国における競争の性格と深く結びついている。この点をあきらかにするために，以下，この競争の性格を，3つの特性にしぼって検討しよう。

まず第1に，日本人は，ある意味で，"競争的"といわれるアメリカ人以上に競争にまき込まれているということである。米国社会にあっては，"アビリティ"は，ある特定の領域で，訓練・経験の結果磨きあげられた力である。彼らにとって，それは人間の"美質"のごくかぎられた一部にすぎない。たとえばMITを卒業したすぐれたエンジニアは，そのことによって"より高等な人間"として評価されるわけではない。しかし，わが国では，特定の領域での成功は，彼のもつ底知れぬ潜在的能力のひとつのあらわれ (a symptom) とみなされる傾向が強い。それは，いわば氷山の一角であり，表面には現れていない彼のすぐれた"能力"の一端を示すものである。このように，わが国では，能力がきわめて包括的なものとして，すなわち，人間的な力として理解される傾向が強いために，能力の有無は深くその人間的価値とかかわっている。"できる人"という言葉は，その人が人間としてもよりすぐれていることを含意しており，われわれが他人から期待しうる最高の賛辞のひとつである。逆に"駄目な奴"という言葉は，たんに能力の開発が不充分だという意味ではなく，もと

もと"能力"のない人間であり，何をやらせても"駄目な奴"を意味するのである。いいかえれば，わが国の社会では，"能力"は人間的美質のきわめて重要な部分を占めている。このことは，わが国の学校教育において，下は小学校から上は大学にいたるまで，"能力"による人間の区分がしきりに行なわれ"優等生"達がさまざまの点で優遇されていること，さらにこの傾向は，学校教育を終了したのちも継続しており，官庁や大企業組織においてもみられることを考えれば，あきらかであろう。したがって，このような"能力"を証明すると考えられる競争——そのもっとも典型的なものが入学試験である——において成功するか否かは，競争者達にとっては，決定的な意味をもっている。このような条件が存在するために，わが国の社会では，人びとは，いわば"全人格的"に競争にまき込まれており，競争行動への志向はきわめて高い。

　第2に，以上のことから，わが国の競争においては，"能力"を証明することが，きわめて重要な意味をもってくる。しかも，このような潜在的な能力が，はなはだとらえどころのない，判定しにくい力であるために，しばしば，他人に対してと同様，あるいはそれ以上に，自分自身に対して，みずからの"能力"を証明することが，競争において重要な意味をもつ。他方，競争の過程で"能力"の差が誰の目にもあきらかとなったとき，競争は終ったとみなされることが多い。もし，このような場合になおも競争が続行されるならば，それは"弱いものいじめ"であり，残酷な行為とみなされる[12]。

　以上のことから，ただ1度の敗北であっても，それが劣った"能力"の証明とみなされるときには，競争者にとってしばしば決定的な意味をもってくる。入学試験の失敗が受験生に与える深刻なショックは，多分にこのような性格をもつものと思われる[13]。また他方では，結果的に敗北であっても，そのことが"能力"の大きさを証明したとみなされる場合には，敗れた者に大きな満足を与えるという事実も，しばしば認められる。このことは，たとえば，不利な状況のもとで強敵をさんざん苦しめたなどといった場合に，しばしばみられる。

　第3に，ひとたび何らかの方法で，この"能力"が証明されたとみなされると，その人間は，競争相手に対して，きわめて有利な立場に立つ。"潜在的

な能力"は証明されたのである。彼は，もはやそのことをくり返し証明する必要はない。必要なことはただ，"能力"に磨きをかけることである。かくて大企業は，一流大学卒業者により多くの機会を与え，娘をもつ両親達は，彼らの1人を婿にもつことを夢みるようになる[14]。この傾向は，学界においても例外ではない。有名大学の多くは，その教授陣を自校の卒業生で埋めようとし，その他の大学は，有名校出身者を教授陣に加えようとつとめる。この問題には，通常学閥の問題がからんでいるとしても，これら一流大学の卒業者が，一般によりすぐれた"能力"に恵まれており，それをすでに証明したという，抜きがたい信仰にもとづいていることも，また見逃せない事実である。

　以上，わが国の競争にみられる3つの特性について若干の分析を試みたが，ここでひとつ注意を喚起しておきたいことがある。これらの競争は，みずから"能力"ありと信じたがっている"エリート候補"の間の競争である[15]。それは生存のための競争ではなく，栄光を求めての競争である。したがって，わが国の競争に関するこの一般化は，経済界の荒波にのみこまれまいとしてもがいている中小企業経営者の多くや，中小農民や，エリートコースを歩もうなどとは夢想したこともないような人びとには，必ずしもあてはまらない。しかしここで注意を喚起しておきたいことは，競争のこのような基本的性格は，われわれ日本人の思考習慣のうちに深い根をもっていて，この社会で行なわれる競争を，多かれ少なかれ特徴づけていること，ある意味で，このような競争は，われわれ日本人の人生のかなり早い時期に，すなわち，中学の入学試験やあるいはそれ以前にすら，はじまっているといえること，したがって，わが国人口のきわめて大きな部分が，1度はこのような競争に参加すること，などの事実である。

　1) この点に関して，野田教授の次の指摘は興味深い。
　　　能力主義を口にする経営者や管理者に対して「能力主義とは何か？」と問うた場合，明確な回答を下しうる人はほとんどいないのが現状である。さまざまな回答を分析してみると，その中に共通しているものが確実に二つある。一つは，それが，わが国在来のいわゆる終身雇用をタテ糸とし年功序列をヨコ糸としてくみたてられた人事管理制度に固有な方式（およびその底に流れる価値観）と対照的なものをさすということであり，他の一つは，それが，

アメリカ的な人事管理制度に固有な方式（およびその底に流れる価値観）ないしはそれに近いものとして考えられているということである。（野田・前掲論文）。
2) 本稿脱稿直前にいたって，浅野行雄氏が，その著『実力管理の革新』において，すでに同様の考えを展開されていることを知った。浅野氏の卓見と思うが，同書をまだ入手しえていないので，同氏の見解については検討を試みていない。この点についての津田真澂教授の見解は，なおあいまいな点を残している。たとえば津田真澂『集団主義経営の構想』82〜83頁参照。
3) このような観察をする人びとは少なくない。さきに引用した野田教授の見解や盛田氏前掲書，日経連職務分析センター編『能力主義時代の人事考課』なども，このような観察を示している。
4) 盛田・前掲書20頁。なお，V. パッカード『ピラミッドを登る人々』（徳山・原訳）13頁〜14頁参照。
5) この点は，従来あまり注意されず，見落とされていた点であると思われる。
6) その他，井上・前掲書39頁参照。
7) 井上・前掲書25頁。
8) このことは，わが国に米国流の考え方が存在しないということではないし，また，米国の社会に，このような能力観が全然存在しないことを意味するものでもない。しかし，能力観の基本的な傾向，それが諸行動パターンに与えるインパクトなどについてみるならば，以上のような一般化は，まず妥当なものとみてよかろう。
9) この点，「学歴無用論」をとなえ仕事本位の実力評価を強く主張する盛田氏でさえも，次のようにのべている事実をみるならば，このような考え方が，いかに深くわれわれの思考習慣のうちに浸透しているかがうかがわれて興味深い。氏はいう。

「もちろん，入学試験での激しい競争に勝ち抜いて選ばれて来た人たちの集まるいくつかの大学は，秀才の集まりであると言えるし，その能力の平均値が高いことは事実であろう。」（傍点著者）盛田・前掲書72頁。
10) アベグレンは，1956年と1966年の2つの調査の比較にもとづいて，この間新卒者採用の傾向がいっそう強まっていることを指摘している。J. C. アベグレン「日本の経営は変ったか—雇用制度をめぐって」『別冊　中央公論，経営問題特集』昭和43年夏季号。
11) 井上・前掲書84頁および89頁。
12) これは，少なくとも，日本の諸コミュニティ内部においては，暗黙のうちに了解されている内部的倫理であると思われる。
13) 重要なことは，入学試験というものが，受験生達にとって，その〝能力〟を証明する重要な行事であることである。これによって，社会が，そしてそれ以上に，自分自身が，みずからを〝能力〟によって分類する大事件なのである。そして，テストに失敗したもの達は，しばしば以前にもまして，自分の〝能力〟を証明する必要に迫られるのである。
14) たとえば「会社内にも差別：指定校制度は根強い，大学を〝値踏み〟」『日本経済新聞』昭和47年3月17日参照。
15) 〝エリート候補〟などという言葉は語義矛盾ともいえるが，この問題に関しては，現実を表現するのに適切な用語といえる。

III　「日本的」経営制度と競争

われわれにとってとくに興味ある事実は，さきに分析した能力観や，以上の

ような競争の形態が，わが国の巨大企業組織の構造や，その特異な経営制度と，きわめてよく適合していることである。これらは，ある意味で，相互に強化し合っているともいえる。このため，機構化された大企業組織の内部では，この種の競争が活発に行なわれている[1]。以下，この点をあきらかにするために，終身雇用制・年功序列制と競争との関連について，検討しなければならない。

　"実力"を重視する米国的な能力観からすれば，すぐ役に立つ能力をもつスペシャリストを採用して，これによって組織の要求を充たしてゆくのが，合理的なゆき方であろう。しかし，わが国では，これとは異なるゆき方が採用されている。さきにみたように，日本的な能力観からすれば，能力は一種の"潜在的な力"である。この"能力"を賦与された人間が，組織の要求を充たす働きをするためには，さらにそれに見合った訓練が必要とされる。したがって，新入社員達——それは普通新規卒業生の間から補充される——は，多くの場合，かなり整備された社内訓練コースに入れられ，組織が望ましいと思う型の人間へと仕上げされる[2]。しかもこれは，長期にわたるオン・ザ・ジョブ・トレーニング (on-the-job training) の過程の出発点にすぎない。したがって，このような能力観からすれば，当然，終身雇用は望ましいといえる。組織の成員達は，その長い職業生活の過程をつうじて，組織の諸要求を充たすために，じっくりと時間をかけて訓練される。そして，長期にわたる教育投資は，彼らの長いサーヴィス期間の全体にわたって回収されるのである。

　ここで，とくに競争の問題と関連して，見逃せないひとつの重要な事実は，この終身雇用制度が，わが国の社会的階層移動に，ある独特の型を生みだしたことである。米国社会では，より高い社会階層へよじ登るためのひとつの重要な方法は，よりすぐれた"実力"を身につけ，転職によって自分の地位を向上させることである[3]。このような状況のもとでは，組織のためにあらゆるエネルギーをつぎ込んで働くよりは，エネルギーを節約して，みずからの"実力"を高めるためにこれをふりむける方が合理的である[4]。しかし，わが国では，終身雇用制度のために，この点，米国社会の場合とは，事情が大きく異なってくる。すなわち，わが国においては，社会的地位の改善は，主として，

①その所属する組織内部での昇進
②所属する組織そのものの社会的威信の上昇

によって行なわれる。このことから，組織内競争への異常なまでの献身と，自分の所属する集団への熱烈な忠誠がもたらされる。かくして，社会的階層移動の異なるパターンは，組織への献身に大きな差をもたらす。

このような条件のもとでは，年功序列制度もまたその存在理由をもっている。この点をあきらかにするために，わが国の大企業組織における勤務評定の特徴についてみよう。

1. 新規卒業生が，一括採用によって，新入社員として組織に受入れられたあと，最初の2～3年間は，給料に差がつかないのが普通である[5]。働き者も怠け者も，俊敏な者も愚鈍のものも，同期生として同じような待遇をうける。この点，各個人の"実力"を評価して給料を決定する，米国式のゆき方とは大きな距離がある。しかし，日本的な能力観からすれば，日本におけるこのような慣行は，それなりの根拠をもっているのである。"潜在的な能力"を観察し，これを正しく評価することは，はなはだ困難な仕事である。このため，この初期の期間中，管理者達は，新入社員の"能力"を注意深く観察し，彼らをいくつかのカテゴリーに"分類"しようと努力する。

2. ひとたび新入社員の分類がきまると，昇進コースの大まかな決定が行なわれる。すぐれた者には，本社の中枢部にポストを与え，劣ったものには支社・出張所のポストを与えるとか，あるいはすぐれたものを第一線の管理職につけ，劣ったものを，本店の閑職につけるなど，それぞれ組織の伝統と必要にもとづいて，配転が行なわれる。この配転シーズンに，人びとがいかに気をもみ，悲喜こもごもの人間模様を織りなすかは，しばしば観察されるところである。訓練・観察の期間を終って，実戦力としてはじめて配置につく若い職員達の場合，このことは，しばしば，とくに深刻な動揺をもたらすことがある。それは，この配置が，単純な役割の配分ではなく，観察された"能力"にもとづく"人間の分類"であることを，彼らが敏感に感じとっているからにほかならない。今や"能力"はあきらかにされたのである。したがって，ひとたびこの分類が決

定されたのちは，下位のカテゴリーからより上位のカテゴリーに上昇するのは容易ではない。少なくとも，組織成員の多くはそのように感じており，また，この昇進コースの非弾力的な性格が，しばしば表明されている。事実，この昇進コースの修正は，普通，緩慢に，しかも，きわめて注意深く行なわれる。散発的な成功は，このコースの変更をかちとるのには充分でない。従来の分類が誤りであったかもしれないと管理者達が考えはじめるほどに，めざましい活躍を示さないかぎり，こうした努力はなかなか成功しないのである。このような組織慣行は，ひとたび"能力"を証明すると競争上きわめて有利な地位に立つという，わが国における競争の特性をよく表わしている[6]。

3．このような分類の基礎となる評価は，多くの場合，個々の組織成員に与えられた職務の範囲を越えて行なわれる。協調性・熱意・人柄などから，さらに上司に対する態度や服装にいたるまで，労働の生産性とは直接関係のないさまざまの側面について，管理者の目が光っている[7]。しかも，評価基準・評価結果およびその根拠は，通常，秘密事項とされ，組織成員には知らされていない[8]。このような状況のもとでは，組織成員達は，自分の職務範囲内で実力を発揮するだけでなく，あらゆる失敗を避け，同僚とのつきあいをよくし，上司に忠誠を示すことが，評価をよくする唯一の道だと感ずるようになる。かくして，エリート候補達は，ちょうどピューリタン達が神の前でそうであったように，"評価"をもって迫る組織の前で，"救済"のあかしを求めて不安におののく，無力な存在としてたちあらわれる[9]。かくて，エリート候補たちは，かぎられた"救済"の席を求めて，全力をあげて競うこととなるのであるが，この激しい競争のエネルギーは，さまざまの方向に発散されるため，100％労働意欲の向上にむけられるわけではない。もし組織の雰囲気が，「日本的」経営制度が生みだす沈滞の典型としてしばしばあげられる"三ず主義"——"休まず，遅れず，働かず"の三ず主義——を要求するならば，これらのエリート候補たちは，全力をあげてこの三ず主義を実行するであろう。ここで，競争のエネルギーと労働意欲とが別のカテゴリーに属するというさきの指摘を想起したい。わが国の組織にあっては，ときに"三ず主義"もまた出世のための競争の一形

態なのである。

　さて，以上のべたような状態のもとで，エリート候補達は，互いに競いあい，全力をあげて組織に貢献する。ここで重要な点は，ひと握りのトップが激しく働く米国企業の場合と異なり，組織成員のかなりの部分が，このような競争に参加するということである。すなわち，ホワイトカラーの主要な部分が補充される大学新規卒業者達は，その出発点においては，大部分，将来経営の上層部に昇進する可能性を秘めたエリート候補達であり"栄光の座"をめざしていっせいにスタートをを切る。彼らのうちのある者は，1人，2人とこの競争から脱落してゆき，10年ないし15年も経過すると，ますます多くの者が，自分がもはや競争の中心部にいないことを悟るようになる。脱落した者達は，自分達がすぐれた"能力"をそなえていないことを認め，長年激しい競争のために軽視していた家庭での憩に価値を認めはじめる。他方，競争参加者のうちでもよりすぐれた部分は，その停年にいたるまで競争を続行する。そして，わずかひと握りの指導者が，この長くかつ厳しい競争のなかから，勝利者として"颯爽"とたちあらわれるのである。

　終身雇用や年功序列制が，官僚制的機構化の進んだ巨大組織の内部に，安易な態度を生みだし，組織内部の競争を弱め，低い生産性をもたらすという通説的見解に反して，これらの「日本的」経営制度が，一種の厳しい競争を，組織成員ことにエリート候補達の間に生みだしつつあることは，以上の分析によってあきらかである。このような事態を生みだした背景を，簡単に要約するならば，以下のとおりである。

　1. そのきわめて包括的な能力観のゆえに，日本人の多くは，全人格的に競争にまき込まれている。彼らにとって，人生競争は，いわば，人間の価値を競う厳しい競争である。そして，このような競争の性格は，「日本的」経営制度によってさらに強化されている。

　2. すなわち，終身雇用制度のもたらした特異な社会的階層移動のパターンによって，日本人の多くは，組織のなかに，深く，ぬきさしならぬ形で，全体的にまき込まれている。したがって，かれらは普通，全体としてみた社会におけ

る自分の地位よりも，自分の"所属する"組織内の地位に対して，はるかに敏感な反応を示す。彼らが，給料の絶対額よりも，同僚のそれとの比較値にはるかに大きな関心を示すという事実は，このことをよく示している。このような傾向から，活発な組織内競争がもたらされる。

　3. 年功序列制における特異な昇進制度も，この傾向を強めるよう働く。すなわち，そこでは，ひとたび低いランクを与えられると，より高いランクに上昇することは非常にむずかしい。そして，このランクづけは，彼の一生の昇進経路をも左右する。このため，組織の成員達は，低い評価を避けるために，あらゆる努力をおしまなくなる。

　4. 勤務評定における評価の基準は，普通，組織成員には知らされていない。このため，彼らは，自分の職務で実力を示すだけでなく，組織への忠誠や協調性その他さまざまの点に，細心の注意を払う必要に迫られる。このため，高い競争のエネルギーが，組織目標とは異なる次元で浪費されるような事態も起ってくる。

　5. これらの条件のもとで生みだされる，激しい競争への志向は，地位の上下関係に対して極度に敏感な，わが国の階層的社会秩序によって，いっそう強化されている。

　つまり，わが国の大企業組織においては，

$$\text{"能力"} \longrightarrow 組織内ステイタス \longrightarrow 人間的価値$$

という図式によって示される，特異な人間評価の方式のもとで，エリート候補達は，自分の所属する組織の内部での競争に，しのぎを削っているのである。わが国では，官僚制的機構化の過程で，このような厳しいタイプの競争が，次第にその重要性を増してきた。重要な点は，ごく一部のエリートではなくて，組織成員のかなり多くの部分が，この"エリート競争"に参加していること，またこのような競争は，古典的な競争，すなわち，生活を維持するための競争と，その激しさにおいて決して劣るものではないことである。かくして，わが国の社会は，少なくともその"重要な部分"は，高度に競争的な社会なのであ

る[10]。

　以上の分析によって，いくつかの点があきらかとなった。

　1. 組織の官僚制的機構化の進展によって，米国その他の社会においては，社会の構成メンバーの間の競争は低下する傾向がみられるのに対して，わが国の社会においては，官僚制的機構化の進行にともなって，新しいタイプの競争，すなわち，組織内における激しい昇進競争が現れたこと，この新しい競争は，日本人の能力観，それにもとづく，競争の独自の性格を基盤とし，終身雇用制や年功序列制などの制度的工夫によって，支えられていることである。このような現象，すなわち，「日本的」経営制度のもとで新しいタイプの競争が顕著となったのは，おそらく，大学卒業者の数の激増によって，彼らが，かつての"古きよき時代"のように，当然には指導的地位につけなくなった時代，指導的地位につくためには，大学卒業者の間で激しい競争を展開しなければならなくなった時期であると思われる。それは，いわば，大学卒業者達が，エリートからエリート候補になった時期である。この新しいタイプの競争と，組織の規模との関係についても，同様のことがいえる。すなわち，多くの大学卒業者が，トップ・マネジメントの地位をめざして激しく競いあわなければならないような，大組織ほどこの傾向が強くみられ，また，その組織の社会的威信が高く"栄光の座"が輝かしいものであるほど，この傾向は強まる。逆に，リーダーの地位が比較的楽に獲得できるような中小組織にあっては，このタイプの競争への志向は弱いといえよう。

　2. 従来，能力の到達レベルとしての"実力"と，潜在的可能性としての"能力"との，2つの概念がしばしば混同されたこと，この混同が，議論を混乱に導いたことである。この結果，米国流の経営を能力主義と考えることから，それとは非常に異なるわが国の経営を，能力主義と対置するような見解が，支配的となった。しかし，これら2つの概念は区別されるべきであり，これらを明確に区別した場合，米国流の実力主義に対して，わが国の経営は，あきらかに能力主義のカテゴリーに属する，といわなければならない。

　3. 新しいタイプの競争が顕著になるにしたがって，当然，組織の内部に高度

の競争エネルギーが生みだされた。この結果，高い労働意欲と激しい労働とがもたらされた。バロン教授の見解とは異なり，日本人は，"いっしょに"働くと同時に，"いっしょうけんめい"働いているのである[11]。ただし，特異な勤務評定方式や組織内の雰囲気のために，競争エネルギーの多くの部分が，組織成員の職務とは直接関係ない次元で浪費されてしまって，100％勤労意欲の向上につながっていないこともまた事実である。しかし，このような事態は，終身雇用制・年功序列制そのものによってもたらされるというよりも，むしろ勤務評定のあり方に由来することに注意しなければならない[12]。

4.「日本的」経営制度は，現実に，高度の競争エネルギーと労働意欲とを生みだしている。それは，わが国の社会環境に対して生みだされた，組織の適応形態のひとつであり，また，企業側の必要にもとづいて，長期にわたって維持されてきたものである。したがって，そこでは，いわば"資本の論理"は貫徹しているとみなければならない。このような経営制度を，封建制の残滓によって，あるいは，温情主義によって，説明しつくせるものではない。わが国の企業は，盛田昭夫氏が指摘されるような，"遊園地"でもなければ，"社会保障集団"でもないのである。

最後に，一国の社会に支配的な競争の形態には，さまざまのものがありうる。そして，この競争の形態如何が，その国の社会・経済的進歩に，大きくかかわっているように思われる。この問題についての比較分析が，今後さらに発展することを期待したい。

1) 本稿の分析は，主としてわが国の大企業を対象とするものである。他の組織，たとえば大学の組織は，これとはきわめて異なる様相を呈している。大学の場合には，組織の構造が平にできている。また能力評価も業績評価もほとんどなく，給料も厳格にサーヴィス年月によって決定されている。このため，大学組織内部では企業組織の場合にみられるような組織内競争はほとんどみられず，米国の学界と比較した場合，組織成員は，むしろ，すっかり"やる気"をなくしてしまっているといえる"「日本的」経営制度が，組織内に安易な気風を生みだす"という通説的見解を，多くの経営学者達が，きわめて素直に承認してしまった一半の理由は，このような大学組織の現状に求められるかもしれない。いわば"みずからをかえりみて他をいう"類であろう。しかし，企業組織の状況は，同じく「日本的」経営制度のもとにあるとはいえ，大学組織にみられる状況とはきわめて異なることに注意しなければならない。
2) 土屋守章助教授は，強烈な同化作用に強い印象をうけ，その由来について分析している。土

III 「日本的」経営制度と競争　　　163

屋守章「企業カプセル論」『別冊　中央公論，経営問題特集』昭和48年夏季号。
3)　この点については，さまざまの指摘がある。著者の目にふれた若干の例をあげよう。盛田氏は米国には100以上のスカウト会社が存在することを指摘している（盛田・前掲書17頁）。また，アメリカ人が，一生に平均何回位転職するかについては諸説があり，盛田氏は3回（盛田・前掲書24頁），井上氏は9回（井上・前掲書67頁），という伝聞をかかげ，6〜7回と指摘するものもある（「実力が物いうあちらの初任給」『日本経済新聞』昭和47年3月7日）。また，著者が在米中に，転職による地位の上昇と，組織内昇進による地位の上昇の比率について質問したおり，首をかしげながら，半々位ではないかと回答する人が多かった。これらは，厳密な判断ではなく，むしろ感覚的な判断に属するが，いずれにしても，転職による地位の向上が，きわめて多いことは，まず間違いないといえよう。
4)　経営上層部の行動パターンは，当然このようなものとは違っていると思われる。
5)　この期間を10年位とみるものもある。日経連職務分析センター編・前掲書40頁参照。
6)　このことは，やはり，次のような能力観と密接に結びついていると思われる。すなわち，①人間の基本的な〝能力〟は，生まれつき，ないしは，人生のきわめて早い時期に定まっている。②そのような〝能力〟は，年月とともに，経験や訓練によって，次第に磨きあげられてゆくものである，という考え方である。この考え方は，宝石の研磨にたとえると，もっともうまく説明できる。すなわち，第1に，ダイヤモンド，ルビーあるいはガラスなど，いずれも，磨きあげることなしに，美しい光沢を加えることはありえない（能力の潜在性）。注意深い研磨によってのみ，それらは固有の輝きを獲得する。しかし他方，ガラスは研磨によって光沢を増すけれども，決してルビーにはならないし，ルビーはいくら磨いても，ダイヤモンドにはならないのである。つまり，大企業の管理者達の仕事は，自分達の手に委ねられた組織成員に磨きをかけることと，同時に，彼らを，ダイヤモンド・ルビー・ガラスといった，いくつかのカテゴリーに注意深く選別し，分類することにある。しかも，この分類は，組織成員にとっては，みずからの〝人間的価値〟にかかわる大事件なのである。
7)　日経連職務分析センター編・前掲書8頁，28頁，井上・前掲書90頁など参照。
8)　日経連の調査によれば，考課結果を本人に知らせない企業は，全体の約78％に達しており，一部知らせる企業が14％強，全部知らせる企業は，全体の2％に満たない。日経連職務分析センター編・前掲書23頁。また，本田技研は1972年4月人事評価制度を公開主義で行なうことに踏み切ったが，この場合には，古い評価制度との2本建てで，試験的に行なわれることとなった。「人材育成に主眼：本田技研の新しい人事評価制度」『日本経済新聞』昭和47年3月4日。
9)　たとえば，日経連職務分析センター編・前掲書は，考課をうける側の不安感についてのべ，次のようにいう。「ひとたびレッテルを貼られると，容易には回復しえないというような事情があれば，考課をうける側の不安はかなり深刻なものとなる」同書43頁。
10)　最近，若年層の意識が大きく変化しつつあることが指摘される。2・3例をあげよう。
　＊「社会に出るのがこわい：『もうしばらく』と留年」『日本経済新聞』昭和47年3月7日
　＊「オアシスはどこに：『モーレツ』嫌う現代っ子」『日本経済新聞』昭和47年3月10日
　＊「『かかわりござんせん』立身出世，昇進のための身売りイヤ」『日本経済新聞』昭和47年4月28日
　＊「『日本株式会社』も崩壊？：〝青い目〟から見た働く若者，薄くなる企業忠誠心」『日本経済新聞』昭和47年5月24日
　＊「職場に砂漠見る若者：改革より脱出選ぶ」『日本経済新聞』昭和48年1月10日
　＊「仕事より自分の生活：新入社員一万人の意識調査」『日本経済新聞』昭和48年6月17日

このような，若年層の意識の変化が，将来どの程度にまで，本稿において分析した組織現象すなわち，組織内競争激化の現象を変化させるように働くかは，いまだ予測のかぎりではない。

11) ロベール．J．バロン「ただ働きつづける日本人：欧米人と違う仕事の意識」『日本経済新聞』昭和47年1月1日。
12) このような事態を避ける方法としては，
  1. 人事評価の基準を，職務に関するものに限定すること。
  2. 人事評価の基準および評価結果を本人に周知徹底せしめること。
  3. 敗者復活の機会を用意すること。

などが考えられる。かくて競争エネルギーの効率化がはかられる。厳しい国際競争に対処するために何らかの改善を要するとするならば，それは，① 以上のような競争エネルギーの効率化と，② 組織内諸システムの合理化であろう。組織内競争への志向は，現在でも高度にみられることから，"実力"主義による競争のいっそうの高度化が，まして社会的階層移動のパターンが現状のままで行なわれるそれが，経営側にとってさえも，望ましい施策であるかどうか，疑問の残るところである。むしろ，敗者復活によって，競争からの脱落を防ぐことが重要と思われる。

Ⅳ （補論） R．P．ドーア教授のコメントとそれに対する著者の見解

第7章は，著者が1973年11月に公表した論文「『日本的』経営制度と競争」をほぼそのままに再録したものである。この論文に対しては，サセックス大学のR・P・ドーア教授から有益なコメントをいただいた。このドーア教授のコメントは，本書の読者にとっても裨益するところが多いと思われること，同教授のコメントに対しては，著者自身当時まだ自分の考えが明確でなかったこともあり，いまだ自分の見解を表明していないことなどから，この機会にドーア教授のコメントを掲載するとともに，あわせて著者自身の見解を若干補足したいと思う。

ドーア教授のコメント（1974年3月19日付）
論文を送ってくれて有難う。とくに競争についての論文には興味をもちました。潜在能力（underlying ability）と特定の実力（specific competence）の区別は重要であり，これに関する議論は大変説得的であると思います。しかし，競争に

Ⅳ （補論） R.P. ドーア教授のコメントとそれに対する著者の見解

ついては，3点コメントがあります。まず第1に，日本のシステムの妙味は，直接競い合っている人達（すなわち同期の人達）が，多くの場合〔同じ職場で〕互いに協力しなければならないというわけではないこと，とくに，指揮・命令関係のもとで協力し合わなければならないような事態は，まずほとんどないといってよいことにあります。これに対して，理論上は誰でも重要なポストにつくことのできる，典型的な米・英型の企業においては，しばしば上司が部下に対して競争意識をもち，脅威を感じています。そしてこのことはやっかいな結果を組織にもたらしているのです。

第2に，成功の基準が"三ず主義"〔休まず・遅れず・働かずの三ず主義 — 著者注〕にあるか，組織目標に対する実際上の貢献にあるかは，その競争構造のもとでのどの競争であるかにかかわりなく，企業によって異なるということです。そして，集団主義が存在しているために，日本では米国の場合よりも組織目標からの逸脱は少ないだろうと考えています。そして第3に，日本では集団主義が実際非常に強くて，昇進競争を行なっている同期の人達が協力することが必要となったときには，競争を"押し黙らせる"といってよいでしょう。なぜなら，"協調性"（cooperativeness）や"企業目的に対する貢献"は，競争に勝残るものを決定するうえで"野心的な精進"（ambitious drive）や"決然たる態度"（decisiveness）よりも，重要な資質だといえるからです。

以上がドーア教授のコメントであるが，著者が教授のコメントの微妙なニュアンスをとらえ切っていないというおそれを避けるために，以下に原文を掲載しておく。

Many thanks for sending them to me. I was especially interested in the one on competition. I think you argue very cogently on the important distinction between underlying ability and specific competences. About competition, though, I have three comments. First, the myomi of the Japanese system is the people who are directly competing with each other (age contemporaries) frequently don't have to cooperate with each other at all, and almost never have to cooperate in superior/subordinate roles. In the typical US/British firm where anyone can in theory be appointed to any post, superiors very frequently feel threatened by the competition of subordinates—with troublesome consequences for the organisation.

Secondly, whether the criteria for success are simply the three zu or, actually contributing to the goals of the organisation, varies from firm to firm irrespective of the competitions of the competition strucuture and I would have thought there was less goal displacement in Japan than in the U. S. because of the collectivist ethic. And thirdly, I would say that in Japan the collectivist ethic is strong enough genuinely to mute competition when age contemporaries who are rivals for advancement are required to cooperate with each other—because "cooperativeness", "devotion to the goals of the company" are qualities which count for more than "ambitious drive", "decisiveness" in determining the eventual choice between competing rivals.

次に，ドーア教授のコメントに対する著者の見解を若干補足しておきたい。

第1の論点について：ドーア教授の指摘にあるように，日本の経営組織においては，昇進競争は主として"同期"の人達の間で行なわれる。勿論，先輩・後輩の間でも起りうるが，これは普通，相当な年功を積んで，上位の役職，たとえば部長とか重役とかを望む段階で起る。したがって，一般的には，昇進競争は"同期"のグループ内で起るといってよい。しかし，この同期の人達は普通異なる職場ないし職務に配属されているため，激しい競争のもたらす弊害が業務の進行を妨げることは稀である。ことに，この競争が上司と部下の間にもち込まれることはまずないといってよい。これに対して，米・英型の組織においては，同じ職場内で互いに競争意識を燃やしているために，競争がしばしば重大な弊害をもたらす結果となると思われる。この点についてのドーア教授のコメントは，過度の競争意識がもたらす弊害に関して，日本の組織と米・英型の組織との間に，その現れ方に大きな差異がみられることの指摘として，重要

な意味をもっていると思われる。今後，この点についてのいっそう精密な比較分析が望まれる。

　第2の論点について：組織成員が評価される基準として，"三ず主義"が重要な意味をもっているか，組織目標に対する現実の貢献が重要であるかは企業によって異なるというドーア教授の指摘に対して，著者は全面的に賛意を表したい。著者自身の見解では，大部分の企業においては，勿論，組織目標に対する貢献が重要である。著者がこの論稿で"三ず主義"の問題を取上げたのは，次の意図による。すなわち，本論稿のもとになったワーキングペーパー "The Competition within Bureaucratic Organization: Some Outstanding Aspects of the Competition in Contemporary Japan" を読んだある一流製紙メーカーの方から「あなたは，日本の組織では競争が激しいというが，うちの社では現実に"三ず主義"が横行していますよ」という指摘をうけたことから，このような場合にも，著者の見解が妥当すること，すなわち，"三ず主義"も競争の一形態であることをあきらかにする必要を感じたこと，第2に，多くの論者が，終身雇用・年功序列によって安易な気風が生みだされ"三ず主義"がはびこると論じているが，これは，終身雇用・年功序列そのものによって生みだされたものではなく，むしろ"人事評価"のあり方によって生みだされたものであることをあきらかにする必要を感じたことによる。「個人の組織内での成功を決定づける基準が"三ず主義"にあるか"組織目標に対する貢献"にあるかは企業によって異なる」というドーア教授の指摘される事実も，この著者の見解を裏づけている。また，同じく終身雇用・年功序列のもとにありながら，企業の従業員がしばしば猛烈に働くのに対して，官庁や大学の職員が比較的ノンビリしているという事実も，著者の見解をサポートする要因と考えられる。

　また，著者が，「日本の組織においては競争のエネルギーが100％組織目標の達成にむかっていない」と指摘したのに対して，ドーア教授から，「日本の場合には，集団主義の存在によって，米国の場合よりも組織目標からの逸脱は少ないであろう」というコメントをいただいた。これは，ひとつのきわめて重要な側面の指摘であるといえる。ただ，著者がこの論稿で指摘したかったことは，

日本の経営組織においては，通説とは逆に高度に競争意識がかきたてられているが，この競争意識が，不安感・ライバルに対する嫉視・自分を正当に評価してくれない上司への不満などとなって内攻する傾向があり，このような形での心理的エネルギーの浪費によって，競争エネルギーが，組織目標達成のための行動に100％結びついていないことである。ここでさらに補足するならば，米国の組織のように，個々の職務が，組織目標の達成にむけて，明確に構成されている場合には，組織成員が，組織目標などにはお構いなく，ただ与えられた職務をきちんと達成していれば組織目標が達成されるしくみになっているといってよいが，日本の経営組織のように，集団的な編成をとっていて，組織目標の達成がメンバーの意欲に大きく依存している組織にあっては，組織目標に対する忠誠と，その目標達成のための現実的エネルギーの支出は，米国の組織よりも重要な意味をもっていると考えられる。

　第3の論点について：この点に関しても，ドーア教授の指摘に賛成である。ただここで1つ補足しておきたいのは，次の事実である。すなわち，この場合，たしかに，表面的に現れた競争行動に関するかぎり，競争は "沈黙" させられると思われる。しかし，本書の第3章においても指摘したように，日本人の場合には，組織と個人との緊張関係の処理が，"タテマエ" と "ホンネ" の分離によって行なわれることから，競争行動が "沈黙" させられたということは，競争意識が払拭されたことを意味しない。むしろ，このような場合には，しばしば，競争行動が押えられたことによって逆に競争意識が内攻して，心理的エネルギーを浪費させる結果となりがちである。この場合，表面上は穏やかな協調行動がとられるとしても，個々人は心理的な "ひとり相撲" にすっかり疲れてしまって，能力を充分に発揮できないような事態に立ちいたったりするのである。

　以上，ドーア教授のコメントとともに，若干著者の見解を補足した。

第8章　組織の集団的編成

　著者は，第3章から第5章までの諸章において，①日本人が集団とかかわる場合，自分がその集団内で果す機能よりも，その特定の集団に"所属"するという事実をよりいっそう重視する傾向がみられること，②このため日本人は，特定の集団に対して，職務の範囲を越えて多面的に，ないしは"全人格的"にかかわろうとする傾向がみられること，③その結果，日本の社会が，個人→"特定集団"→社会　の図式によって表現することのできる，近代国家としては特異な構造をもっていること，④このような社会構造を反映して，日本の社会では，自己の所属する集団への異常に強い関心と社会への無関心とが，かなり一般的な現象として，認められること，⑤このような日本人の集団意識を反映して，"ウチ"と"ソト"の意識や集団への定着志向，特徴的な地位の意識や特異な権限・責任意識が，日本人の顕著な心理特性として認められることなどを指摘した。これらの諸傾向は，あきらかに，日本人の間に根強い集団志向的意識が存在することを示すものである。

　以上のような意識を反映して，日本人の集合体である組織は，多くの場合，みずからのうちに"集団化"への自然的な傾向をはらんでいるとみることができる。このことは，日本の経営組織が，経営者による意識的な集団編成をまつことなく，すでに"集団化"への傾向をはらんでいることを意味する。経営者による組織の集団的編成は，むしろ，日本人の間にみられるこの自然的傾向を利用しようとしたものにほかならない。

　こうした"集団化"への自然的傾向の存在，それを利用した，組織の集団的編成，集団的性格の維持・存続のための諸配慮によって，日本の経営組織は，それ自体がひとつの集団としての性質をもっているだけでなく，その組織内部の部門組織も，それぞれひとつの集団となっていて，組織全体としては，第4

章においてすでに指摘したように，諸部分集団の複合による多重構造をもっているとみることができる。この，日本的経営体そのものがひとつの集団としての性格をもつものであるという事実は，経営家族主義と関係づけることによってしばしば指摘されてきているし，また，各部門の集団化についても，すでにさまざまな形で論じられているところである。したがって，この章では，この組織の集団的編成の原理が，第6章で指摘した，関係の安定性を志向する諸編成原理と並んで，日本的経営の基本的編成原理のひとつであることを指摘するにとどめ，さらに進んで，①日本的経営の組織構造にみられる集団的編成のもつ問題点を，米国の組織と対比しながら検討し，②次に，組織の集団的編成によってもたらされる経営管理方式の特徴について，③そして最後に，組織の集団的編成によってもたらされる集団内集団間競争と日本的経営のダイナミズムについて，検討することとしよう。

I　組織の集団的編成

　自分が組織のなかで果す機能よりも，その"集団"への"所属"を重視するという，日本人独特の社会意識や，また義務や責任が明確に限定されていないという日本人に特徴的な規範意識の存在は，わが国独特の経営制度を生みだす重要な心理的基盤となっている。すなわち，社会において自分の果すべき"機能"を重視し，義務・責任の範囲を明確に限定しようとする欧米の社会にあっては，職務の内容・責任の範囲があらかじめ明示されることが，諸個人が経営組織に参加するための前提条件となっている。このため，欧米社会においては，これら職務内容ないし責任の範囲は，雇用に先だって明確に規定されていなければならない。その結果，欧米の経営組織は，周知のように，1人の人間が担当しうる，責任範囲の明確に限定された職務を基礎単位とし，それらの職務が，過不足なく，全体として経営目標を達成しうるように構成されていて，ひとつの能率的な体系を形成している。ヴァンス・パッカード (Vance, O. Packard) は，このような欧米型の組織の構造を次のように表現している。

経営専門家は，まず組織図をつくり，その図の四角い個々の小間の中に職務内容を書き，つぎに，その各々の「仕様」に適合する人間を捜してその小間にあてはめるという方法をしばしばとる[1]。

　そして，この組織図の各々の"マス"すなわち各職位に与えられる職務権限についての規程は「ときには一つのポストに対し，数ページにわたり，たとえば所管事項二十六件専決事項十四件というように」詳細に規定されるのである。パッカードによれば，

　　大企業になると，こういった内部組織規定によって会社がまとまって動いているとまでいわれるほどで，（中略）〔社内機構は，個々の社員の活動を一つの会社としての営業活動にまとめあげる目に見えない枠である。社内組織規定により，個々の社員に職務権限と責任が課せられ，担当者間の合議連絡が行なわれ，責任体制が明確化されるものである」といわれている[2]。

　以上のような組織構造の現実は，米国流の経営管理論にも明瞭に反映している。すでに，テイラー（F. W. Taylor）の科学的管理法における"課業"（task）の観念はその明瞭な反映であったが，たとえば，W. H. ニューマン（William H. Newman）らの著作にも次のような記述がみられる。

　　部門化は，……，ある企業が遂行しなければならないすべての仕事を，最高経営者の職務からはじめて現場作業のレヴェルに至るまで，分割してゆく過程とみなすことができる。いまひとつの方法はこれとは逆の方向に進む方法である。すなわちまず，現実に行なわれる作業を個々の職務（individual jobs）に分類する。次に相互に関連のある作業を行なっている作業者を課（section）にまとめ，さらに課をいくつかまとめて部（division）とし，このようにして，最後には，すべての業務が一人の管理者のもとで統括されるようにするのである。この方法は，部門化におけるボトム・アップ法と呼ばれている[3]。

　このような組織観は，長年にわたって，アメリカ経営管理論の枠組みを構成してきたといえる。

　これに対して，日本的経営組織の構造は，以上のような欧米型組織の構造とは，顕著な対照を示している。すなわち，組織内で果す機能よりもその"集団"に"所属"することが重視される日本の社会では，引受けるべき責任範囲

の明示は，個人が組織に参加する場合の前提とはならないことが多い。その結果，まずその個人を組織に"所属"させることが決定されたのち，各個人にどれだけ業務を分担させるかが決定される。この業務の割り振りは，通常，課長など職場の長にまかされていて，職場集団に割当てられた一定の業務の一部を，個人の能力を"勘案"しつつ，適当に組合せて割当てるのである。この場合，割当てる業務の組合せや分量は，そのときの状況に依存しているのであり，職場単位で割当てられた業務の遂行こそが優先される。また，その際，各個人が分担すべき職務の内容は，一応規定されている場合が多いとしても，非定型的な職務の場合には，一般にきわめて抽象的かつ包括的に規定されており，また定型的な職務の場合でも，その構成は，できるだけ柔軟性をもたせるように工夫されている。

　さて，以上のような見解に対しては，「少なくとも大企業においては，規則上は職務が不明確であるとはいえない」という反論が出されるかも知れない。たとえば，間宏氏も，このような反論の可能性に関して，次のように指摘している。

　　日本の経営組織では，職務が不明確だ，とよくいわれる。しかし，大企業だけに限っていえば，規則上あるいは形式的にみて，職務が不明確だったとは思えない。アメリカの大企業は別として，イギリスの大企業とくらべれば，いまでは日本の大企業のほうが，アメリカの管理知識の導入により，一般に，規則上は職務が明確になっている[4]。

しかし，規則上は職務が明確になっているとはいえ現実には，たとえば，
　①○○表の作成
　②××の処理に関する事項
　③△△業務の補助
といった具合に，職務に含まれる仕事の内容が，大雑把な箇条書に列挙されている場合が多く，職務の遂行に関する詳細なマニュアルが作成されることはほとんどない。また，こうした箇条書的な職務権限規程も，たとえば人事部などが"大切に"保存していて，当の担当者は，現実の業務処理においては，ほと

んどこれを意識しない場合が多い。現実に処理される職務内容は，多くの場合，仕事の"コツ"をも含めて，前任者との間の"引継ぎ"によって，"代々"伝えられてゆくのである。しばしば，逆に，担当者の報告にもとづいて職務分担表が作成されたりする。このような，いわば"大雑把"でときに担当者まかせの仕事の分担が行なわれているために，日本の経営組織においては，誰の職務に属するのか必ずしもあきらかでないような，不規則なあるいは突発的な仕事や全体の協同を必要とするような"行事"が，現実には頻発しているのである。間氏も，さきの指摘につづけて次のようにいう。「だいじなことは，実際の運営の面で，つまり経営行動のうえで職務があいまいなことである[5]。」

ここで，われわれは，ひとつの興味ある事実に遭遇する。すなわち，このような"大雑把"な仕事の分担が行なわれているにもかかわらず，全体としては業務が円滑に運営されていて，しばしば，欧米型の組織の場合よりも，業務処理が円滑に行なわれているという事実がそれである。その理由は，日本的経営組織にあっては，業務が職場単位で一応のまとまりをもつように編成されていて，不規則に生じてくる仕事は，管理者の特命をうけた者によって処理されているという事実に求められよう。しばしばみられる例としては，女子職員に対して，その能力の70〜80％程度の平常業務を与えておいて，いつでも他の職員の応援ができるよう"常時応援体制"をしき，非日常的業務が発生した場合には，必要に応じて彼女達に応援させる場合や，課内の多くの職務をすでに経験しているヴェテランを数名配置しておき，各職務に入り切らないような重要な業務は，臨機に彼ら（あるいは彼女ら）に処理させる場合などがある。

以上を要約すれば，日本的経営組織においては，①個々の職務の範囲は現実には必ずしも明確ではなく，その職位にあるものの能力によって，「実際にする仕事の範囲は広くなったり狭くなったり」するといった"責任の非限定性"が認められ，②また，業務は，個人の職務を単位とするよりも，むしろ職場を単位として編成されている——すなわち職場単位に与えられた業務の達成が何よりも優先されることである。このような組織の構造は，日本人の責任意識の特徴，すなわち，個人の責任範囲の不明確さや集団の内部における"責任連帯

性"の意識，さらには身近な小集団に主としてむけられる彼らの責任意識と明瞭に照応している。それは，このような組織の集団的編成によって，職場単位の業績向上をはかることが，日本人の間ではより有効な組織の編成方法であることを，示しているといえよう。統計数理研究所国民性調査委員会が昭和28年と昭和33年の2回にわたって行なった次の調査は，はなはだ興味深い結果を示している。すなわち，㈦「規則をまげてまで無理な仕事をさせることはありませんが，仕事以外のことではめんどうをみません」，㈺「ときに規則をまげて無理な仕事をさせることもありますが，仕事のこと以外でも人のめんどうをよくみます」という2人の課長のいずれに使われたいかという質問に対して，圧倒的多数のものが㈺を選んでいるのである。同調査委員会は，次のようにその結果を報告している。

　　㈺と答えるものは，第Ⅰ次全国調査のとき85％，第Ⅱ次全国調査のとき77％である。（中略）性，年令，学歴，支持政党，市郡別のいかんを問わず70％をはるかに越えて支持されているのである。無答を除けば，すべて80％を優に越えており，年令にも依存しなくなるし，支持政党にも依存しないのである[6]。

　この調査は，めんどうをみる課長に対する日本人の選好傾向を調査したものであるが，それは同時に，日本人の間に，"責任の非限定性"に対する抵抗がきわめて弱いことをも，あきらかに示している。逆にこのような組織編成は，欧米的な責任意識のもとでは，うまく機能しなかったり，きわめて大きな抵抗を生ずるものと考えられる。責任意識の差が，経営組織のあり方に大きく反映している重要な1例といえよう。

　以上のような組織観の差は，経営組織図にも明瞭に現れていることが指摘されている。たとえば郷原弘氏は，次のようにいう。すなわちアメリカの組織図はその大半が"職位関係図"であり，その組織単位は個々の職位である。この職位がどのような位置づけ，関係にあるかをあきらかにすることが必要であり，これを図式的に表示したものが，職位関係図としての組織図である。これに対して，わが国の組織にあっては，各部門の長たる職位は部門の代表者としての役割を担っている。このような部門的思考に立って，従来の組織図の大半は，

I　組織の集団的編成

"部門関係図"，"部門構成図"としてのものであった，というのである[7]。この両者の比較から明瞭によみとることのできる事実は，アメリカの企業の組織図が，個々の個人に割当てられる職位を単位としているのに対して，日本企業の組織図が，職場すなわち個々の集団をその構成単位としていることであろう。これは，あきらかに両者の組織観の差を反映している。すなわち，アメリカ企業の経営組織は，管理上の職務を遂行する諸職位の間の指揮・命令関係，職務権限関係として把握されているのに対して，日本企業の経営組織は，管理職のみならず，管理される人びとをも含めた，集団が基礎単位となっている。そして，これらの集団がいくつか集まって上位集団を形成し，この上位集団のいくつかが集まって，さらに上位の集団を形成している。いまこの両者の差を単純に図式化してみると，次のようになろう。すなわち，

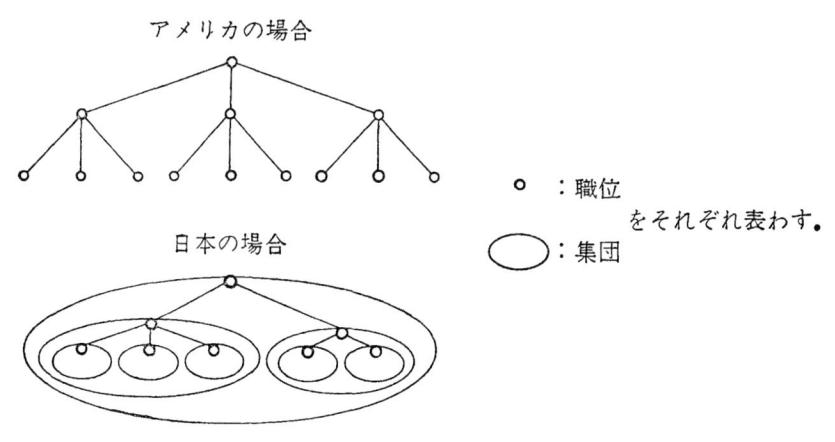

アメリカの場合

日本の場合

○ ：職位
◯ ：集団
をそれぞれ表わす。

つまり，アメリカの場合，見方によっては，企業全体をひとつの集団とみなすことはできようが，その内部に多様な下位集団を認めることは困難である。しかるに，日本の場合には，企業そのものが"特定集団"として，日本人の生活にきわめて重要な位置を占めているだけでなく，その企業の内部に，さまざまな下位集団の多重構造を認めることができる。このような事実は，たとえば，係単位，課単位，部単位で行なわれる，旅行，運動，宴会などのレクリエーション活動に明瞭に現れている。このような傾向は，すでに第3章第1節におい

て論じたように，日本人が"ウチ"と"ソト"とを峻別する特殊な意識の反映といってよい。このような組織構造をもっているために，組織の発展・成長によってもたらされる組織構造の複雑化は，すでに指摘したように，アメリカの場合には，職務権限構造の複雑化となって現れるにすぎないのに対して，日本の場合には，集団の多重構造の発展・複雑化という形態をとるのであり，このことがさらに，第3節において詳しく分析するように，日本的経営組織にみられる特異なダイナミズムと重要なかかわりをもつと考えられるのである。

　ここで，以上の解釈にひとつの限定を付しておく方が安全であろう。すなわち，欧米型の経営組織が，職務を基礎単位として構成されるといっても，そのことは，欧米型の経営組織内部に一切集団意識が発生しないということを意味するものではない。欧米人が，一方で，経営組織とはできうるかぎり，機能的にも，時間的にも，限定された関係を維持しようと努力するのは事実であるが，米国の組織といえども人間の集合体であり，組織のもつ固有の圧力によって，あるいは長年同一のオフィスで執務する間に自然に，同調性やある種の集団意識が醸成され，人間関係論において指摘されるようなインフォーマル・グループが形成されたり，クリーク (clique) が生じてきたとしても，決して不思議ではない。たとえば，アメリカの経営組織内部における同調（コンフォーミティ）への圧力の増大についてのV.パッカードの次の指摘は興味深い。彼の指摘は，米国においては建前としては伝統的な独立独歩の精神が強調されているにもかかわらず，現実には，組織の圧力によって，それが次第に失われつつあることを示している。

　　50年代に起こりそしてえん曲に否定された，会社は，チームワークのできる同調主義者(フォーミスト)を必要とするという理論は，60年代にはどのような真実性をもつものであろうか，50年代のはじめに，（中略）有名な経済学者のクラーク・カー氏は，大企業に対する絶対的忠誠が要求されている結果，「アメリカ人の伝統的な独立独歩の精神が失われてゆくことは遺憾である」と報告している。2，3年後，50年代なかばに，ウィリアム，H. ホワイト二世が，いかにして，大組織体——実業界，政府機関および教育機関ともに——が，「オーガニゼーション・マン」（組織の中の人間）と称され

I　組織の集団的編成

る人間（あるいは非人間）をつくり出しているかを論じている。彼は若い下級職員も，管理者も，ともに企業の中の相互連帯関係を生活の一部としてなんの抵抗もなく喜々として受けとっているという観察をしている。

　経営者達は，こういった見解は事実をまげた見方であるとして否定している。160の会社社長を対象として行なわれたある調査によると，その7割は自分の会社にはいわゆる「オーガニゼーション・マン」などはいないといっている。ところが，この調査結果をよくみると，なんと後のほうで，質問を受けた社長連中は自分の会社内で，「他人とあまり違った意見をもっているような者を昇進させることには，非常に慎重である」という結果がでている[8]。

　このような，同調性や相互連帯関係の強化とともに，ある種の集団意識も形成されてくる。ことに軍隊のように，互いの協働のあり方が自分達の生死にもかかわるような状況のもとでは，強い連帯意識・集団意識が形成されてくるのは自然の帰結といえる。第2次大戦中，アメリカ陸軍が，軍隊を移動させる場合に，「個別に送るより，部隊単位で送り込んだほうが兵士達の個人的士気は旺盛である」ことを心理学者が発見したという指摘は興味深い。このことは，集団で移動する場合には，全く新しい環境におかれた場合にも，他の兵士との間につくりあげられていた関係が，兵士達に安定感を与えていることを示している。そしてこのような関係は，会社幹部の場合にも，ある程度あてはまると考えられている。V．パッカードは次のようにいう。

　「この事実は，もし将来も，会社幹部の移動が増加する場合には，できるだけ団体で送り込んだ方がいゝということを証明している[9]。」

　いかに組織の編成原理が異なるとはいえ，欧米型の組織も，それが，感情をもつ人間の集合であってみれば，以上の指摘にもみられるように，そこに何らかの集団意識が形成されてきたとしても不思議ではない。しかし，この点に関して欧米型の経営組織と日本的経営組織とを対比してみるならば，やはりそこには，いくつかの顕著な差異が認められるのである。すなわち，

　まず第1に，日本の組織にあっては，日本人の間にみられる，強い集団への所属志向，集団と個人との間の緊張関係の特異な処理方法，すなわちタテマエとホンネの分離による処理，独特の責任意識などの集団志向的行動様式をその

背後にもっており，組織は，これらの傾向を予想し，これらを意識的に利用して編成されていることである。このため，組織の集団的編成に対する組織成員の反抗は微弱で，逆に，多くの場合，それが組織の業績向上に大きく貢献していると考えられる。これに対して，欧米型組織の場合には，組織そのものが，集団的編成とは別の原理によって編成されているし，また，欧米人の規範意識や責任意識も，組織の集団的編成とは相いれないものである。このため，経営上の必要や組織自身のもつ圧力等によって組織への同調性が要求されたり，会社幹部の場合にしばしばみられるように，組織への全人格的な献身が要求される場合には，それらがある程度受入れられたとしても，組織成員の間に強い抵抗感や悩みを生ずる。このような方向は，アメリカ人の間に根強くみられる"独立独歩"のイデオロギーと逆行するものであるために，このような要求は，ためらいがちに，大きな抵抗をともなって受入れられる一方，このような傾向に対する警告や批判が，くり返しくり返し現れることとなるのである[10]。

　第2に，集団への忠誠は，日本の経営組織にあっては，日本人の集団志向的意識や"地位"の意識の特殊性を反映して，組織成員の大きな部分をとらえているのに対して，アメリカの組織にあっては，それは，主として，"成功途上にある"一部のエグゼクティブをとらえているにすぎないということである。"成功途上にある"エグゼクティブの場合には，その行動様式は日本的組織の成員の場合と高度の近似性を示しているといわれる。V. パッカードはいう。

　　成功途上にある会社のエグゼクティブたちが，タイム・レコーダーをおさないのは不幸なことである。なぜなら，このタイム・レコーダーは，会社を離れて，私生活に入る区切りをはっきりとさせてくれるからである。しかし，彼らにとっては，仕事とかけ離れた，個人としての意識ははなはだ無意味なのである。とくに，彼らの仕事，または仕事に準ずるものの多くが，退社時間後，クラブや，集会や，家庭や，公会堂などで行なわれる場合には，この傾向はますます強い。その結果，彼らは，自分が自分の寝室にいることを忘れてしまった悲劇役者となる[11]。

　以上のように，"成功途上にある"少数のエグゼクティブの場合には，高度

の集団忠誠心と集団志向的行動様式を示すが，組織成員の大部分を占める，成功ルートからはずされてしまった管理者や，まして一般の職員の場合には，彼らが企業に忠誠であることは「今日ではもはや期待されなく」なってしまったのである[12]。

第3に，日本的経営組織にあっては，公式組織の部・課編成に沿って，個々の職場がそれぞれひとつの小集団を形成しており，経営組織自体も，これらの小集団を重ね合わせた多重構造をなしているのに対して，欧米型経営組織の場合には，こうした職場集団の形成が弱い。このことは，これらの組織においては，一般職員の間の集団意識が弱く，集団意識は"成功途上にある"管理職の地位にあるものにのみ顕著に現れることと照応している。また，これらの組織に職場その他を中心とした集団意識が強く現れる場合には，むしろ，経営組織に対抗するものとして，すなわち，組織に対して自分達の利益・権利を守るものとして作用することが多い。したがって，日本的経営組織においては，これら職場集団を経営目的達成のために利用することができるが，それは，欧米型組織においてはきわめて困難である。

以上，欧米型経営組織にあっても，集団意識が形成される可能性が存在しているが，そのこと自体は，これらの組織が，集団的編成をとっていることを意味するものではなく，この点に日本的経営組織との顕著な差が見出される。

さて，日本の経営組織が，以上のような集団的編成をとっているという事実は，日本的経営のさまざまな局面に，顕著な特徴をもたらした。以下，それらの重要なもののいくつかについて検討する。

1) V. パッカード『ピラミッドを登る人々』（徳山・原訳）13頁～14頁。
2) パッカード・前掲書22頁。
3) William H. Newman & Charles E. Summer, Jr., *Process of Management: Concepts, Behavior, aud Practice*, 1961, p. 29.
4) 間宏『日本的経営』21頁。
5) 間宏・前掲書21頁。
6) 統計数理研究所国民性調査委員会『日本人の国民性』236頁。
7) 郷原弘『日本の職務権限』176頁～178頁参照。
8) V. パッカード・前掲書（徳山・原訳）15頁～16頁。

9) V. パッカード・前掲書（徳山・原訳）310頁。
10) この点については，V. パッカード・前掲書にもいくつかの例が示されている。同書15頁〜16頁参照。なお，このほか，拙稿「『現代企業』論の展開」（福島大学『商学論集』第37巻第1号）とくにその第3章「権力的制度としての企業」および第4章「企業の巨大化・権力集中によって生ずる諸問題」を参照されたい。
11) V. パッカード・前掲書304頁。
12) V. パッカード・前掲書11頁。

II　集団編成と日本的管理方式

(1)　集団的編成のもとでのリーダーシップ

　米国の経営組織に典型的にみられるように，組織が，職位の間の関係およびその職位にある者によって担当されるべき職務によって構成されている場合には，各職位にある者の権限と責任は，明確な形をとらざるをえない。その結果，職位間の指揮・命令関係においては，相手の権限を尊重すると同時に，みずからも，権限の正当性をもって相手に迫ることとなる。このことは，欧米人の責任・権限意識と明確に照応している。このような組織状況のもとにあっては，権限と責任の範囲が大幅にくい違うことは，組織の病的現象とみなされることとなる。

　このような欧米の経営組織の状況に対して，日本の組織状況は，これとは顕著な対照を示している。すなわち，日本の経営組織にあっては，特定の部・課・係に属する人びとは，その所属長である管理職をも含めて，おのおのひとつの職位を保持していると同時に，その特定集団の"メンバー"である。彼らが，集団の外部に対しては"ソト"意識をもち，また集団の内部に対しては強い"ウチ"意識をもつ人びとの集団であってみれば，個人の職位に与えられた権限および責任を，明瞭かつ直接的にふりかざすことは，そもそも集団の集団性を阻害する行為とみなされやすい。したがって，管理職の地位にあるものも，権限の正当性をもって相手に迫ることを極力さし控える結果となる。そこで，関係者の話し合いを尊重する"和の精神"が幅を利かすこととなる。そして，

このような集団の内部においては，職務権限よりも，メンバーの間の力関係，影響力関係が，まかり通ることとなりやすい。この傾向は，勿論，その根底において，日本人独特の権限・責任意識と照応しているものである。かくして，日本の経営組織においては，①職位の権限と，②現実の業務の遂行，そして③それに対する責任の３者の関係はきわめてあいまいなものとなり，また集団内部に不都合が生じた場合には，"身内の恥"としてその隠蔽がはかられたりする結果となる。以上のような，職位の権限よりは影響力が幅を利かす集団的組織状況にあっては，管理職による管理方法は，特異な形をとることとならざるをえない。すなわち，欧米の経営組織にあっては，権限を支えとし，職務内容を中心とした感情中立的な管理が行ないうるのに対して，日本の経営組織にあっては，モティベーション管理が管理活動の中核を構成し，また，きわめて情緒的な管理が効果を発揮する。かくして，管理者達は，"人情親方"としてたちあらわれることが要求される。

　日本の経営組織にみられる以上の傾向は，次の事情によっていっそう強められる。すなわち，日本の経営組織においては，年功序列制度を反映して，一般に定期昇給・定期異動方式をとっているが，この定期異動によって，毎年管理職を中心に大幅な配置転換が行なわれる。その結果，人事権を与えられた管理職者がみずからの周囲に仕事のしやすい人員配置をつくりあげる欧米の場合とは異なって，日本の場合には，管理職者が，それぞれすでに形成されている諸集団のなかへ，送り込まれる形となっている。そこで，管理職としては，既成の集団の内部に，よい人間関係を創造する必要に迫られることとなる。歓送会や集団レクリエーション，経営資金による飲食（一種の部下接待）が必要となるゆえんである。こうして，日本の組織は，人間関係処理能力にすぐれた者が有利に活躍する場となる。間宏氏もこの点について，次のように指摘している。すなわち，

　　最後にリーダーシップの問題がある。職場を保つうえの，「まとめ役」としての「長」の役割は大きい。かれには，仕事について有能であるだけでなく，ときにはそれ以上に，人間関係についての処理能力（前者を技術的技能とすれば，これは社会的

技能)が重視される。人情のキビに通じた，人心掌握術がここで発達する。この点からみて，年功はそれなりに重要な基準となる[1]。(傍点著者)

　以上のように，日本の経営組織において，人間関係処理技術がきわめて重視される背景には，組織の集団的編成によってもたらされた，いまひとつの事情が存在している。すなわち，日本の経営組織において，業務が，職場単位で，編成されているというさきに指摘した事実は，同時にまた，次のことを意味する。すなわち，個々の職務の範囲が不明確で，諸職務の間にカヴァされていない"灰色の領域"が存在したり，特定の職務担当者が無能であったり何らかの故障を起こしたりした場合にも，"常時応援体制"の存在や集団をあげてのキャンペーン型行事の遂行によって，職場単位の業務の遂行には支障を来たさないような仕組となっていることを意味する。したがって，組織全体としての能率向上の要請は，職場単位の業績の向上への要求となって現れる[2]。しかし，この仕組が円滑に機能し，職場単位の業績が向上するためには，管理職にあるものの人間関係処理技術が大きく"物をいう"。これが，日本の経営組織において，管理職にとくに人間関係処理技術が要求される重要な理由である。

　さて，主として以上3つの理由により，日本的経営組織の管理者達は，"技術的技能"にもまさって，"社会的技能"である人間関係処理技術が要求されるわけであるが，このことは，終身雇用制・年功序列制のもとでは，きわめて重大な意味をもっている。その理由は，これらの制度のもとでは，将来のトップ・マネジメントが，こうした管理者達のうち，とくに大きな成功をおさめた者達のなかから選ばれることになっているからである。つまりそれは，日本的経営組織のトップ・マネジメントの能力は，欧米のそれに比し，技術的技能——それは必ずしも専門的技能を意味しない。ジェネラリストとしての職務に関する技能も含まれている——に対してよりも，社会的技術である人間関係処理技術の側に大きく傾斜する危険をつねにはらんでいることを意味する。

(2) 採用・配属と集団編成

　欧米型の組織においては，明確に規定された職務がその基礎単位をなしてい

るために，どのような人物が必要であるかは，人の採用に先だって明確となっている。そこで，もし，死亡や退職によって職位に空白ができると，その都度，この職位にふさわしい人物の採用が行なわれる。この場合，採用の方法は，職務の内容を詳細に明示し，これをみて応募したもののうちから，その職位に適していると思われるものをピック・アップして，雇用条件について交渉を行なうといった形をとる。勿論，組職内に適当な人材を求めてこの空白を埋めることもしばしば行なわれるが，この場合には，ひとつの空白を埋めるためにいまひとつの空白が生ずるのであり，組織のどこかでこのような採用が行なわれる必要が生じてくる。この方式の特徴は，①職位に空白が生じたり，新しい職務の必要が明白になったとき，つまり必要が生じたとき，個々に，そしてただちに採用が行なわれること，②新規雇用者をどの職務につけるかが，採用に先だって明確になっていることに求められる。

これに対して，日本の経営組織の行なう採用の方式は，このような方式とは顕著に異なっている。すなわち，日本の採用慣行は，特殊業務に携わるものを別にすれば，普通，新卒者の定期一括採用によって特徴づけられている。すなわち，日本の場合には，各部局毎に定員制がしかれていて，毎年4月，新規採用者の入社・配属とともに，この定員が埋められ，場合によっては，若干の定員外人員が配属される。さて，定期一括採用は新卒者に対して行なわれるため，ひとたび一括採用が行なわれると，セールスや特殊業務につく者を除いては，翌年までの1年間採用は行なわれない。しかし，この1年間に，死亡やまた女子職員の場合には結婚・出産等による退職が年度の各時期にわたって，少しずつ現れてくる。こうして翌年の採用の時期までには，組織の各所に欠員が生じてくる。この場合，欧米の方式と異なる点は，欠員が生じたときただちに採用による補充が行なわれない点に認められる。日本の組織においては，欠員によって生じた空白は，各職場集団内部の努力によって吸収されることが多いからである。また，支店長とか重役秘書などの場合のように，このような集団内の調整による吸収が困難な場合には，吸収が可能な部局からの配置転換が行なわれたりする。いずれにしても，欧米の組織のように，必要が生じたとき，ただ

ちに採用が行なわれることはない。また退職者がでなくても，企業の業績が進展するにともなって，各部局とも，その処理しなければならぬ業務が増加する。しかし，これも，退職者がでた場合と同様，当初のうちは，応援体制の活用や残業の強化など，部局内の努力によってその増加分が吸収される。しかし，業務の増加に部局内の努力が追いつかなくなり，業務の処理に円滑を欠くようになると，それは定員増加の要求となって表面化する。その際，職務の内容よりも，集団の利害を代表する所属長の交渉能力が大きくモノをいったりする。その結果は，ひどく忙しい部局が存在する一方，閑暇をもてあますような部局が存在したりすることとなるのである。このような現象は，あきらかに，組織の集団的編成に根ざしていると思われる。

　さて，このように退職や業務量の増加を理由として提出される各部局からの人員要求は，普通人事部に集められ，全体の枠や組織の年齢構成などを考慮しながら，査定を行ない，切捨てられる要求は切捨てて，採用人員が決定される。しかし，その場合に決定されるのは，いかなる職務を担当する人物を何名採用するかではなく，特殊業務につく者の場合を除けば，大学卒業者何名，高校卒男子何名，高校卒女子何名といった具合に，きわめて抽象的な"労働力"の採用・補充という形をとる。この点も欧米の採用方式とは顕著な相違を示している。こうして，再び定期一括採用によって，各部局への人員の補充が行なわれるのである。したがって，応募者を選択する場合の基準も，欧米の場合には，特定の職務を遂行する能力に求められるが，日本の場合には，一般に出身校のレヴェルや学業成績によって漠然と表わされるような"一般的能力"に求められるのであり[3]，また，「各職場内の人間関係を円滑にし，強力な協力行動によって，集団業績を向上させようとする経営の基本方針」を反映して，人格や協調性が，採用の基準として重視されるのである[4]。これらの点においても，日本の経営組織における採用の方式は，欧米のそれとは，顕著な相違を示している。以上のようにして，定期一括採用によって，各部局への人員の補充が行なわれるのである。

　(3) 組織の柔軟性と変化への対応

欧米の経営組織においては，トップ・マネジメントの場合は別として，1人の人間が遂行するのに過重でもなければ，過少でもない個々の職務によって構成されている。これに対して，日本の経営組織においては，業務の編成は，すでにみたように，職場集団を単位として行なわれている。このため，個々のメンバーが，与えられた職務を的確に遂行することよりも，職場集団の分担する業務が支障なく遂行されることが，第1に要求される。このため，個々のメンバーがさしあたりする仕事がない場合には，喫茶店で時間をつぶすことが許されたりするが，ある特定の業務の遂行が，職場集団の業務の遂行にとって必要であるとなると，その特定業務は，残業・仕事の持帰り・応援によってでも遂行されることが望ましいと考えられる。南米のペルーで長年招聘教授として活躍した高橋敷氏が紹介している次のエピソードは，この点についての欧米人と日本人との意識の差をきわめて明瞭に示している。そのエピソードとは，次のようなものである。すなわち，高橋教授のもとで働いていた観測員のドミンゲスは，恋わずらいのためその職務を迅速に処理することができなかった。ついに婚約が成立したとき，彼は勇躍，ため込んだ業務の処理にあたり，「公務の弁償」にとりかかった。高橋氏によれば，

　それからのドミンゲスのはりきり方は大したものであった。何といっても，彼自身の恋わずらいの所業ではあったろうが，たまった観測資料のために，毎日七時すぎまでは自宅に帰らなかった。
　日本でなら，「勤務は二十四時間制」といわれるかわり，「休憩も一日中」と解釈できるルーズさがある。しかし，一日八時間の労働を契約する世界のおきての下では，時間を守ることは厳格に要求された[5]。

そこで，ドミンゲスのこのはりきり方に感心していた高橋教授に対して，ドミンゲスは次のように答えるのである。

　「いや，張り切っているわけじゃないよ。今まで毎月五日には先月末までの観測はまとまっていたのにね，この頃は何か月も遅れているんです。僕がシルビアのことを考えていたからなんです。自分の借りた時間を返しているだけのことですよ。だから誰もほめてくれない。高橋先生だけですよ。感心してくれるのは」

　このドミンゲスの態度は"職務"に対する欧米人の考え方をよく表わしてい

る。ところで，これにつづく話は，日本人と欧米人の間にみられる，職務および"仕事の完成"についての態度の差を明瞭に表わしている。きわめて興味深い例なので，少し長くなるが，高橋氏には御寛恕を願うこととしてつづけて引用する。

　やがてドミンゲスの遅れ分取り返しの仕事も終りになったころ，地球観測年観測データとして，この大学の資料を報告する仕事が起きたのである。私はドミンゲスにその責任を命じた。「できなければやむを得ないが，極力今明日中に仕上げて貰いたい」
　私はその夜も，次の夜も平然と町に出かけてゆく彼を見て，おそらく早々に仕事が終わる見とおしがついたものと安心していた。それだけに三日目の朝，「ご苦労さん」と声をかけて彼を訪ねた私は，「今日中に終わる筈です」と答えて悠然としている彼にむしょうに腹が立つのであった。
「どうしたんだ。昨日中に仕上げてくれといっただろう」
「いや，できなかったら延びてもやむを得ないと聞きました」
私は大声を出してしまった。
「でたらめいうな。一昨夜も，昨夜もベルが鳴ったら町へ行ってしまったくせに」
驚いたエンリケが横から口をはさんだ。
「先生，私が証言します。ドミンゲスは二日間，手洗いにも行かずに，急ぎの用だと頑張っていました。彼に関する限り，人事を尽くしていました。私が手伝えることならよかったのですが」
　部屋の技術者達が不思議そうに私を見た。その視線には明らかに不安と軽蔑があった6)。

そこで"職場集団のためには，何をおいても仕事を完遂することを至上命令とする国"から派遣されてきた高橋教授も，次のように反省するのである。

　私は確かに大きい誤りを冒していた。侵すべからざるものを侵していたのである。日本の職場には一日二十四時間のゆとりがあった。しかし，ここの職場の一日は八時間であった。残業命令でもあればともかく，一心不乱に八時間働いて不可能であった仕事量は，もはや本人の責任ではないし，当然翌日にひきつがれるべきものであった7)。

この例は，欧米では"職務"の"履行"が重視されるのに対して，日本では業務の"達成"が重視されることをよく例示している。ところで，こうした業務の達成は，日本の経営組織においては，常時応援体制，残業，仕事の持帰り

などによって行なわれることはすでにみたとおりである。つまり，日本の経営組織は，周期的な業務の繁閑や，不規則的・突発的な業務の発生に対しては，柔軟性をもっているといえる。しかし，傾向的な長期的変動に対しては，これを他の変動と同様，集団内の努力の強化によって吸収しようとするメカニズムが働くために，それへの正しい対応を遅らせる危険をはらんでいるように思われる。

1) 間宏『日本的経営』29頁。
2) 間・前掲書21頁～22頁。
3) この問題については，第7章参照。
4) 間・前掲書25頁。
5) 高橋敷『みにくい日本人』179頁。
6) 高橋・前掲書180頁～181頁。
7) 高橋・前掲書181頁。

Ⅲ　集団内集団間の競争

(1) 競争行動のタイプと組織のダイナミズム

　日本の経営組織が，職場を基本的な単位とする集団の多重構造の形をとっていることから，組織全体の業績向上を，職場単位の業績向上によって実現しようとする傾向を生みだした。このことは，あるいはむしろ，このような職場単位の業績向上をはかるために，"集団化"への自然的傾向を利用した，組織の集団的編成が行なわれたとみる方が自然であるかもしれない。いずれにしても，こうした傾向は，しばしば，さきに第4章において指摘した集団内集団間の競争や部局間の相剋をともなっている。すなわち，"ウチ"と"ソト"の意識の存在によって，日本的経営組織には，このような競争や相剋への自然的傾斜がすでに存在しているわけであるが，職場単位の業績向上策がとられることによって，この傾向がいっそう激しい形をとって現れることになったと考えられるのである。

　さて，同一企業内の諸集団が，互いに激しく競いあいながら，その結果とし

て大きな業績の向上をもたらすという事実は，第7章で分析した組織内の昇進競争と並んで，また業種によってはそれ以上に，日本的経営組織にダイナミックな性格を与えていると考えられる。第7章で扱った組織内昇進競争の場合には，同年入社の新人としていっせいに競争のスタートを切ったあと，徐々にその優劣が現れはじめる。大学卒職員の相当の部分が，かなり長期にわたって，激しく競いあうが，競争における敗北を意識しはじめた一部の層が，次第にこの競争から脱落してゆくことは，前章において分析したとおりである。この激しい昇進競争が，日本的経営組織に高度のダイナミズムをもたらしていることは事実であるが，そこには，次にあげるようなさまざまな限界が存在しているのであり，これのみをもって，日本的経営組織のダイナミズムを説明しつくすことはできないであろう。その限界とは，

1. このタイプの競争が，主として，大学卒を中心としたエリート候補達の間に現れているという事実である。勿論，その他の階層の間にも，こうした競争動機が存在しないわけではない。それは，高校卒の職員や工員の間にも，条件の近似するものの間での昇進競争という形をとって現れてくる。しかし，普通，このような局面では，このタイプの昇進競争は，あまり激しい形をとらないもののように思われる。

2. このような事実が存在するために，組織内昇進競争の存在が組織のダイナミズムに与えるインパクトは，組織の学歴構成や職種の構成に大きく依存している。すなわち，組織成員の大部分が高学歴層によって占められており，しかも，職種の構成が，彼らの大部分に，トップ・マネジメントにつながる昇進競争への参加を可能とするようなものであれば，この昇進競争のインパクトはきわめて大きなものとなる。これに対して，少数の高学歴層がエリートとしての地位を占め，多数の低学歴層を管理するような体制をとっている企業の場合には，大部分の従業員は，組織内の昇進競争には参加しないし，また，少数の高学歴層は，将来がほぼ約束されているという条件のもとで，激しく競いあうこともない。このような場合には，組織内昇進競争が組織のダイナミズムに与えるインパクトは，小さなものとならざるをえないのである。

この種の競争に対して，組織内諸集団の間に認められるタイプの競争行動は，あらゆる職種に認められるわけではない。しかし，このタイプの競争はとくに販売・営業関係の組織に顕著に現れており，また，その他のタイプの組織の間にも，かなりひろく認められる類のものである。

(2) 組織内集団間競争の事例

まず，このような集団間競争がいかに激しいものであり，かつまた，それが，同一企業の他集団との間で，いわゆる"足の引張り合い"に転化しやすいものであることを示す事例からはじめよう。

某一流商社での話である。この商社は，巨大な規模をもつ総合商社であり，他の一流商社と同様，独立採算制のうえに立った事業部制をとっている。この商社の中堅職員が，ある日商社員達の驚くべき行動の一端を語ってくれた。すなわち，商社の場合には，取引上必要な長距離国際電話の回数が多い。その結果，電話料金は，独立採算制をとっている各事業部にとって，かなりのコストとなってはね返ってくる。そこで，彼の同僚達は，他の事業部の職員達がまだ出勤していない早朝に出勤し，他の事業部の電話を使って，時差の異なる外国との長距離電話を必要とする商談をできるだけ終えるようにしているというのである。しかも，この商社員によれば，"他の事業部の連中"も，同じような"コスト・ダウン"をめざして，虎視眈眈とねらっているらしい，という。こうして，個人にとっても，企業にとっても，全く無意味な"コスト・ダウン"を実現するために，各小集団のメンバー達は，暁天に星を仰ぎ，霜を踏みしめて会社に出勤するというわけである。このような事態は，組織内集団間の競争が，いわば病的な状態にまで達した1例といえよう。しかし，このような競争行動自体は，日本的経営組織のもとにあっては，別に珍しい現象ではない。それは，銀行の支店間の競争にすらみられる。来日中の米国のある大学教授が著者に直接語ってくれたケースであるが，あるとき彼が，一流銀行の都内支店に口座を開こうとしたところ，同教授が同じ銀行の他の支店にも口座をもっていることを知ったこの支店の行員が，他の支店の口座を閉鎖してくれるよう希望したというのである。

以上，商社の例にしても，銀行の例にしても，組織内集団間競争が営業部門に強く現れた例であるが，こうした競争行動の典型的な例は，生命保険会社の販売業務にみられる。

　わが国の生命保険会社は，組織内にみられる競争行動のタイプに関して，きわめて興味深い事例と考えられるので，以下に，やや詳しく検討することとする。

　まず第1に，いわゆる内勤と呼ばれる事務職員の大部分は，大学卒の男子と高校卒の女子とによって構成されている。高校卒の男子職員は，珠算等の特殊技能を買われたもの，機械のオペレーター要員，若干の支社要員と次第に限定されてきており，とくに一流企業の場合には，この傾向が強いように思われる。このため，上位企業になるほど，組織内昇進競争が活発に現れてくる。

　次に，外勤ないし外野と呼ばれる販売部門に働く職員，すなわち，セールスマンおよびその管理・督励にあたる者の数は，内勤職員数の数倍に達している。これら尨大な数にのぼる職員達は，普通，次のような管理組織のもとで働いている。すなわち，全国に支社あるいは月掛営業部がおかれ，それぞれの支社あるいは営業部は，その下に，いくつかの支部あるいは月掛営業所と呼ばれる下部組織をもっている。支部には独立の店舗を与えられることが多い。そして，支部には支部長，営業所には営業所長がおかれる。この支部長あるいは営業所長のもとには，支部長補佐その他の名称で呼ばれる古参セールスマンがいて，このセールスマンを中心として，支部や営業所はさらに小グループに分かれている。この支部長補佐は管理職ではないが，多くの場合，"増員"と称して自分が説得して"引き入れた"セールスマンの指導にあたっている。さて，この外勤職員の場合には，将来販売部門の幹部にするためにとくに養成されている大学卒男子職員の場合を除けば，その昇進は支部長どまりで，幹部への昇進の道はほとんど断たれている。このため，このグループの人達の間に，第7章でのべた組織内昇進競争が起ることはまずないといってよい。その反面，この販売部門においては，上は企業間の販売競争から，下は支部長補佐を中心とする小セールス・ティームにいたるまで，徹頭徹尾，集団間の激しい競争行動によ

って貫かれているのである。そして，企業もこのような集団間の対抗意識を徹底的に利用すべく，さまざまの手段が工夫されている。たとえば，「現況速報」などと称して，各支社が締結に成功した生命保険の契約高が，毎週ないし隔週ごとに一覧表につくられ，週刊誌も顔負けといった，誇大かつ勇壮な文句とともに全国の支社に発送される。この「現況速報」を作成する手数は大変なものであるが，その刺激効果は，コストをはるかにうわまわるというわけである。類似の督励は，支社においても行なわれている。すなわち，支社管轄下の諸支部の業績の「現況速報」がつくられたり，金紙・銀紙による棒グラフが麗々しく壁にはり出されたりする。また，月1回ないし2回開かれる支部長会議における席順が業績によって定められたりする。後輩支部長に上席をとられた古参支部長などは，来月こそはと発奮し，支部に帰っては，支部長補佐を中心とする各グループを督励する。これらの行事は，月1回の締切りをめざして，華々しい鳴物入りで行なわれる。それは，くる月もくる月も，そしてまた，くる年も，くる年も，全国的な規模でくり展げられるのである。このような督励システムのもとで，人びとは，毎月更新される新たな目標にむかって突進するのである。勇ましい軍歌の替え歌をうたいながら。

　以上の事例は，わずかの例証にすぎないが，このような競争行動は，さまざまの産業において，さまざまの形態をとりながら，くり返し現れているのである。そして，こうしたタイプの競争行動が，日本的経営のある重要な局面に，見逃すことのできないダイナミズムをもたらしていること，またこのような競争は，欧米型の経営組織において顕著に現れることはまず考えられない類のものであることから，この組織内集団間の競争は，日本的経営におけるきわめて特徴的な現象といわなければならない[1]。

(3) 組織内集団間競争の基盤

　同一の上位集団に所属する下位集団の間の激しい競争という，このようなタイプの競争行動が，どのような社会的，心理的基盤のもとに顕著に現れてくるのかという問題は，はなはだ興味深い問題といわなければならない。この現象は，第2章で取上げた，日本人の集団への"所属"意識，この所属意識から派

生してくる，①"ウチ"と"ソト"の意識，②特徴的な地位の意識，そして③所属小集団への責任を優先するという独特の責任意識が，深いかかわりをもっているように思われる。そしてこの現象の存在そのものは，逆に，日本の経営組織が，個々の職務をその構成単位とするものではなく，むしろ集団を単位とした特異な構成をもっていることの有力な証左であるといえるのである。

　"ウチ"と"ソト"の意識は，第3章でみたように，自分の"所属"する集団の構成員に対しては，同類意識や親密な感情を抱く反面，集団外の人びとに対しては，ひややかな無関心と無遠慮な感情を示すという，特異な意識であった。この意識そのものは，本来的には，他の集団との間に競争関係を生みだすものではなかったと思われる。なぜなら，これは，自分の所属する"小さな世界"をウチとし，それ以外の世界をソトと感ずるものであり，全世界を相手に競争を意識するということは本来はなはだ困難であると思われるからである。しかし，集団的な編成原理に立つ経営組織が発展して大きくなると，事態は変ってくる。すなわち，組織の多重構造化によって経営組織という"小さな世界"のなかのさまざまなレヴェルにおいて，小さな集団が，成功の機会，勝利の快感，集団の威信等を求めてひしめき合うようになると，同じ組織レヴェルの他の集団との間に競争が生じやすくなる。ことに，日本人の責任意識が，自分の所属する小集団へとむけられやすい傾向をともなっているために，ひとたび，集団の間に緊張や競争状態が生ずると，それは，メンバーの集団忠誠心を反映して，次第に激化してゆく傾向が認められる。

　また，日本人に特徴的な地位の意識も，この傾向と無関係ではない。すなわち，すでに第3章においてみたように，日本人は，欧米人の場合とは異なって，もっぱら自分の所属する集団内部での地位にきわめて敏感である。こうして，第7章で論じた，エリート候補者達の間に激しい昇進競争が生じてくるのであるが，同時に，彼らは，集団の外部に対しては，自分の所属する集団のもつ社会的威信を重視する。その結果，NHKの自動車運転手が，タクシーの運転手に対して，秘かな優越感を抱くような事態も生じてくるわけである。このような，社会的威信の高い集団に所属したいという願望は，日本の社会においては，エ

リート候補にも非エリートにも顕著に現れてくるわけである。この願望は，まず入社時における企業の選択に現れる。しかし，ひとたび企業に入社したのちは，どの集団に属するかは本人の自由にならない。エリート候補として昇進競争にまき込まれているグループは，将来幹部に昇進したときの必要性にそなえて，普通，配置転換によって，さまざまの集団を移動してゆく。このため，彼らとしては，次の機会にはできるだけ威信の高い集団に転属になることを念じつつ，自分の職務に専念する。僻地の支店に転属になった者が，忘れ去られないために，本店の友人達にしきりに近況報告を書くという"悲壮"な物語りもしばしば伝聞される。しかし，このような組織内昇進競争の圏外にある人びとにとっては，ささやかな集団的プレステイジを求める以外に，地位への欲求を充たす手段がない。これらの人達にとっては，集団間の競争が，昇進競争の代替行為となっているとみることもできる。それは，いわば，集団の間の昇進競争という性格をもつものといえるかもしれない。このような心理的基盤が存在したがゆえに集団報奨制度は，この種の競争意識をあおり立てることに大きな成果をあげてきたのである。しかし，このことは，日本人の間にみられる特異な競争意識を利用し強化したにすぎないのであって，集団報奨制度が，このような競争意識を創出したものではない。このことは，次の事実からもあきらかである。すなわち，もしそれが日本人ではなくてアメリカ人であったならば，かなりの額の集団報奨を行なったとしても，日本人の間にみられるような集団に対する高度の忠誠心と貢献意欲を確保し，激しい集団間の競争を導くことができるかどうかは，はなはだ疑問であるからである。もし，それがアメリカ人に対しても効果をもちうるものであるならば，板坂元氏が指摘するように，働かなくなったアメリカの労働者に対して，それが大いに利用されている筈だと考えられるからである[2]。昇進競争と集団間競争との間にみられる興味深い関係のひとつは，次の点である。すなわち，昇進競争を激しく競いあっているエリート候補達は，集団報奨制度のもと，集団間競争を煽動する立場にあり，その成功・不成功が，しばしば昇進競争の帰趨に，きわめて大きな影響を与えるという事実であろう。

以上によって，われわれは，日本的経営組織の内部に，

①個人の孤独な昇進競争にせきたてられて激しく働く部分，

②集団間の競争のもとで，"小学生の運動会"のように陽気に，かつ熱心に働く部分，

③これらの競争からすっかりはみ出して，やる気をなくしてしまった部分の

3つの層を区別することができる。

終身雇用制や年功序列制の存在によって，日本的経営制度のもとでは，人びとはすっかりやる気をなくしてしまっているという所説は，以上，第7章および第8章の分析によって，正しくないことがあきらかであろう。しかし，反面，日本的経営組織の一部に，すっかり"やる気"をなくしてしまった層が存在することもまた事実である。さきの所説は，この部分の存在を不当に拡大したものであるように思われる。そして，経営学者の多くが一時期，このような誤った見解を，ほとんど何の抵抗もなく鵜呑みにしてしまった理由のひとつは，彼らが，企業の場合とは異なる大学組織の非機能性ないし反機能性に，いささかウンザリしていたことによるのかもしれない。いずれにしても，企業組織の場合には，組織内昇進競争と集団内集団間競争の存在によって，その内部に高度のダイナミズムが生みだされていることに注意しなければならない。

1) 1976年1月に開かれた経営史国際会議に出席したオックスフォード大学のピーター・マサイアス（Peter Mathaias）教授は，日本の企業が大組織に成長してもその活力を失わないことについて，その秘密を説明するよう著者に求めたことがある。そこで著者は，この集団内集団間の競争によって，現場とくに営業部門に関するかぎり大企業も中小企業の場合と変らない活力をもっており，むしろその競争相手が同一集団内他小集団という"身近な相手"であるだけに，いっそう競争を意識している点を指摘した。マサイアス教授は，"それが日本の組織のダイナミズムを生みだしているのだな"としきりに感心していたが，英国の場合には，このような現象はみられないようである。この点は米国においても同様であろうと思われる。

2) 板坂元『あゝアメリカ―傷だらけの巨象』2―「働かない労働者」参照。

第9章　組織成員の義務の無限定性

I　"義務の無限定性"

　第8章においては，日本人の間にひろくみられる集団志向的意識を基盤として，集団的編成が，日本的経営組織におけるひとつの重要な編成原理となっていること，この組織構成の原理は，日本的経営のさまざまな局面にみられる経営管理方式の特徴ときわめて重要な関連をもっていること，さらにそれは，日本的経営にある種のダイナミズムを生みだしていることを指摘した。次にわれわれは，同じくこの集団志向的意識の存在を基盤として成立しているいまひとつの編成原理，すなわち，"集団成員としての義務の無限定性"についてみておかなければならない。ここで著者が"義務の無限定性"というのは，のちにやや詳しく検討するが，とりあえず，次のように御理解いただきたいと思う。すなわち，それは，"ある組織の成員が，将来引受けることを強く期待される責任ないし職務が，明確に限定されておらず，予測困難な状況"を意味している。そして，日本の経営は，のちに分析するように，このような状況を前提として構成され，またこの条件に支えられて存立しているのである。したがって，この原理に反する行為は，組織のなかに大きな反作用を呼びおこす。日本の組織において転勤拒否が"重罪"であるのはその1例である。

　さて，この"義務の無限定性"は，さきに第2章において指摘した日本人の集団意識の特徴，すなわち，自分が組織のなかで果す機能よりもその組織に所属するという事実がより重視されるという，独得の集団意識と深くかかわっている。しかも，それが，このような集団意識の存在によって強力に支持されているために，この"義務の無限定性"は，日本的経営組織においてはほとんど抵抗なく受入れられていて，多くの場合，これが問題として意識されることも

ないのである。このことは、のちに米国の組織と対比しながらこの問題を論ずるときあきらかになるように、組織の効率的な運営にとって、きわめて重要な意味をもっているのであるが、この点はのちの検討にゆずる。

　さて、しかし、官庁や一般の民間企業における大部分の事務系職員の場合には、ほとんど問題として意識されることのないこの "義務の無限定性" も、"機能" こそが重視される特殊な職種や専門職の場合には、これが重要な問題として意識される契機をはらんでいるのである。このことはたとえば定期刊行誌の編集者や記者が営業部門に配置転換になった場合を想起していただけば、あきらかであろう。この問題についていま少し詳しく分析するために、ここでは、著者自身にとってきわめて身近な、大学教員の場合、すなわち、本来専門職への志向を強くもっている研究者達が、研究・教育・行政といったやや性質の違う、さまざまな業務を処理しなければならない大学教員となる場合について考えてみよう。この場合、通常、どのような教科を教えるのかという教育内容についてのごく "大雑把" な合意――講義内容そのものは普通担当者にまかされていて、他からの容喙になじまない仕組となっている――と、何時間教えるかという教育時間についての一応の合意がなされる。さて、こうして新しい研究・教育の場に胸をふくらませて赴任してくる研究者達は、しかし、大学組織の外部にいたときには想像することもできなかったような、さまざまの役職や年中行事をはじめとする諸種の雑用が、"雲霞" のごとく押し寄せてくるのに驚かされる。しかも、これらは、権利ともつかず義務ともつかぬあいまいな形のものであり、役職については、タテ前としては本人の同意をえることになっているものの、しかしそれは、健康上の理由など多くの組織成員が納得するような理由が存在しなければ、ほとんどの人は拒否できないような性質のものである。大学の経営に携わる人びとのなかには、このような役職や雑用を引受けるのは義務であり、その義務に対する対価は、すでに給与のなかに含まれていると考えるむきもある。しかし、給与のうちの何パーセントがその対価であるのか一般に明示されてはいないし、健康や能力上の理由で役職を引受けられない人びとの給与がそのために削減されたという話も聞かない。つまり、教育

活動に附随した雑用の処理に関しては、これをその対価が給与に含まれている一種の義務と考えることは必ずしも不自然ではないが、役職の問題を含めて考えると事柄はそう単純ではない。しかも、この場合一定の負担を負うとしても、自分の好きな役職を好きな組合せで選べるわけではなく、組織の側の必要に応じて、ほぼ一方的に役職の受諾を要求されるのが一般のようである。

この"義務の無限定性"に対する大学教員の一般的な反応は、われわれにいくつかの重要な問題を提示している。すなわち、この場合、①第1に、予想しえないこれらの負担に対する大学教員達の不満は、多くの場合、引受けなければならぬ負担の内容そのものやその予測不可能性に対してではなく、むしろ負担の重さや公平性にむけられるという事実、②第2に、この負担が一般に役職や雑用に関するものであり、担当科目の変更を含まないという事実である。勿論、大学の命令で担当科目が変更されるケースも稀には存在する。しかし、本人の意思を無視してこのような変更が行なわれることは、"正常"にないしは"民主的"に運営されている大学においては、特異なケースと考えてよいと思われる。これらの事実は、次のことを意味する。すなわち、①まず第1に、この"義務の無限定性"が、大学教員のスペシャリストとしての機能に関してではなく、主として管理的業務に関してみられるという事実が示すように、この"義務の無限定性"の要求は、管理的業務の担当者に対して集中的に現れるという事実である。このことはまた逆に、この"義務の無限定性"が、スペシャリストにとっては受入れがたいものであり、したがってまた、それに対する抵抗も大きいこと、組織の側にとっても、スペシャリストにこれを要求することは、得策とはいえないことを示している。研究所の一般研究員と異なり、専門領域においてはスペシャリストでありながら、同時にさまざまの管理的業務を処理しなければならない大学教員の場合は、以上の事実を示す標本的な事例であるといえる。②第2に、この管理的業務の側面における大学教員の不満が、さきに指摘したように、負担の重さや公平性にむけられており、負担の内容やその予測不可能性にむけられていないという事実は、日本の経営組織における管理的業務の担当者達が、組織内におけるみずからの機能を重視しない日本的

思考方法を反映して、"義務の無限定性"に対してあまり大きな心理的抵抗を示さないことを示している。このことは、のちに検討するように、日本的経営組織の存立や効率的運営にとって、きわめて重要な意味をもっているのである。

　さて、この"義務の無限定性"への要求が、主として管理的業務の担当者に集中的にむけられるという事実、逆にいえば、スペシャリストからの抵抗が大きいという事実、および、わが国においては、欧米の場合に比べて、この"義務の無限定性"に対する心理的抵抗が弱いという事実は、2つのきわめて興味深い事実と関連している。そのひとつは、のちにやや詳しく検討するように、米国の経営組織において、管理業務担当者の役割と比重が増大するにつれて、組織の要求として"義務の無限定性"の要求と近似した要求が現れていること、しかし、米国人の規範意識がこのような要求と相いれないものであるために、この要求を受入れる心理的な基盤が形成されていないこと、このために、組織成員とこの組織の要求との間にさまざまな摩擦が生じており、それが組織成員の抵抗や悩みとなって現れていることである。このような傾向は、当然、組織が効率的に機能するうえでのさまざまの障害となるものであり、組織の編成原理およびその制度的表現形態と心理特性との間に緊張関係が存在する1例といえる。このことはまた逆に、"義務の無限定性"に対する心理的基盤がすでに形成されている日本の経営組織の効率性を示唆するものである。

　いまひとつの事実は、この"義務の無限定性"が、のちに論証するように、日本的経営制度が存立しうるためのきわめて重要な条件をなすものであること、また、それは、スペシャリストからは大きな抵抗をうける性質のものであることから、日本的経営組織は、いわゆる"専門家主義"をとることが困難であり、"管理者主義"への根強い志向をぬぐい去ることはできないという事実である。この"管理者主義"に対しては、"専門家主義"の立場から、しばしば厳しい批判が行なわれている。たとえば、ソニーの盛田昭夫氏は次のようにのべている。

I "義務の無限定性"

「私は，こいつはスペシャリストにしてやろうと思って人を雇ったことは一度もない」

こういう経営者がずいぶんいるのである。そして，それにもかゝわらず，結果としてスペシャリストにしかなれない男が出てくるのだと言う。部下が使えないとか，性格がはんぱだとか，そういう理由でおのずと専門的な仕事を一人でこつこつやる立場に持ってゆく仕組みになっているのである。つまり，スペシャリスト即ち，はんぱ者だという考え方だ。

もちろん，これはスペシャリスト自身の責任でもある。(中略)

しかし人が使えないからなどという理由で，孤独な専門家への斜面へ追いやってしまう管理者には，より以上の問題がある。

だいたい日本では，人をうまく使えなければ偉くない，という誤った固定観念がある。(中略) 従って人をうまく使えない人間には，無能であるというレッテルと，報いようがないのだという弁明と，この二つの足かせが同時にはめられるわけだ。そして，はきだめに送られる[1]。

しかし，すでにみたように，日本的経営組織にあっては，"管理者主義" を脱却できない相当の理由が存在しているのであり，"専門家主義" の局部的拡大はともかくとして，それを，経営組織の全体を規定する編成原理とすることは，日本的経営組織を構成している枠組みを廃棄しないかぎり，困難であるといわなければならない。なお，この点については第2節日本的経営の存立条件をも参照されたい。

次に，"義務の無限定性" の要求の結果として組織のメンバーが負わなければならない，あるいは負うことを一般に強く期待されているこの負担は，どのような性質のものであるのか，それははたして義務なのか否かが問題となる[2]。この日本的意味における義務を，より一般的な概念と区別するために，以下，カッコ付きで，日本的 "義務" と呼ぶこととする。さて，この問題について検討する場合，川島武宜氏による，西欧人の権利・義務意識と日本人のそれとの対比は，大いに参考となる。すなわち，川島武宜氏によれば，西欧的な意識における「権利」とは，①第1に，「個人と個人とのあいだの一定の型の社会関係に関する」ものであり，②第2に，それは，「BがAに対して或る行為をなす義務をおっている，ということを前提」とするものであり，③第3にこの場

合，権利者であるAの実力行使が抑止されており，また，「客観的な判断規準」によってBの行為が評価される。という性質をもっていて，この2点においてそれは「権力」と区別されるものである[3]。したがって，このような西欧的規範関係においては，「義務の限定性・定量性」が存在する。すなわち，「その義務の内容が，義務者ないし権利者を拘束している判断基準によって『客観的』に限定されており，義務者ないし権利者がその義務内容を自由に変更することが許されない[4]」。しかしこのような欧米流の規範意識とは異なり，わが国に伝統的な規範意識においては，権利の観念が欠けていて，義務本位に意識される傾向が認められ，しかもこの義務は，「非確定性・非限定性」をその特色とする，というのである[5]。

さて，こうした規範意識の差は，それぞれの雇用関係のあり方に，さまざまな形で反映しており，この川島氏の指摘は，われわれにとって，きわめて示唆に富むものであるということができる。しかし，ここでこの川島氏の分析を"導きの糸"として，われわれが"組織成員の義務"について検討する場合には，一見近似してみえるがあきらかに異なる2つの概念を，明確に区別しておく必要がある。それらは，①著者のいう"義務の無限定性"すなわち，組織成員が将来引受けることを強く期待されるであろう責任の予測不可能性と，②組織成員がすでに引受けた責任につきまとう"責任の非限定性・非定量性"との2つの概念である。

そこでまず，"義務の無限定性"の概念についてみると，これは，次の事態を意味する。すなわち，すでに第2章で指摘したように，欧米社会においては，原則として諸個人は，その果す機能を媒介として相互に関係を結ぶという構成をとっており，このため，組織化の進行した今日においても，自分がどのような機能を分担するかを明確にすることは，個人がある組織に参加するための前提条件となっている。したがってまた，ある個人が組織に参加したのちに，彼が分担・遂行すべき職務を変更する場合には，新しい条件を提示したうえで本人の同意をえ，契約の改定を行なわなければならない。このような欧米人の意識が典型的に表現されている事例を千石保氏の著書から引用させていただくこ

とにしよう。この事例は，われわれ日本人にとっては，誰かの創作とも思えるような奇抜な話であるが，欧米人の意識が端的に表現されていて，欧米社会にあっては，きわめてありうべき話なのである。この話とは，次のようなものである。

　笑い話になるくらい有名な話だが，外国では，日本人にとって，理解不能なサラリーマンがいる。イギリスに支店をもつ日本の会社でのできごとである。支店長さんが，平素なかなか勤勉なイギリス人の守衛を見て，ひとつ喜ばせてやろうと考えた。
　「君，こんど書記に昇格させるよ。ペイも上げよう」
　翌日から，喜び勇んで出社するであろうはずの「書記」さんにかわって，辞表が届けられたのであった。なんとも理解不能である。しかし，守衛がいなくてはしようがないから，すぐ，募集をした。ところが，辞めたかつての「書記」さんが応募しているではないか。いくら目をこすっても，まぎれもなく，かつての守衛その人である。
　イギリス人というのは，いったい何を考えているのであろうか。ともあれ，日本人とは根本的に違った価値観をもっているに違いない[6]。

　これに対して，"就職というよりは就社である"といわれるように，集団への"所属"こそが諸個人にとって第1次的意義をもち，彼らがその組織内においてどのような機能を分担するかは2次的な意義しかもたない日本の社会においては，諸個人は，まず集団に参加し，しかるのち，その集団によって割当てられた職務を遂行する仕組となっている。こうして，ひとたび職務を与えられたのちも，集団の側の都合によって，適宜その変更が行なわれる。さきの守衛の話にみられるように，"新しい書記どの"が喜び勇んで出勤するであろうと考えた日本人側の態度は，このような組織慣行をあきらかに反映している。勿論，日本の組織においても，このような職務の変更を拒否して組織を去ることは，理論的には可能である。しかし，集団への"所属"と集団内の地位こそが第1次的意義をもち，各自の分担する"機能"は一般に2次的な意味しかもたない日本の社会にあっては，このような行為への志向は稀薄であり，さらに確立した終身雇用制度が，このような行為を非現実的なものとしている。その結果，日本の社会では，それは特殊な例外であり，大量現象としては，むしろ当然のこととして，新しく割当てられた職務を受諾するのが一般である。つまり，

日本の経営組織においては，ある個人が特定の集団に参加するとき，彼が，その集団の成員として将来どのような"責任"を負うようになるかは，ほとんど不明であるといってよい。著者は，このような事態，すなわち，「ある組織の成員達が，明確にその義務として規定されていないような責任であっても，あるいはさらに，当初予測不可能であった責任であっても，もし組織がそれを必要とするならば，これを引受ける"義務"を負っていると強く感じており，また他の組織成員に対しても，これを強く期待している」ような事態を，"義務の無限定性"と呼んでいる。

　次に，著者が"責任の非限定性"と呼ぶのは，日本の組織にみられる次の現象をさす。すなわち，それは，さきに第5章で分析した，"個人の責任範囲の不明確さ"や，集団構成員の間の"責任の連帯性"に照応するものであって，組織の成員がひとたび一定の職務を引受けたのちも，この職務にかかわる責任の範囲が明確に規定されておらず，組織内の状況によって，さまざまに変化し伸縮する現象を指している。この傾向は，さきに第8章で取上げた，組織の"集団的編成"の問題と深くかかわっている現象であるといえる。以上の両者は，概念上，明確に区別しておくことが必要である。

1) 盛田昭夫『学歴無用論』96頁。なお盛田氏のスペシャリストについての考え方については，同書90頁～102頁を参照。
2) 本来，このような疑問を提出すること自体，きわめて非日本的なことであるのかもしれない。
3) 川島武宜『日本人の法意識』21頁～23頁参照。
4) 川島・前掲書28頁。
5) 川島・前掲書第2章「権利および法律についての意識」参照。
6) 千石保『日本人の人間観―欧米人との違いをさぐる―』3頁。

II　日本的経営の存立条件

　そこで，次に，この"義務の無限定性"が，日本的経営組織の編成原理として，どのような役割を果しているのかという問題について，検討しなければならない。ここでまず問題となるのは，ともに日本人の集団志向的意識を基礎と

II 日本的経営の存立条件

してもたらされた2つの編成原理，すなわち，第8章で取扱った"組織の集団的編成"の原理と，この"義務の無限定性"の原理との関係であろう。この両者の関係については，次のようにいうことができる。すなわち，前者すなわち"組織の集団的編成"の原理は，日本的な経営組織の構成原理をなしているものであり，その組織構造と密接に関係しているといえる。したがって，日本的経営組織のさまざまな制度的特徴は，この原理に由来していると考えられる。また，後者，すなわち，"義務の無限定性"の原理は，次に詳しく検討するように，終身雇用制や年功序列制など，日本的経営の基本的枠組みをなす諸制度が存立・発展するうえでの不可欠の条件をなすものであり，この条件を欠いては，"日本的経営"そのものが存立しえないような性質のものである。また，それは日本の経営が，採用・配置転換・昇進などさまざまの局面において，この"義務の無限定性"を予想して編成されているという意味で，"組織の集団的編成"とともに，"日本的経営"の基本的な編成原理をなすものであるということができる。

さて，そこで次にこの"義務の無限定性"が，いかなる意味において，日本的経営を支える基本的な諸制度が存立しうるための条件となっているかについてみなければならない。ここでは，終身雇用制および年功序列制とこの"義務の無限定性"との関連について分析する。なぜなら，この両制度は，一般に日本的経営の核心をなす制度として理解されてきているからである。勿論，論者によっては，これら2つの制度のほかに，経営家族主義や企業内福祉制度を加えたり，企業別組合を数えあげたりする場合もあるが，日本的経営組織の構造を規定するうえで，この両制度がその基本的な枠組みとなっていることに異論はないであろう[1]。

このように，この2つの制度，すなわち，終身雇用制と年功序列制が，日本的経営の核心をなす制度として理解されてきたことから，従来，これらの制度がわが国において発展した理由について，さまざまの説明が提出されてきている。これらの説明の多くは，結局のところ，これら日本的経営に特徴的な諸制度の発生基盤を，強固な家制度の伝統や家イデオロギーを意識的に利用しよう

とした経営家族主義の採用に求めている。しかし，この種の説明にはなお疑問が残る。その理由は次のとおりである。すなわち，これら終身雇用制や年功序列制は，間宏氏の指摘にもあるように，第2次大戦中，戦時における高度の合理性の要求など，さまざまの圧力のもとで，一種の崩壊過程を辿った[2]。そして戦後，労働組合の要求まで加わって，戦前のそれらと高度の近似性を示す諸制度が復活したわけであるが，これら両制度の復活は家イデオロギーがその実効性を失うなかで，アメリカ的経営の模倣ブームにも耐えて行なわれたのである。したがって，これら日本的経営諸制度を成立・存続させた基盤は，家イデオロギーをそのひとつに数えるとしても，そのきわめて重要な部分は，日本人の思考方法や社会関係の深部にひそむ，それ以外の何かに求めるのが自然であろう。たしかに，商家の同族経営にみられた終身的関係は，家的発想に支えられたものであったであろうと思われる。しかし，企業のいっそうの発展によって，経営組織の上層部だけが同族で固められた形態に移行したのちは，状況は変化したと考えられる。すなわち，このような状況のもとで，これらの諸制度が発展するためには，それらが組織の構成員によって喜んで受入れられ，すぐれた効果を発揮するものであることが，必要であったと考えられるからである。ともあれ，現実には，これらの諸制度は，組織の構成員達によって受入れられ発展した。この事実からあきらかなように，それらは，多くの日本人にとって魅力あるものであったと考えられる。そして，このような日本人の志向を支えたのが，すでに分析した日本人の特徴的な社会意識や心理特性であった。

　ところで，このような著者の見解に対しては，雇用の機会が今日よりはるかに限定されていた時代に，つつがなくつとめていれば一応終身にわたる雇用が保証され，年功によって昇進が約束されるとすれば，組織の構成員がこれを喜んで受入れるのは当然ではないかという，疑問が提出されるかもしれない。しかし，このような日本的経営制度を受入れることには，これとひきかえに，ひとつの条件をのむという "コスト" がともなっていたことを見逃すわけにはゆかない。そしてこの条件こそ，"義務の無限定性" の受諾であったのである。すなわち，彼らが身分や役割の固定された現実の "ムラ" の住民であったとき，

彼らの義務もまた固定的であったのである。しかし，彼らがこの"ムラ"を離れて都市の企業に雇用の機会を求めたとき，終身雇用・年功序列などの制度とひきかえに，かつての地主—小作関係にすらみられないほどに大幅な"義務の無限定性"を受入れたのである。このような選択は，"所属が機能に優先する"という日本的な意識の存在によって支えられていたのであり，このことは，いかなる文化圏においても，同様の結果に終ったであろうと，想定することは困難である[3]。書記への昇進と昇給を約束された守衛が翌日には辞表を提出し，やむなく守衛を募集したとき，辞めた当人が応募していたという，さきに引用した守衛の話に典型的にみられるように，所属や給料よりも機能が優先するような社会にあっては，"義務の無限定性"がひろく一般に受入れられるという事態は，まず想定困難なのである。

　以上のように，欧米社会にあっては，まずひろく一般に受入れられることはないであろうと考えられる"義務の無限定性"が，実は終身雇用制や年功序列制などの日本的経営諸制度が存立・発展するための，不可欠の条件であり，ちょうど"解雇の自由"なしには欧米型の経営組織が存立しえないのと同様，これなくしては，"日本的"経営組織も存立しえないことは，以下の分析によってあきらかである。

　ところで，この問題について分析するためのひとつの方法として，これらの制度が何故わが国において発展したかという従来の問題追究の姿勢を転倒させ，欧米においては何故このような制度が発展しえないかについて検討してみると面白い。この一見突飛な発想とも思われる問題追究の視角は，実は，終身雇用制度や年功序列制度の発展にとって，決定的な阻害要因となるものをあきらかにすることによって，逆にこれらの諸制度が日本の社会において発展しえた条件をあきらかにするのに役立つものと考えられるからである。そこで，これらの諸制度が何故欧米社会においては発展しえなかったのかを分析するためには，日本人のそれとはきわめて対照的な欧米人の規範意識のもとで，これらの日本的経営制度が可能であるかどうかについて，検討してみればよい。そうすればそれが不可能であることを論証するのは，きわめて容易であるからである。こ

の場合，さきに引用した欧米的な規範意識についての川島武宜氏の指摘，すなわち，欧米の社会における権利―義務関係にみられる"義務の限定性・定量性"についての指摘は，きわめて重要な意味をもっている。

　川島氏によれば，「権利」意識が長い伝統によって根強く定着している欧米社会においては，「『権利』として承認されまた認識されている規範関係においては，義務の限定性・定量性」が認められるのであり，「義務の内容が，義務者ないし権利者を拘束している判断規準によって『客観的』に限定されており，義務者ないし権利者がその・義・務・内・容・を・自・由・に・変・更・す・る・こ・と・が・許・さ・れ・な・い[4]」。（傍点著者）これに対して，わが国においては，義務の非確定性・可変性という「権利」の意識とは異質な規範意識の伝統があきらかに存在しているのであり，川島氏の指摘によれば，このような伝統的な規範意識は，「決して法意識にのみ特有の現象ではなく，むしろ，日本人の伝統的な思考様式に共通する一般的な特質の一側面にすぎない」のである[5]。以上のような規範意識が支配する欧米の社会において，終・身・雇用契約が可能であるか否かについてみてみよう[6]。この場合，論理的には，雇用者が被雇用者を解雇することができないと同時に，被雇用者も職を辞することができないという，双務契約の場合が想定しうるが，これは，きわめて長期にわたる年季奉行ともいえるもので，近代社会においては，まず，想定困難な契約であるといわなければならない。したがって，結局のところ，このような終身雇用契約は，被雇用者が職を辞することはできるが，かれらを解雇することはできないという，片務契約とならざるをえない。ここでわが国の終身雇用制においても，それは契約ではなく，慣行に支えられた了解ではあるが，ここでいう意味での片務的な慣行となっていることに注意したい。

　さて，欧米社会において，このような片務契約の締結が一般化した場合を想定してみよう。その結果は，企業にとってはなはだ不都合な事態を招くこととならざるをえない。すなわち，まず採用についてみると，欧米社会に定着している義務の限定性・定量性からして，雇用契約は，明確に範囲の限定された一定の職務を引受けることに対して，これまた明確に規定された一定の給与を支

払うという形をとることとなる[7]。こうして，一定数の採用が行なわれるならば，組織の編成は理論的には一応可能である。すなわち，明確に限定された職務の階層構造をつくりあげることはできる。しかし，詳説するまでもなく，このような組織は，環境の変化に対応することができない。すなわち，環境の変化に対応するために組織構造の変更が必要となったとき，当然，不要となった職務を削除したり，必要となった新しい職務を新設するなど，職務内容の変更が必要となる。しかるに，他方，仮定により終身雇用契約と義務の限定性が存在するために，不要になった職務の担当者を解雇することはできないのであり，また，彼らを，雇用者の意のままに，他の新しく必要となった職務に配置転換することも困難である。すなわち，このような配置転換を行なう場合，雇用者は被雇用者との間に再契約を結ぶことが必要となるが，このような再契約が不成立に終った場合にも，仮定により彼らを解雇することはできない。このため，組織のうち，変更可能な部分と変更不可能な部分とが生ずることとなる。その結果，組織は今や不必要となった古い職務の多くを温存しつつ新しく必要となった職務を追加する以外に，組織構造の変更はできないこととなる。このような条件のもとでは，環境変化に適応するための新しい政策の採用はほとんど不可能であり，このきわめて硬直的な組織は，組織改革がほとんど不可能なまま，時間が経過するほど，いよいよ収拾のつかない事態に追込まれてゆくこととならざるをえない。

　以上の分析によって，組織が環境の変化に適応して存続し，あるいはさらに発展することが可能であるためには，①"義務の無限定性"すなわち，雇用者の一方的な判断にもとづいて，被雇用者を自由に配置転換することが可能であるか，②不要となった被雇用者を自由に解雇し，新規に採用された者によってこれをおきかえることが可能であるか，のいずれかの条件が充たされなければならない。かくして，"義務の限定性・定量性"が前提となっている欧米社会においては，"解雇の自由"は，組織が存続するための必要条件であり，このような社会には，その規範意識が変化しない限り終身雇用制が発展する条件がそなわっていないといえる。これに対して，わが国の経営組織においては，さき

に指摘したように，"義務の無限定性"が一般に当然のこととして受入れられているのであり，欧米社会が組織の柔軟性を"解雇の自由"によって確保しているのに対して，わが国においては，これを，"配置転換の自由"によって確保しているのである。換言すれば，わが国の場合，著者が"義務の無限定性"と呼ぶ特徴的な規範意識や，その背景となっている，"機能"よりも"所属"を重視する日本人の社会意識こそが，終身雇用制存立の不可欠の条件をなしているものと考えられるのである。第2次大戦後の社会における，労働組合の解雇反対闘争がいかに激しいものであったとしても，以上の条件を欠いていたならば，それは経営側にとって，決して受入れることのできない要求であったであろうし，たとえ激しい闘争の結果経営側が一時これを受入れることがあったとしても，経営側の自信回復とともに，徐々に廃棄されるべきものであったであろう。

　以上，わが国の終身雇用制を支えてきたもっとも重要な条件のひとつが，"義務の無限定性"という日本人独特の規範意識に求められること，この点に関しては，戦前の終身雇用制も戦後のそれも，同様の関係に立っていること，このような日本人の規範意識そのものは，家イデオロギーと直接的な関係に立つものではないことを，とくに注意しておきたい。

　さて，次に，終身雇用制と同様，年功序列制度も，雇用者による職務の一方的な変更の自由，すなわち，"義務の無限定性"の受諾を前提にしていることをあきらかにしなければならない。いうまでもなく，この制度は，たんに給与が年功を基準として上昇することを意味するものではない。組織の成員達は，年功を積重ねるに従って，下位の職務を順次後輩達に委ねつつ，さらに上位の職務へと進んでゆくのである。勿論，同じ職務を担当している間にも給与は上昇しつづけるのであるが，それにともなって，職務も，やがては，より高度なものへと，順次変更されてゆくのである。つまり，この場合，大部分の組織成員が，数年間にいちどは職務を変更する必要が生ずるのであり，本部（人事部）の司令によっていっせいに配置転換が行なわれうるのでなければ，このような制度を維持することは困難である。もし，このような変更がスムーズに行ない

えないならば，"書記の給与が部長の給与よりも高い" といったアンバランスが，組織のいたるところに生じてくる結果とならざるをえないからである。ところで，欧米的な規範意識のもとにあっては，職務の変更を行なうためには本人の承諾をとりつけなければならないことから，本人に職務の変更を承諾させるために，ときにかなり多額の増給を必要とする。このような規範意識のもとで，年功序列制度の導入・維持をはかるならば，結局アンバランスな増給によって給与体系が崩壊する（したがって，年功序列制度そのものも崩壊する）こととならざるをえない。原因はこの場合と同一ではないが，組合などとの力関係によって，組織成員の入れ替えや給与の決定がスムーズに運ばなくなった場合には，現実にこれと類似の状況が，米国に現れていることが指摘されている。たとえば，ある場合には，小学校の"小使い"の給与が校長のそれよりも高いといった珍現象が生じているのである。板坂元氏は次のように報告している。

> 私の妻子の行っている聖公会の教会で，去年経営のことでいろいろと問題が起こった。ご多分に漏れず信者が減っていって，赤字が大きくなり，教会を閉鎖するかどうかの問題になったのであるが，（中略）驚いたことにジャニターつまり日本の小使さんにあたる人の年俸が1万2千ドルになっている。（中略）しかも，神父さんの年俸はその時6千ドルであった。（中略）
> 神父さんの倍も小使さんが年俸をもらうのは不思議なことに思われたが，どうやら珍しい例ではないらしい。ある友人から，そんなのはまだいゝ方であって，ニューヨークでは高校のジャニターが4万ドル以上もとっているのが珍しくないのだ，と教えられた。この市長よりも高い年俸をとっているジャニターがいることがわかって，さすがにこれは問題になったらしい。高給取になって，自分は働かないでアルバイトをやとって掃除などをやらせていたゝめ，批判が出たのだそうである[8]。

以上の分析によって，①第1に義務の限定性・定量性という欧米的な規範意識を背景として，組織が柔軟に機能するためには，④解雇の自由にもとづく組織成員の入れ替え，回ネゴーシエイションによる給与の自由な決定が不可欠であり，これらの諸条件に大幅な変更が生じない以上，欧米社会において，終身雇用制や年功序列制を導入し・維持することは，現実には不可能に近いことがあきらかである。最近，欧米の研究者の間に，わが国の終身雇用制や年功序列

制を高く評価しようとする動きが一部にみられるが，それは，これらの諸制度が，日本的な経営風土のもとで，重要かつ積極的な役割を果していることを再評価しようとしているにすぎないとみるべきであろう。なぜなら，これらの制度を欧米社会に移植することは，さきの分析によってあきらかなように，よし不可能ではないとしても，きわめて困難であるからである。②第2に "義務の無限定性" は，日本的経営制度の存立・発展のための不可欠の条件であり，これなくしては，終身雇用制や年功序列制など，日本的経営制度そのものの存立が困難であることがあきらかである。したがって，このような日本人の規範意識と経営制度との関連をあきらかにしないままに，資本・資源・市場等「脆弱な基盤のうえにたって，国際競争に立ち向か」わなければならないわが国企業のおかれた物的基盤をもって，直接的に戦前における「日本的」経営制度の成立を説明したり，あるいは第2次大戦後におけるその復活を説明することには，相当な無理があるように思われる[9]。

1) 間宏『日本的経営の系譜』17頁，津田真澂『日本的経営の擁護』28頁〜29頁参照。
2) 間・前掲書「第二次大戦の勃発―経営家族主義の動揺」参照。
3) このことはまた同時に，経営者が，自分の組織構成員に対して，無茶な要求は出さないであろうという，"強者の責任" に対する期待と信頼感によっても，支えられていたと考えられる。欧米人が，たとえば，"如何なる命令にも従います" といった類いの契約にサインをするかどうかについて考えてみれば，このような信頼感が重要な役割を果していることがわかる。
4) 川島武宜『日本人の法意識』28頁。
5) 川島・前掲書34頁。
6) これは一種の帰謬法と考えていただきたい。なお，ここで想定する終身雇用契約は，文字どおりの終身ではなく，わが国の場合のように，停年まで雇用する場合を想定しておこう。
7) 日本の場合との相違については，のちに詳しく検討するが，日本の場合には，入社したのち配属が決定するまでは，自分の担当する職務は不明である場合が一般であり，また給与も，初任給は明示されるが，それ以外は30歳で標準給与いくらといった概算が示されるにすぎない。
8) 板坂元『あゝアメリカ―傷だらけの巨象』49頁〜50頁。
9) 間・前掲書268頁〜269頁参照。

III 日本的管理方式と "義務の無限定性"

以上の検討によって，この "義務の無限定性" は，日本的経営の枠組みを構

成している2つの基本的な経営制度，すなわち，終身雇用制および年功序列制との間に，切離すことのできない密接な関連をもっていることがあきらかとなった。しかも，これら2つの経営制度が，日本的経営にみられるさまざまの特徴と不可分の関係にあることから，この"義務の無限定性"は，当然，日本的経営のさまざまな局面において，その特徴的な管理方式と深くかかわり合っていると考えなければならない。以下，採用・配置転換・昇進など経営の諸局面において，それらがこの"義務の無限定性"と，どのように適合し合い，あるいは相互に強化し合っているかについて分析する。

さて，第8章においてすでにみたように，欧米の組織が，明確に規定された個々の職務を基礎単位とし，これらを経営目標の達成にむかって過不足なく構成されたものであるのに対して，日本の組織は，個々人の分担する職務の積上げによって編成されているというよりは，課とか係などと呼ばれる小集団を単位とし，一定の業務がこの小集団の責任において円滑に遂行されるよう工夫されている。諸種の宴会や旅行などのレクリエーションを行なって，しきりに小集団内の結束がはかられるのもその反映であり，また，小集団内部にみられる応援体制なども，このような組織の集団的編成を物語っている。そして，このような組織構造の違いは，採用・配置転換・昇進など，経営の諸局面にも大きな差異をもたらす。まず欧米の場合についてみよう。

(1) 採用について

欧米の組織の場合，個々の職務を単位として明確に構成された組織に，従業員の退社や仕事の増加など，何らかの理由によって空白が生じた場合，この空白を埋め合わせるような処置がとられなければならない。この場合，一般に2つの方法が考えられるであろう。そのひとつは，すでに組織の成員となっているもののうちに適任者がいれば，その人物の同意を求めて彼をその地位につける方法である。この場合，彼が以前占めていたポストが空席となるので，さらにこれを埋めるための処置がとられなければならない。いまひとつの方法は，組織の外部に適任者を求めて，新規採用を行なう方法である。この場合，当然，その職務を遂行するのにもっともふさわしいと思われる人物が，求められるこ

ととなる。したがって，人の採用の仕方も，日本の場合とは大いに異なってくる。まず，採用した人物に分担させる予定の職務内容が明示され，公表される。就職希望者は，この職務内容と自分の適性を考慮してこれに応募する。こうした応募者のなかから，適任と思われるものを選んで，彼との間に，雇用条件についての交渉が行なわれる。そしてこの条件についての合意が成立すれば，採用が行なわれるわけであるが，特定職務を分担させるために採用したわけであるから，その職務を充分に遂行できないと判断されれば，当人を解雇したうえ，さらに適任の者を求めることとなる。また，当人が，すぐれた能力をもっており，与えられた職務に習熟してくると，当人の申出によって，改めて給与についての交渉が行なわれたりする。ソニーの盛田昭夫氏もこの間の事情を次のように観察している。

　それでニグロの女の子を雇うことになったのだが，成程，これがなかなかいゝ子で，（中略）これは週八十ドルでスタートしたのだった。普通なら九十ドルのところを八十ドルでスタートした。といっても，それが二・三ケ月たつと，自分の方から，「私はもうすっかり仕事に慣れたと思う。より以上役に立つ筈だから，八十五ドルくらいもらいたい。もう少しあげてはくれまいか」こうアピールしてくる。そこでこちらも評価してみて，成程もっともだ，と思うと，応じてやる[1]。

　このような採用のあり方を反映して，欧米の組織においては，人事権は，高級人事を別とすれば，日本の組織に比べて，現場に密着した直属上司に，すなわち係長・課長・部長クラスに，大学の場合には学部長クラスに，与えられているのが一般である。

(2) 配置転換・昇進について

　職位の空白を埋めるひとつの方法は，さきに指摘したように，組織成員の間に適任者を見つけることであるが，このような方法もしばしば行なわれる。この方法は，配置転換ないし昇進をともなっている。空白を埋めるこのような方法は，日本の組織において一般に行なわれているものと近似しているが，にもかかわらず，ひとつの重要な差異を示している。すなわち，日本の場合には，集団目標の優先・"義務の無限定性"がひろく承認されているために，このよ

うな配置転換や昇進は，普通，本人の了承をとりつけることなく，一方的に行なわれる。形式的な "内示" が行なわれる場合も多いが，これとて，実質的には本人の同意を求めるためのものではない。当人にとって，ほとんど選択の余地はないからである。しかし，欧米の組織においては，たんなる配置転換はもとより，昇進についてさえも，本人の同意が求められる。なぜなら，欧米社会にあっては，それは，契約の更新を意味するからである。ここではなはだ興味深い傾向として，最近，アメリカ合衆国やオーストラリアなどにおいて，現実に昇進を望まぬものが増加しているという事実が指摘されている[2]。勿論この場合，合意が成立しなければ，他に人材を求めることとなる。

以上のような欧米式の組織慣行に対して，わが国のそれは，きわめて様相が異なっている。以下，それを，欧米式の組織慣行と対比しながら，みてゆくこととしよう。

(1) 採用慣行について，

まず，社会において自分が果す機能よりも，どの集団に所属するかを重視する日本人の社会意識を反映して，すでにみたように "就職というよりは，就社である" といわれる傾向が一般化している。すなわち，職を求める多くの人達，ことに，新しく労働市場に送り出されてくる新規学卒者達の多くは，どのような職務につきたいかという希望を明確にもたないままに，どの企業に入社したいかという希望をより強く抱きながら，就職戦線にのぞむ。彼らの行なう選択は，普通，銀行とか商社といった，業種の選択にとどまっているのである。多くの場合，彼らは，自分の志望している企業にどのような職務が存在しているかについては，ほとんど知識をもたないままに，採用試験にのぞむ。したがって，彼らの間には，入社したのち，遂行すべき職務を一方的に割当てられることに対する抵抗は，みられない。割当てられた職務は，当然のこととして受諾される。その際みられる悔いは，せいぜいのところ，より威信の高い職務を割当てられなかったことに対する，若干の不満にすぎない。

また，会社側も，特定の職務につけることを予定しないままに採用者を決定したのち，"持駒" を適所に配置する。このため，採用試験の段階では，企業

が，具体的にどのような能力をもった人物を必要としているかは，明確ではない。その結果，結局，"一般的能力"にすぐれたものや，協調性に富んだ人物などが望まれることとなる。こうして，企業は，有名大学（その卒業生は"一般的能力"にすぐれていると想定されている）の新卒者（練訓次第でさまざまの職務をこなしうる柔軟性を身につけていると想定されている）の採用に極度の熱意を示すこととなる。このような企業側の態度は，終身雇用制および年功序列制によってもたらされる組織の硬直性を，配属の自由および配置転換の自由，組織の集団的編成による職務構成の柔軟性等によって克服しようとする，日本的経営組織の特性を反映しているのであるが，このような態度は，また，わが国にみられる"学歴偏重"の傾向に対する，重要な支持要因のひとつとなっている。

さて，新規学卒者を確保するためには，彼らが卒業する時期を見計らって，いっせいに採用することとならざるをえない。こうして，"定期一括採用"が，わが国の採用慣行の大きな特色となる。それは，さきに指摘したような欧米の組織における採用慣行とは，顕著な対照を示している。

以上のように，"一般的能力"にすぐれた協調性のある人物を求めるわが国の採用にあっては，いきおい，具体的な能力の内容よりも，必要な人員の数と，それが組織全体の人員構成に与える影響などが，人事採用計画を決定するうえでの，もっとも重要なファクターとなる。こうして，わが国の人事採用計画は，
① 各部局からの人員要求を，相互のバランスと組織全体の年齢構成などを勘案
しながら，人事部で調整し，採用計画を確定する。
② その結果，採用計画は，
　　　大学卒業者（ときに学部別）　　何名
　　　高校卒男子　　　　　　　　　　何名
　　　高校卒女子　　　　　　　　　　何名
といった概括的なものとなる場合が多い。
　(2)　配属および配置転換
さて，このような人員採用計画にもとづき，採用試験を経て雇用された人員は，短期間，オリエンテーションともいうべき集合教育をうけたあと，各部局

へとりあえず配属される。こうして，新入職員にも一応職務が与えられる。配属の行なわれたのちの数年間は，一種の観察期間として，人物・能力・適性についての観察が行なわれる。この間，多くの企業では，人事評価も行なわれている模様であるが，通常，この観察期間中は，それが給与の差などとなって表面化することはない。

さて，こうした観察によって，その部局の要求に合った人物と合わない人物，適性配置された人物とそうでない人物，その部局に適応している人物とそうでない人物などが，次第にあきらかとなる。その結果，人員の配置転換が必要となる。この配置転換は，定期一斉異動の形をとることが多く，定期一括採用や，定期一括昇給とともに，日本的経営組織にとっての一種の〝脱皮〟行動を構成している。この点，特定職務を念頭において，当初から適性配置を心掛けている欧米の組織にあっては，欠員が生じたときやとくに必要に迫られたとき，その都度配置転換が行なわれるのとは，大きな対照を示している。勿論，わが国の組織においても，当然，職員の死亡や退職を埋め合わせるための微調整は，ときどき行なわれているが，基本的には，定期一括採用・定期異動・定期一括昇給が，その中心をなしていて，これらが一体となって，わが国の年功序列制度を支える重要な〝行事〟となっている。

このような慣行を従業員の側からみると，配属・配置転換・昇進とも，会社の命ずるままに行なわれており（転勤拒否は重罪である），この場合，栄進こそが従業員の重大関心事となっていて，どのような〝機能〟を遂行するかは重要な関心事とはなっていないことが多い。

ここで，配置転換・昇進にともなう，重要かつ興味ある問題にふれておかなければならない。すなわち，管理職が配置転換になる場合，それは既成の集団のなかにその長として配属される形となる。したがってこの場合，管理者は，与えられたメンバーをもってティーム・ワークを組織しなければならない。なぜなら，わが国においては，管理者達は，通常，勤務評定権は与えられているが，人事権は与えられておらず，したがって，自分の要求に合った人材をみずからの身辺に集めて職務を遂行することはできないからである。しかし，この

ような条件のもとで，新しくティーム・ワークを組織する場合，勤務評定権をもつだけでは必ずしも充分であるとはいえない。そこで，このような不安定性を補うため，日本人の間に根強くみられる"共食信仰"を利用した諸種の宴会や旅行など共同のレクリエーションや冠婚葬祭の利用による"共有経験"の強化がしきりに行なわれる。しかも興味深いことには，これらの経営目的を達成するための諸行事の費用は，大部分は積立てという形で組織成員の負担となっていて，これに，経営の側から，経営資金として，金一封が贈られるならわしとなっている。しかし，もしそれが私的な会合であるなるならば，金一封が贈られるのは奇妙であるし，もしそれが公用であるならば，経営側が全額負担すべきものと考えられる。つまり，わが国の職域集団にみられるこの種の慣行は，職域集団で行なわれるこれら諸行事の性格が，公私きわめて不分明なものとなっていることを明示している。ともあれ，こうした努力によって，集団のために，あるいは，集団の長のために働こうという意欲が，うえつけられるのである。以上の検討によって，欧米の経営慣行とは大きく異なる，きわめて日本的な，採用・配属・配置転換・昇進の慣行，およびこれらの諸慣行から派生してくる管理方式上の諸特徴が，つねに"義務の無限定性"の予想に立っており，これとは密接かつ不可分の関係に立つものであることが，あきらかであろう。

1) 盛田昭夫『学歴無用論』21頁。
2) 生活水準が向上して生活が安定してくると，収入に対する金銭的欲求に代って，自己実現の欲求や家族との親和の欲求が表面化する傾向がみられることは，しばしば指摘されるところである。

Ⅳ 米国の経営組織と"義務の無限定性"

第2次大戦後，わが国の多くの経営学者達が，外国語文献の研究に突進した。こうした研究の花形は，周知のように，アメリカ経営学についての文献研究であった。これらの研究者達の多くは，「日本的」経営の現実にはほとんど関心をもっていなかったために，あるいはまた，「日本的」経営を早急に克服され

るべき後進性の表現と考えたために，アメリカ経営学説によって表現されるところのアメリカ式経営管理を"先進的なモデル"として理解しようとしたのであった。その結果，アメリカの経営にしみついているその"風土性"が見落とされ，アメリカ経営諸学説の無限定的な紹介・導入ブームを招来したのであった。一時期，"経営学の父"としてもてはやされた F. W. テイラーの学説の取上げ方などは，その好例といえる。テイラリズムの経営学説史上の位置づけについては，土屋守章氏と向井武文氏の間で行なわれたはなはだ興味深い論争や，この論争を踏まえての佐々木恒男氏の研究などがあるので，この問題に深く立入ることは避けるが，ここで次の事実について読者の注意を喚起しておきたい。すなわち，テイラリズムは（そしてその他のアメリカ経営学説も同様であるが），すぐれて欧米的な規範意識，とくに"責任の限定性・定量性"をその背景にもっているという事実である。しかし，わが国のアメリカ経営学説研究においては，この事実が見落とされたために，これらの学説の普遍妥当性およびその風土性の双方について検討を加えることなく，概して無限定的に，諸学説を取上げることとなった。このため，それらが，第8章で検討した"組織の集団的編成"や，本章で扱った"集団成員の義務の無限定性"をその編成原理とする日本的経営組織にとってどのような意味をもちうるものであるかについて，批判的に検討されることはなかったのである。これと全く同様の研究態度は，一時期，"能力主義"の問題をめぐって行なわれた，アメリカ経営学説の紹介・導入の場合にもあきらかに認められる。

　近年にいたって，このような傾向が反省され，事態はかなり好転しているように思われる。"日本的経営"についてのすぐれた研究もいくつか現れているし，またアメリカ経営諸学説が検討される場合にも，"日本的経営"のおかれた現実，その社会的・文化的背景についての認識を踏まえて行なわれることが多くなった。このような研究態度の変化の背景は，やはり，日本経済の高度成長によって，その成長の重要な部分を担った"日本的経営"に対する再評価が行なわれたこと，逆に経営の国際化によって，"日本的経営"の風土性やそれにもとづく諸問題点が，強く意識されるにいたったこと，などに求めることが

できよう。

　さて，本節のテーマである，米国の経営組織と"義務の無限定性"の問題に戻ることとしよう。ところで，さきの検討によってあきらかなように，米国の経営組織は，基本的には"義務の限定性"をはじめとする，米国人の規範意識を反映して構成されたものである。すなわち，米国の経営組織は，1人の個人によって担当される職務を基礎単位とし，これらの職務を，経営目的達成のために過不足なく構成したものである。そして，これらの職務を担当するものの雇用に際しては，その職務内容とこれに対する本人の適性が主として考慮され，また被雇用者の側も，自分が担当する職務の範囲，ないしは責任の範囲を承知したうえで，その職務を引受けるのが一般であった。このような組織の現実を反映した諸経営学説が，第2次大戦後，しきりにわが国に紹介・導入された事実はさきにみたとおりである。しかし，このような，人びとの規範意識が密接な関係をもっている組織の諸局面においては，これらの経営諸学説の紹介・導入は，日本的経営組織に対して，ほとんど影響を与えることはなかったと考えられるのである。すなわち，日本の経営組織の多くは，依然として，組織の集団的編成，"義務の無限定性"をその基本的な編成原理としているのである。この点で米国経営学説の影響はほとんどみられないといってよい。

　しかし，この点に関してはなはだ興味深いのは，次の事実である。すなわち，"義務の限定性"を原則とする米国の経営組織において，組織の高度化，管理業務の複雑化につれて，"義務の無限定性"ときわめて近似した要求が，現れてきているという事実である。ヴァンス・パッカードは，この点について，次のように指摘している。

　　彼ら〔中堅幹部＝マネジャー〕は企業にとっての忠誠心を要求されている（ひらの職員が企業に忠誠であることは今日ではもはや期待されなくなった）。中堅幹部達は，たとえ会社の支店が129あろうと，そのどこへでも，会社の命令とあらば家族ともども喜んで引越してゆくことを期待されている[1]。

　しかも，この期待にこたえない管理者達の前途は厳しい。再びパッカードによれば，

IV 米国の経営組織と〝義務の無限定性〟

会社は通常，野心的な管理者に向って，彼またはその家族が気に入らなければ，転任命令を断わることができるとしきりにいって聞かせる。しかしその場合に，それではどこへ配属されるかといえば，ある靴製造会社の社長が私にいったように，『会社内の墓場』ともいえるひどい職務に回される。この際，もし当の管理者がもっともな理由があれば，またつぎの機会を与えられる場合はある。しかし通常は，良き管理者としての職責を全うするためには，上層部が会社の利益を考慮したうえで，現在彼の才能が最も有効に発揮できると考えた職場に喜んで出向くことが必要とされているのである[2]。

米国企業の中堅幹部達がおかれているこのような状況は，転勤拒否が救いようのない重罪と考えられている日本の企業の場合と酷似するにいたっている。たしかに，米国の中堅幹部達の場合には，日本の場合と対比するとき，会社の命令を拒否して転職することは，はるかに容易であるといえる。しかし，もしこれらの中堅幹部達が，会社側の一方的な命令を拒否して，他に職場を求めたとしても，新しく職を求めた会社が，彼を転勤させないという保証はどこにもないのである。パッカードは，ニューヨークのウエストチェスター地区で不動産業をやっており，何十という家屋を会社幹部に売った経験のある女性の語った話として，移動を断わったある会社幹部とその妻のケースを引用している。

「その会社幹部の妻が足をふんばって『もう転任はたくさん，これ以上したくない』といったのである。そこでもちろん主人の方は，これではその会社にいても将来性はないと見切りをつけて，その地区にあった他の会社に転職した。ところがわずか6ヶ月もたゝないうちに，今度はその新しい会社がその人を中西部のほうに転任させてしまった[3]。

このように，米国企業の中堅幹部達にとって，転職も，必ずしもその問題解決の方法とはならなくなっているのである。しかも，彼らがこのような形で会社を辞めるならば，彼のために社内に留保されている莫大な額の積立金を失うこととなる。このようにして，「エグゼクティブの会社に対する忠誠は，報酬の後払いという形の『足どめ政策』によりますます強化」されているのである[4]。

以上のように，義務の明確な限定性をその編成原理としており，またその義務の明示が，諸個人が組織に参加するための前提条件であると考えられる米国

の経営組織においても，一般の下級職員の場合は別として，中堅幹部以上の階層となると，その実態は相当に変化してきている。しかもこの変化は，彼らの家族までまき込んでいる。数年間にわたる単身赴任にジッと耐える日本人家族ほどの忍耐はみられないとしても，「エグゼクティブの夫人達の93パーセントが，もし転勤が昇進を伴ってのものであったならば，他の地域に移ることをためらうものではないといっている」というある調査の結果が示されている。また，パッカードは，「この流動的な仕事の時代には，結婚式の誓いの言葉の中に旧約聖書のルース書の誓である『汝の行くところにわれも行くなり』という言葉を加えるとよい」と主張する，ある会社コンサルタントの話を引用している[5]。

　以上の検討によって，米国の経営組織においても，組織の高度化，管理業務の複雑化にともなって，日本的経営組織に顕著にみられる "義務の無限定性" と酷似した組織の要求が現れていることがあきらかとなった。たしかに，米国の場合には，それが中堅幹部以上の階層にのみ現れており，経営組織全体の編成原理とはなっていない。しかし，米国の経営組織にみるこのような傾向は，"義務の無限定性" が，高度化した組織のもつある種の要求に合致するものであること，それが，巨大化した組織の効率的な運営にとって，重要な役割を果すものであることを，われわれに推測させるに足るものである。しかも，ここで決定的に重要なことは，この "義務の無限定性" に集中的に表現されている集団忠誠心に対する，日・米両国民の間にみられる態度の差であろう。すでに各章において検討してきたように，日本人の国民的心理特性である集団志向性は，集団忠誠心を生みだし，かつこれを支持する要因となっている。しかも，日本人の集団志向的行動様式を予想して形成された諸経営制度が，逆にこの国民的心理に働きかけて，その集団志向性を強めるように作用していると考えられるのである。すなわち，集団への "所属" の重視，"特定集団" への定着性，"ウチ" と "ソト" を区別する意識，集団内の地位をことさら重視する地位感覚，所属集団に対する責任が優先される責任意識などは，結集されて，集団忠誠心を支える強固な心理的基盤を形成しているのである。しかも，終身雇用

Ⅳ 米国の経営組織と〝義務の無限定性〟

制・年功序列制・企業内福利厚生制度をはじめとする経営諸制度が，この集団忠誠心を支える心理的基盤そのものを，逆にいっそう強化していると考えられるのである。以上のように，国民的心理特性・経営の編成原理・経営制度の3者が，相互に調和的に作用し合い，相互に強化し合いつつ，高度の集団忠誠心とともに組織のダイナミズムが生みだされている〝日本的経営〟が，経営内部的視点からみるならば，きわめて効率性の高い経営形態であるということができる。

これに対して，米国の場合には，組織に対する忠誠心の要求が，根強い〝独立人〟のイデオロギーと逆行する形で現れているということができる。このため，組織の高度化によって高まってきた忠誠要求に対しても，さまざまの抵抗を生みだしている。パッカードも，この点について次のような懸念を表明している。

　　いったい何年間ほど，人間というものは，自分の個性とは関係なしに，ある役目を果たし，規定された行動に従ってゆくことができるものだろうか。独立した精神の持ち主がこのような事態に20～30年もとても耐え切れるものではないと考えても不合理ではあるまい[6]。

このような組織に対する忠誠の要求と〝独立人〟のイデオロギーとの間の矛盾は，多くの会社幹部達にとって，大きな心理的負担となっている。V.パッカードは，他人の同席していない自宅で彼にむかって，「あなたのおやりになることで最もためになることがあるとすれば，それは現代企業において個人の権利と尊厳がいかに侵されているかということを解明することでしょう」と語った，ある会社の高級幹部の話を引用している[7]。そして，このような事態に対してクラーク・カーが提唱した解決策すなわち，「一つの機構だけにかゝわっていることをせず，多くのいろいろの違った組織のなかにも入るようにすること」という解決策こそ，すでに第3章において検討したように，組織と個人との間に生ずる緊張関係を処理する場合に，欧米人が伝統的に採用してきた方法だったのである。それは，日本人達がタテマエとホンネの分離によってこの緊張関係に対処しようとしたことと対応している。しかし，ここで重要なこと

は，このような緊張処理にみられる欧米的解決策は，特定集団に対する全面的忠誠を拒否する方向をとるものであり，これに対して，パッカードが指摘するように，その高級幹部に対してますます強く忠誠心を要求するようになった米国の経営組織は，いよいよ高額の金銭的インセンティブと華やかなステイタス・シンボルを提供することによって，彼らの忠誠心をみずからに引きつけようとしているのである。それは，結果的にはいよいよコストの増大するインセンティブ・システムを生みだしつつ，組織の要求と"独立人"のイデオロギーとの間で行なわれる，果てしない闘争であるといえるかもしれない。われわれは，次の章において，日本および米国の経営組織が提供するインセンティブの態様およびその効果について，検討することとする。

1) V. パッカード『ピラミッドを登る人々』（徳山・原訳）11頁～12頁。
2) パッカード・前掲書 307 頁。
3) パッカード・前掲書 307 頁。
4) パッカード・前掲書12頁参照。
5) パッカード・前掲書83頁参照。
6) パッカード・前掲書 343 頁。
7) パッカード・前掲書16頁参照。

第10章　日本的経営組織の
　　　　インセンティブ・システム

I　組織と誘因 (incentives)

　この"組織と誘因"の問題を検討するにあたっては，C. I. バーナード (Chester. I. Barnard) の提出した"組織と誘因"についての分析の枠組みが，きわめて有効であると考えられる。バーナードの組織理論については，すでにさまざまの研究や解説が存在するので，ここでこれを改めて詳説するの愚は避けるが，本章の問題と重要なかかわりをもつ範囲で，ごく簡単に，この問題についての彼の見解を検討することとする[1]。

　さて，バーナードによれば，組織が，その提供する誘因とひきかえに人びとから獲得する貢献は，いわば組織のエネルギーを形成するものであり，それは組織の存続のためには不可欠な要素をなす。そして，このような組織に対する人びとの貢献は，人びとの蒙る不利益に対してこれをうわまわる利益すなわち純満足 (net satisfactions) が存在するときにのみ行なわれる。したがって，適切な誘因を提供することは，組織の存続にとっては不可欠の条件となる。組織にとってこのように重要な意味をもつ誘因について，バーナードはさらに次のように分析している。すなわち，この誘因には，客観的な側面すなわち物財や貨幣など客観的な存在としての誘因と，これをうけとる側の心的状態，態度，動機といった主観的側面とが存在している。組織はこの客観的誘因の組合せを提供するか，あるいは心的状態を変化させること，現実にはこの両者の組合せによって，みずからの存続に必要な貢献を獲得するのである。

　さて，この客観的存在としての誘因は，これをさらに，特殊的誘因 (specific inducement) とでも名付けるべきもの，すなわち，個人に特定的に提供される

誘因と，一般的誘因（general incentives）とでも名付けるべきもの，すなわち，特定の個々人に特定的に提供されえない性質の誘因とを区別することができる。そこでまず，特殊的誘因であるが，このような誘因としては，①貨幣，物ないし物的条件などの物質的誘因，②優越，威信，個人勢力，支配的地位獲得の機会など，個人的・非物質的機会，③好ましい物的作業条件，④個々人のもつ理想を満足させることなどをあげることができる。また一般的誘因としては，⑤社会的接触の魅力，⑥慣れ親しんだ行為や態度への適合性，⑦事態のなりゆきに参加しているという感情的満足をうる機会，⑧連帯性，社会的統合感・社会的安定感など，社会関係のなかに個人が見出す満足，すなわち，"心的交流"の機会などをあげることができる。次に心的状態を変化させる方法としては，①死刑をはじめ，公権剝奪，追放，体刑，監禁，特権停止，解雇など，強制的状態の創出，②機会の合理化（rationalization），③宣伝や教育による動機づけなどをあげることができる。しかし，こうした誘因を提供しうる可能性には限度があるために，かぎられた誘因によって最大の純満足が与えられるよう，誘因の経済性が要求される。バーナードはいう。

> おそらく必要であろうと思われる，あるいは現に必要であるほとんどすべての型の誘因は，それ自体ある程度物質的支出を必要とするから，問題は，物質的見地から決定されるもっとも能率的な誘因の組合せを見出すように，種々の誘因について選択を行ない，それらにどのような重点をおくかの問題となる。それゆえ，種々の誘因は物質的見地からさえも相互に競合しているのである[2]。

このように，あらゆる誘因にはコストがともなっており，その費用が組織の存続にとってマイナスの要因となること，さらに組織の収支均衡のためには最大の経済性が要求されることから，組織はこの目標を達成するために，いろいろな貢献の価値と有効性に釣り合った，誘因の差別的配分を維持しようとする。再びバーナードによれば，

> 永続的な，あるいは複合的な公式組織はいかなるものでも，差別的な物質的支払なしには存在してこなかったように思われる。（中略）
> 非物質的誘因に対しては，この同じ原理が原則的にも実際的にもなおいっそうあてはまる。名誉ならびに特権に段階のある階層制度は，あらゆる複合組織に一般に伴う

I 組織と誘因 (incentives)

ものであるが，それはもっとも有能な個人のサーヴィスや，もっとも価値ある潜在的貢献者のサーヴィスを組織に誘引する非物質的誘因の調節に必要なものなのである。それはまた，あらゆる種類の貢献者に対する重要な一般的誘因である組織の誇り，共同体意識などの維持にも同様に必要なのである[3]。

"組織と誘因"についてのバーナードの見解は，およそ以上のとおりである。この見解は，彼の提示しようとした"組織の一般理論"の一部分を構成するものであり，特定のタイプの組織における誘因を念頭においたものではない。しかし，われわれが日本的経営組織におけるインセンティブ・システムについての検討を行なう場合には，分析の枠組みとして，あるいはガイド・ラインとして，きわめて有効なものであるということができる。以下，米国の組織と対比しながら，日本の経営組織にビルト・インされているインセンテイブ・システムについて，主としてこれを誘因の経済性の観点からみてゆくこととする。

ところで，われわれが，特定のタイプの組織のインセンティブ・システムについて検討する場合に，銘記しておかなければならないことは，これら多様な誘因のそれぞれがどのように効果を発揮するかは，さまざまの要因に依存しており，なかでも，(1)文化的背景，(2)社会的背景ことにその出身階層，(3)生活の基本的必要の充足度などによって異なってくる，という事実であろう[4]。

(1) 文化的背景の差にもとづく反応の違い

かつて先進資本主義国からインドなどの後進国にやってきた企業家達が，現地で雇った労働者の勤労意欲を刺激するために，欧米的な発想にもとづいて，賃金を増額したところ，予想に反して，労働者達は以前よりも働かなくなってしまった，という話が伝えられている。この現象は，次のように解釈されている。すなわち，彼らの場合には，人生のもっとも大切な目標ないし価値は，物質的な豊かさの向上以外のものに求められていること，したがって，彼らの場合，働いて賃金をえることは，本人および家族の生活を支えるための，いわば"必要悪"であったこと，このため，たとえば1週間の生活を維持するためには週6日働かなければならなかった彼らが，賃金の増額によって，週5日働けばその生活を支えることができるようになったとき，より多く働いて生活の向上を

はかるのではなく，逆に労働日数を週6日から週5日に減らしてしまったと考えられることが指摘されている。このような行動パターンは，欧米先進資本主義国における行動パターンとは，非常に異なるものであったために，当時，きわめて奇異な現象と考えられたのであった。しかし，これは，異なる文化的背景をもった人びとが，特定の誘因に対して示すさまざまな反応の違いの，ほんの1例にすぎない。第4章第3節，「地位の意識」で引用した加藤秀俊氏の指摘にもみられるように，金銭に対してきわめて敏感なアメリカ人の場合にも，金銭は"生活の向上"のみを意味するわけではなく，それはむしろ，「成功」の尺度として重要な意味をもつものであるといわれる。これは，いわば，金銭的誘因に対する，アメリカ的な反応といえる[5]。

　これらの例示から容易に推察しうるように，日本的な文化のなかで育った人間と，アメリカの文化にはぐくまれて育った人間とでは，当然，諸種の誘因に対する反応は異なっていると考えなければならない。またさらに，同じく欧米文化圏に属しているアメリカ人とイギリス人との間においてさえも，諸種の誘因に対するかなり異なった反応が予想されるのである。

　ところで，文化的背景の差によって，諸種のインセンティブに対する人びとの反応が異なっているとするならば，経営組織のうちにビルト・インされたインセンティブ・システムも，文化的背景の違いを反映して，当然異なったものとならざるをえない。そして，このようなインセンティブ・システムのあり方は，経営組織の編成原理ときわめて深いかかわりをもっていると考えられるのである。

(2) 階層による反応の違い

　また，同一の文化のもとで育った人間の場合でも，その出身階層によって，インセンティブに対する反応は異なってくると考えられる。しばしば指摘されるところでは，上流階級と下層階級の間では，社会的地位の上昇に対する欲求は比較的弱く，それは，中流階級の間にもっとも強く現れるという。また，同じく上流とみなされる階層の場合でも，古くからの名門として名声の確立した人びとの場合と，新興上流階級とでは，その反応は異なってくると考えられて

いる。たとえば，名門出身の経営者と"たたきあげ"の経営者，ミドル・クラス出身の中間管理職と下層階級出身のブルー・カラーなどの間では，諸誘因に対する反応は異なっていると考えられる。このような，社会的背景の違いによってもたらされる反応の差は，当然，組織内部における諸階層の間にも，誘因に対する態度の差を生みだしていると考えなければならない。

(3) 生活上の基本的必要の充足度による反応の差

文明が進み，生活水準が向上してくると，生活上の基本的必要を充足することは次第に容易となってくる。勿論，欲求には際限がないといわれるように，生活水準が向上すればしたで，さらによりいっそうの向上が求められる傾向がみられるし，見方によっては，富裕な人間ほどいっそう金銭に対して敏感になるといわれている。しかし，他方，生活の基本的必要が充足されると，それにともなって，人びとの欲求が多様化することも，また事実である。組織上の地位や所得に対する欲求とともに，家族との楽しい生活等に対する欲求も，また強くなってくる。かつて生活のためにはなりふりかまわずに働いた人達も，家族との娯楽や趣味のための時間の重要性を，認識するようになる。この点に関しては，バーナードも以下のように指摘している。

　個人がその時間の大部分を一つの組織に捧げている場合には，衣食住の生理的必要をみたすためにほとんどの場合，物質的誘因の存在することが必要とされることはいうまでもない。しかし，こうした必要は非常に限られているので，少量で満たされてしまう。最低限の必要が満たされると，私の意見ではたいていの人にとって物質的誘因それ自体の力は非常に弱くなり，その力をさらに発展させるためにはほとんどまったく説得〔心的状態の変更―著者注〕に依存することとなる[6]。

最近わが国でも，日曜・祭日には休業する商店が増加しているのは，このような傾向の現れといえようし，また，北米やオーストラリアなど，高い生活水準に達した社会においては，より厳しい労働を嫌って昇進を歓迎しないサラリーマンが増加しているという事実や，またアメリカ合衆国では，ここ十数年来，労働者達は「当分暮せるだけの金を得ると，会社をとび出すことを考える」という，かつてのインド的パターンと酷似したパターンが現れているという指摘

は，このようなすう勢を物語っているといえる[7]。

　以上のように，人びとのインセンティブに対する反応は，どの階層を対象としてみるかによっても，ある程度異なってくると考えられるし，対象とする時代によっても異なってくるものと考えられる。そこで，この章では，主として現代の大企業に働くミドル・クラスを中心とした幅広い人びと，すなわち，働く必要のない上流中の上流や，働く意欲に乏しいその日暮しの人びとを除く幅広い人びとを念頭におきながら，異なる文化的背景や社会関係のもとにある人びとの間にみられる反応の差，この反応の差を基盤として生みだされる経営組織のインセンティブ・システムの差について，日本の場合とアメリカ型経営組織の場合とを対比しながら，分析してゆくこととする。

1) Chester I. Barnard, *The Functions of the Executives*, 1938, Chapter XI The Economy of Incentives，(山本・田杉・飯野訳『新訳経営者の役割』第11章「誘因の経済」参照。ただし，ときに旧訳の方がふさわしいと思われる場合には，旧訳をも参照した。)
2) *Ibid.*, pp. 155〜156，(前掲訳書162頁)。
3) *Ibid.*, p. 160，(前掲訳書166頁〜167頁)。
4) このような誘因に対する態度には勿論個人差が認められるが，本章の分析においては，日本的経営組織にみられるパターンを問題としているため，このような個人差は当然捨象して考えることとならざるをえない。
5) 加藤秀俊『アメリカ人―その文化と人間形成』83頁〜84頁。
6) Barnard, *op. cit.*, p. 143 (山本・田杉・飯野訳149頁)。
7) 板坂元『あゝアメリカ―傷だらけの巨象』56頁〜57頁参照。

II　"地位"の意識と誘因

　第4章で，日本人の地位の意識とアメリカ人のそれとを対比しながら，その特徴について論じたが，この"地位"の意識にみられる差は，バーナードのいう特殊的誘因のうちの，①物質的誘因なかでも貨幣による金銭的誘因と，②非物質的誘因とくに優越・威信のシンボルとしての地位との間の相互関係や，これらの諸誘因の有効性および経済性に顕著な差異を生みだしているように思われる。以下まず，"地位"の意識と誘因との関連についてみてみよう。

　(1) アメリカの場合

この問題を，アメリカの場合についてみると，以下のようになろう。すなわち，すでに第4章において分析したように，米国の社会には，およそ等しい地位をもつ人びとの居住する地域や，社交クラブなどの任意集団が多数存在していて，人びとは，その社会的地位の上昇・下降にともなって，これらの居住地域や社交クラブを，つぎつぎに移動してゆくのであった。かくして，彼らの地位の意識は，これらの諸集団を超えて存在する，全国的あるいは地域的な社会の内部において，これらの居住地区や集団を媒介として表現されるような，"社会的地位"にむけられている。つまり，彼らの場合，たとえば企業内の地位のような，ひとつの集団内の地位に対してよりも，むしろ，より広い社会の内部における自分の階層的位置づけに，より強い関心がむけられている。しかも，重要なことは，この社会的地位を決定づけるうえで，彼らの所得がきわめて重要な意味をもっているという事実である。勿論，アメリカ人の場合，欧州人に比べて，組織内昇進に対する意欲は高い。ヴァンス・パッカードもこの点について次のように指摘している。

　　出世欲は，現代実業界においては非常に強く，誰でもピラミッドの頂点を目ざしているとみてよい（これはヨーロッパでは多少事情が異なり，あまり出世・昇進に血まなこになるのは，はしたないとする気風がある。）（中略）
　　典型的なピラミッドの組織の中にあって，昇進のためにあくせくするのは性に合わないと公言する管理職もいないことはない。（中略）しかし，むしろそういうのは例外で，ピラミッド組織の中の大部分の人間は少しでも高い地位に昇進しようと真剣になっているのが実情である[1]。

　しかし，このような昇進意欲も，アメリカ人の場合には，"成功の尺度となる所得"を求めて行なわれる傾向が強く，日本人の場合のように，"ミクロコスモス"内部における地位そのものを求めて，それほど所得格差がない場合にも猛烈な競争を展開するのとはやや性質が異なっている。なぜなら日本人の場合には，所属集団内部における地位が主な"成功の尺度"であるのに対し，アメリカ人の場合には，所得によって測られる社会的地位が"成功の尺度"となっているからである。パッカードの次の指摘は，この点を明快に言い表わして

いる。

　ビジネスに携わらない指導者達にしてみれば，今日この世には富と機会に満ちた所がほかにもあるのに，大人たちがピラミッド上で侮辱や危険や義務的な自己犠牲といったものにさらされながら，いったいどうして喜々として登ってゆくのであろうかと疑問に思うだろう。

　これにはいくつかの解釈がある。ピラミッドに登る人のなかには，単に頂上に達することを考えて，それだけの理由で喜ばしい気分になっている人もいるが，それはちょうど生命をかけてヒマラヤに登る多くの男達と同じである。他の人々，すなわち生来の経営者達は，経営の喜びとか権力の意識，そしてそれを他人に分け与える権力というものを追求する。またある者は，企業体の低い地位の悩みや屈辱から逃れようとして山を登るのである。

　しかし，たいていの熱望者達にとって，あらゆる動機のうちで，金銭的報酬の見込みほど強力なものはない。血気盛んな経営者にとって，「頂上での一撃」という言葉は，まず第一に会社で最上の俸給小切手に対する機会を意味する[2]。

　また著者の経験した次の事実にも，社会的地位の尺度としての所得の重要性がよく示されている。すなわち，著者がアメリカ人にミドル・クラスの見分け方を問いただしたとき，彼らの多くが次の3つの基準をあげたものである。すなわち，第1の基準は，所得が8000ドルないし1万ドル以上あるかどうかという点である。これは，当時，平均的な大学卒業者が卒業後数年間の経験を経て一応の地位を確立したときにうる給与に相当するものであった。第2の基準は，学歴，すなわち大学をでているかどうかという基準である。これは，アメリカの大学における授業料の高さからみて，ミドル・クラス以上の出身者でないと大学の卒業が困難であるという事実，および，勿論大学にもよるが，大学を卒業することが，日本の"トコロ天"式卒業と違い，相応の実力を身につけないと困難であるという事実から，大学卒業者は，相応の実力をそなえており，相応の所得をうる機会に恵まれているという事実と関係する。そして第3の基準は，その人物の現在の職業の社会的評価が，いかがわしいものではないという基準である。所得が水準に達していても，いかがわしい職業についているものは，ミドル・クラスとはみなされないわけである。第3の基準は別としても，これによって，アメリカにおいては，所得が階層的位置づけに，きわめて重要

な意味をもっていることがよく現れている。加藤秀俊氏の次の指摘は，このことと関係している。

　　たしかに，アメリカ人は，カネについてやかましい。やかましいが，べつにカネに執着しているわけではない。アメリカ人にとって，所得は，人間の社会的位置をはかるための尺度であるにすぎないのだ3)。

　以上のべた事実のもつ意味は，重要である。なぜなら，この事実は次のことを意味するからである。すなわち，①第1にアメリカ人の地位の意識が，"組織上の地位"よりも"社会的地位"にむけられているために，経営組織がみずからのうちにつくりだすことのできる組織上の地位が，充分な金銭的誘因をともなわないならば，労働を刺激する誘因としてはあまり効果的ではないこと，②第2に，アメリカにおける社会的地位が，人びとの所得と強く結びついているという事実，また，これに加えていつ解雇されるかわからないという不安定な雇用関係のために，個人の自由・独立・階層的地位を確保するうえからも，人びとが所得の増額を望むという事実から，アメリカにおいては，より強く金銭的誘因に依存せざるをえないこと，③第3に，経営組織が，主として，このような金銭的誘因に依存せざるをえない社会の場合，生活水準の向上により一応生活の基本的必要が充たされると，組織の下層を占める，社会的上昇意欲に乏しい労働者の多くが，成功者になろうなどとはつゆ思わず，当分暮せるだけの金をえると会社をとび出すことを考えるようになるといった事態が発生し，金銭的誘因さえも誘因としての役割を果しえなくなることを意味する。こうして，労働の移動性の高さも手伝って，有能な人物を組織内にひきとめておくためには，莫大な金額の給与を支払わなければならなくなる一方，労働意欲の乏しい人間の労働意欲を刺激することはきわめて困難となる。その結果，ひと握りの経営幹部が猛烈に働いている一方，板坂元氏が指摘しているように，"月曜と金曜の大量欠勤"にみられるような労働者のモラールの低下，恐ろしく非能率な働きぶりにみられるような，「働かない労働者」が大量に生みだされつつあるのである4)。

(2) 日本の場合

次に，日本の場合についてみてみよう。日本人の間に，きわめて特徴的な"地位"の意識がみられるという事実は，すでに第4章において論じたとおりである。すなわち，日本の社会においては，人びとの地位の意識は，①自己の所属する集団の社会的威信と，②その集団内部における自己の地位にむけられる。この傾向は，すでに指摘したように，日本の社会においては，人びとが，個人──"特定集団"──社会 の図式によって現わされるように，自己の所属する集団を媒介として社会といわば間接的につながっていて，集団を超えて存在する社会の一員としての意識が稀薄で，またそのような社会に対する関心がきわめて乏しいことからくるものであるが，このような"地位"の意識はまた，終身雇用制や年功序列制が制度として確立したことによって，いっそう強化されたものといえる。すなわち，終身雇用制度の確立によって，日本の社会では，社会的地位の上昇は，①その所属する組織内部での昇進，および②所属集団そのものの社会的威信の上昇に依存せざるをえなくなったわけである。したがって，もともと以上のような傾向をもっていた日本人の地位の意識は，この制度的条件のもとでは，組織内部での昇進と集団の社会的威信の上昇へと現実にむけられざるをえなくなったのである。しかも，年功序列制が，組織成員のすべてに，集団内部での地位の上昇を保証した。すなわち，これによって，集団のもっとも平凡なメンバーでさえも，自分よりあとから入社した後輩の多くに対して，より高い地位を誇ることが可能となった。つまり，これらの諸制度は，日本人特有の地位の意識に支えられながら，逆に，この意識に表現の場を与え，これによって，この意識をいっそう確固としたものに築きあげていったと考えられるのである。これに対して，アメリカの場合には，35歳位までに中間管理職の地位にあるもののうちの約2/3の昇進が頭打ちとなってしまうといわれている[5]。

本節において検討したこれらの事実は，きわめて重要な意味をもっている。すなわち，①まず第1に，集団の成員が，集団そのもののもつ社会的威信に重大な関心をもっているという事実によって，何ら金銭的なコストを支払うこと

なく，集団に対する熱烈な忠誠と，集団の威信を高めるために貢献すると思われる，高いモラールを確保することが可能となるからである。②第2に，米国型の組織においては，組織は多くの場合高給を支払うことによってはじめて，組織成員の"地位"に対する欲求を充たすことができるのに対して，日本の組織の場合には，人びとの関心が主として組織上の地位そのものにむけられていることから，"地位"に対する欲求を，組織の内部的工夫によって充たすことができる。しかも，この組織上の地位は，一定の所得を基準とするものではなく，組織の内部で自由につくりだすことのできるものであるから，コストはきわめて少なくて済む。すなわち，小刻みに多数の職制のレヴェルを設け，その間の給与格差を，必要最小限に押えることによって，多くの組織成員に地位の満足を与えながら，ごくわずかの金銭的誘因によって大きな効果をおさめることが可能となる。しかも，第7章で詳しく分析したように，この地位を求めて激しい昇進競争が起ってくれば，モラールを刺激する誘因としては，きわめて有効なものとなる。③第3に，さきにふれたように，米国型の経営組織であったならば，一生下積みに終ったであろうような，組織のなかのもっとも平凡なメンバーにいたるまで，"地位"への欲求をある程度満足させることを保証する一方，このような人びとまでも，激しい昇進競争にまき込み，いわば"駑馬に鞭うって"せいいっぱい努力するよう動機づけることが可能となるのである。

ここで，非物質的誘因に対する C. I. バーナードの次のような見解について検討しておくことが必要である。すなわち，バーナードはいう。

> 非物質的誘因はしばしば相互に対立矛盾し，あるいは両立し得ないのである。かくして，一人の人にとっての誘因たる個人的威信の機会は，必然的に他の人の相対的低下をもたらす。それゆえ，この誘因を一人の人について強調するときには，個人的威信が誘因として相対的に重要でないと思われる他の人々と関連してなされねばならない[6]。

このような見解に立つならば，組織構成員の大部分に地位の満足を与えようとすることは，結局すべての者から地位に対する欲求の満足を奪う結果となると

いう結論に到達せざるをえないこととなる。しかし，日本的経営組織にみられる状況は，これとはやや趣きを異にしていると思われるのである。その理由としては，①まず第1に，年功序列制のもとで与えられる"地位に対する欲求の満足"のきわめて重要な部分は，将来より高い地位が提供されるであろうという可能性によって与えられるのであり，このような可能性として提供される地位は相互に対立するものではなく，すべての人がこれを楽しむことができるような性質のものであること，②第2に，集団内の地位そのものにことさら敏感な日本人にとって，地位のうえでごく些細な格差が生じたとしても，そのことが大きな刺激となること，また，このことは同時にわずかな遅れが大きなショックを与える可能性をはらんでいることを意味するが，第7章において検討したように，そのこと自体，バーナードのいう強制的状態を創出するうえで重要な役割を果していると考えられること，③第3に，このような威信をめざしての競争は，競争への参加者の数が多いほど，競争に勝抜くことの栄光をいよいよ光輝あるものとし，勝利者の優越を証明するのに好都合であることなどをあげることができる。このように，将来威信が提供される可能性としての誘因は，組織構成員の大部分をかなり長期にわたって満足させることができるのである。

1) V. パッカード『ピラミッドを登る人々』（徳山・原訳）30頁〜31頁。
2) V. パッカード・前掲書（徳山・原訳）280頁〜281頁。
3) 加藤秀俊『アメリカ人―その文化と人間形成』84頁。
4) 板坂元『あゝアメリカ―傷だらけの巨象』2「働かない労働者」参照。
5) V. パッカード・前掲書（徳山・原訳）30頁および276頁参照。
6) Barnard *op. cit.*, p. 156（山本・田杉・飯野訳162頁）

III 年功序列制にみる"地位"の誘因

　日本的経営における基本的な制度のひとつと考えられている，年功序列制度は，以上のような日本人に独特の意識を背景とするとき，きわめて巧妙なインセンティブ・システムを構成していることがわかる。従来，終身雇用制や年功

III 年功序列制にみる〝地位〟の誘因

序列制を，労働意欲を低下させる時代遅れの制度として批判することがしばしば行なわれてきた。しかし，先入観をとり除いてこれらの制度をいま少し冷静に観察してみると，必ずしもそうではないことがあきらかとなる。さて，戦後における年功序列制度は，飢餓的状況のもとで，生活防衛を旗じるしに労働者が要求した，年齢を基準とした生活給賃金体系に始まるとされる。しかし，これを要求した労働者達の主観的意図が何であったにしろ，戦後の混乱が一応おさまり経営側が自信を回復するにつれて，それは経営側によって，効率的なインセンティブ・システムに次第につくり変えられていったのである。

　すでに第6章において分析したように，日本の経営組織においては，組織内秩序の急激な変更は，組織の調和的関係を破壊する危険をともなっていることから，経営の側もこれを望まないという根強い傾向がみられ，これが日本的経営組織のひとつの編成原理となっていた。そこで，年齢を基準とした生活給体系に対して，経営側は，勤務評定にもとづいて，年々ごくわずかの賃金格差をつけるようになった。それは，ときに，タバコ数箱分に匹敵するような微妙な格差で，欧米型経営組織の場合と対比するならば，およそとるに足りない程度の格差であったが，日本的な条件のもとにあっては，それが次第に重要な意味をもつにいたったのである。この日本的条件としては，次の諸条件をあげることができよう。すなわち，①この勤務評定にもとづく微妙な格差は，年々積重ねられ，長い年月の間には，かなり目立つ格差となるように仕組まれていた。勿論，欧米組織のように，実力のある者が実力のない者の数倍の賃金をうけとるというほどの格差ではなかったが，それは，組織の上層部が誰を高く評価しており，誰を評価していないかを示すには充分な格差であった。②年々累積するこの微妙な格差は，労働移動の激しい社会においては，あまり大きな意味をもちえないものであるが，終身雇用制度のもとにあっては，きわめて重要な意味をもつものであった。すなわち，大学卒業者についてみると，卒業から停年までの三十数年間に，このわずかの格差は，次第に大きく現れてくるばかりではなく，停年に達するまで，年々，成功の充実感を味わうか，挫折感に悩まされるかの違いをもたらすものであったからである。このことは，組織内の地位

にことさら敏感な，日本人の「地位の意識」を背景とするとき，いっそう重要な意味をもつものとなったのである。逆に，このような事情が存在したために，日本の組織においては，急激に大きな格差をつけることが困難であったとも考えられる。③しかも，はなはだ興味深いことに，勤務評定にもとづく賃金格差が，きわめてわずかであったことが，逆に，このインセンティブ・システムの経済的なコストを，きわめて安価なものとしたのである。つまり，終身雇用制および年功序列制を組合せることによって，欧米型経営組織の場合ならば，およそ勤労意欲を刺激するための誘因とはなりえないような，ごくわずかの金銭的刺激によって，きわめて大きな効果を組織の大部分にわたっておさめることができたのである。

　年功序列制度は，このように，日本人にとってはきわめて有効なインセンティヴ・システムとなりうるものであったために，戦後，労働側の攻勢に押しまくられていた経営側が，昭和25年6月に勃発した朝鮮動乱を契機とする日本経済の急速な復興にともなって，次第にその自信を回復しはじめたとき，もともと，労働者達によって生活給賃金体系として要求されたこの制度を，労働者の勤労意欲を刺激するために大いに活用することをはじめたのである。つまり，戦後復活した年功序列制度は，その出発点においては，戦前の年功序列制とはややその趣旨・性格を異にするものであったが，結局それは，日本人の心理特性を背景として，戦前の制度と高度の近似性をもつものとして，復活されていったのである。この復活の過程で，経営側は，勤続年数にもとづいて上昇する給与を，多くの階層によって構成される職制という組織内地位に結びつけ，さらにこの職制を役職につくための資格条件とする制度の再編成を行なっていった。1例をあげると，このような職制としては，下から順に，書記補，書記一級，書記二級，主事補，主事一級，主事二級，参事補，参事一級，参事二級，理事一級，理事二級等々と10階級前後の階層に分けられている。こうして，積重ね方式によって年々わずかずつ累積してゆく給与の格差が，この職制の階梯を登る速度のわずかの差となって現れ，この職制が，さらに役職につくための資格条件と結びつけられていることから，やがては，それが課長，部長等の役

職につく年度に数年の差が現れたり，同一年度に課長に就任したとしても，それが本店の重要ポストであったり，あるいは，地方支店のポストであったりするといった差となって現れてくるのである。それは，いわば，きわめて陰微な格差であり，10年ないし20年の競争の結果として現れてくるわずかの格差であるにすぎない。それは，すでに指摘したように，欧米型の組織にあっては，勤労意欲を刺激する誘因とはなりえないたぐいの格差である。そこで，みずから経営組織のなかで競争をした経験がなく，また逆に欧米の事情には比較的明るいわが国の経営学者達が，この点に着目して，年功序列制度を，労働意欲を低下させる時代遅れの制度と考えたことは，ある意味で，やむをえないことであったといえる。しかし，終身雇用制のもとで人生の活動的な部分をそっくり特定集団にあずけてしまった人びと，その結果，集団内の地位にはとくに敏感な人びとにとって，このような年功序列制のもとでの"陰微"な格差も，彼らの人生の成功・不成功を分かつほどに重大な意味をもつものであったのである。なぜなら，それは，長い期間の間に少しずつ現れてくるような格差であったために，ひとたびそれがあきらかになったときには，もはや容易には回復しえない性質のものであったからである。そして，先輩達の喜びや悲哀を日々目のあたりにした後輩達は，それが十数年後における自分自身の姿であることを敏感に感じとるのである。つまり，日本的な条件のもとにあっては，これ以上の格差をつけることは，組織内の協力体制を破壊し，結局は人びとの勤労意欲をも破壊してしまう危険をはらむものであったと考えられる。間宏氏も，この問題を次のように指摘している。

　日本の職場では，序列，とくに年功序列が重んじられているのも，和と密接な関連がある。能力序列からくる対立，競争意識を緩和するため，それとはいちおう無関係な，勤続年数序列を持ち込むことで，能力序列によって不利に扱われる者の不満をやわらげようとしている。最近この年功序列に着目して，タテ社会ということがいわれるが，それは集団としての和を保つ意図から出たもので，能力序列をとることの代償でもある[1]。(傍点著者)

これは間氏の卓見と思うが，そこにはなお若干補足しておかなければならな

い問題が存在している。すなわち。①まず第1に，以上の叙述は日本的経営組織には，一方に能力序列が存在していて，その能力序列からくる対立競争を緩和するために，つまり能力序列の代償として，年功序列がもち込まれたというふうに読める。しかし，現実には，この年功序列制度そのものが，きわめて慎重にかつ緩慢に格差をつけてゆく一種の能力序列であるということに注意しなければならない。②第2に，年功序列は，競争意識を緩和するためにつくりだされたということであるが，その主観的意図はともかくとして，現実には，第7章において詳しく論じたように，まさにこの年功序列制度によって，新たに激しい競争が生じているという事実に注目しなければならない。つまり，この制度は，集団内の地位が極度に重視されるという独特の地位の意識が遍在する一方，組織の集団的編成が行なわれ，職場単位の業績向上が重視されるという条件のもとで，集団内の協力体制を維持しながら，他方，能力序列によって勤労意欲を刺激するよう，きわめて慎重に組立てられたインセンティブ・システムなのである。

かくして，定期一括採用によって，同年入社グループとしていっせいにスタートした新入社員達は，さまざまのコースに振り分けられ，次第にその格差に慣らされながら，停年にむかってそれぞれの昇進の階梯を登ってゆくのである。こうして，いっせいにスタートしたもののうちのごく少数のものは，とくに選ばれて重役となる。それは，彼の人生が成功であったことを示すひとつのきわめて重要なメルクマールとなっている。このようにして与えられる重役のポストは，勿論，能力にすぐれた者を経営陣に加えたいという理由にもとづくものであるが，理由はそれだけではなく，それは，長期にわたる奮闘努力に対するひとつの報償でもあり，また同時に，あとにつづく者達のいっそうの努力を促す刺激でもあるのである。官庁等からの少数の天下りは例外として，一般に外部から能力にすぐれた者を重役陣に加えることが，人びとのモラールを著しく阻害するとして警戒されるのはこのためである。つまり重役の制度自体，年功序列制というインセンティブ・システムの一部を構成しているのである。

かつてソニーの盛田昭夫氏が，日本の"働かない重役"について，次のよう

な痛烈な皮肉を放ったことがある。いわく，神様に近づく日本の重役は，

> 働きぶりもおのずと軽減されて，楽になるのが当り前だと考えているらしい。重役出勤などというのがあって，会社にはゆっくり出てくればよろしい。さて出社したとなると，まず秘書の持ってくるコーヒーなどをソファーに埋まってゆっくりと飲む。平日の昼間からゴルフに行ってしまう。しかも，一般社員の年功昇進にリミットを課していた定年も，重役には，普通，なくなっている。なにやかや，平社員にはできないことが，神様である重役にはなんでもできてしまう。会社の成績が悪くなっても，偉い神様・社長は，いつまでもその椅子に頑張っていられるのである[2]。

しかしながら，有能な人物を最高首脳陣に加えていっそう経営努力に励むことよりも，重役の椅子が，長年の努力に対する報償であり，あとにつづく者達への一種の"アメ"であるとすれば，それは気楽で結構な身分であることが，むしろ制度そのものによって要求されているのではないかと考えられるのである。

1) 間宏『日本的経営―集団主義の功罪』28頁。
2) 盛田昭夫『学歴無用論』105頁。

Ⅳ 組織の集団化と誘因

次に，組織の集団化傾向およびこの傾向を基盤とした集団的編成がもたらす誘因について考察する。日米の経営組織について対比するとき，この問題は地位の意識の問題と並んでいまひとつのポイントをなすと考えられるからである。

さて，この問題についての検討をはじめるにあたっては，①ひとつの経営体の全体としての集団化傾向と，②組織の集団的編成の結果もたらされる個々の職場の集団化，および集団内諸集団の多重構造化とを，概念上一応区別して考えることが望ましい。なぜなら，この両者は，ともに日本人の間に顕著にみられる集団化への自然的傾向とこれを利用した経営体の集団化政策のうえに立つものではあるが，組織の提供する誘因の見地からは，これらを一応区別して検

討するのが望ましいと考えられるからである。

　そこでまず第１に，それ自体ひとつの集団としての性格をもつ日本的経営体の提供する誘因が問題となる。終身雇用制・年功序列制という制度的条件のもとで，永続的・調和的関係を基盤として形成される日本的経営は，それ自身一種独特の集団的性格をもっており，その結果，米国の経営組織が提供する諸誘因とは異なる，さまざまの誘因を提供しているからである。

　1. 物質的誘因について：そもそも，物質的諸誘因は，もろもろの経営組織にとって，それが提供しうるひとつの基本的誘因であるが，米国の経営組織が提供するものと日本的経営組織の提供するそれとの間には，これを仔細に観察するならば，さまざまの性格の違いがみられる。すなわち，米国の経営組織の場合には，貢献と引換えに提供される物質的誘因——その中心は金銭的誘因であるが——そのものの寡多が問題となる。これに対して，日本的経営組織の場合には，勿論この物質的諸誘因そのものの魅力もその一部をなしてはいるが，そのほか，物質的諸誘因の将来にわたる安定的供給——それは身分の安定性がもたらす誘因の一部を構成している——および物質的誘因の漸増の保証などが，そのきわめて重要な要素をなしている。しかも，これらの要素は，安定感，将来への希望という心理的誘因をもともなっているのである。このように，日本的経営組織の提供する物質的誘因は，たんに生活上の必要を満たすだけでなく，同時にさまざまの心理的欲求をも充たすものとなっている。かくして，心理的欲求の満足という＋αの提供によって，それは，物質的誘因の提供にかぎってみても，ある意味で経済性の高いシステムとなっているのである。

　2. 非物質的誘因について：バーナードが特殊的誘因の第２にあげている，優越，威信，個人的勢力，支配的地位獲得の機会など，個人的・非物質的機会についても，日米両国の経営組織の間には，顕著な差がみられる。その第１は，さきに「"地位"の意識と誘因」のところで取上げた，集団の威信がその構成員にもたらす個人的威信であろう。すなわち，経営組織そのものの集団化，それを反映する組織構成員の集団意識，ならびに日本人に特徴的な地位の意識の存在によって，集団のもつ威信そのものが，その構成員にとって大きな誘因と

なるという事実である。このことは，大なり小なり，家族や出身校など，高い威信をもついかなる国の集団にもあてはまる事実であるが，ひろく経営組織一般にわたって，集団のもつ威信がその構成員を引きつけるという傾向は，きわめて日本的な現象であるように思われる。このような条件が存在するために，たとえば，他の集団が興隆しつつあるといったような，当該集団にとってはコストのかからない環境諸条件までが，集団構成員の競争意識をかりたて，彼らから貢献をひきだす重要な誘因となったりする。

その第2は，経営組織の集団化によって，組織内の"地位"そのものが，米国の組織に比してはるかに重要な意味をもっていること，また，この組織上の地位による集団内威信の提供が，米国の経営組織の場合に比べて，組織構成員のはるかにひろい層をとらえていて，組織の提供する誘因としていっそう重要な意味をもっていることをあげることができる。しかも，この組織内地位の提供は，現時点における威信として提供されるだけでなく，物質的誘因の場合と同様，威信の安定的供給・その向上の保証をともなっている点で，米国の場合と大きな対照を示しているのである。このように，わが国の経営組織においては，非物質的誘因が，アメリカ型の経営組織と対比した場合に，はるかに重要な意味をもっているという事実は，これらの誘因が，あまりコストをかけずに組織の内部で意のままにつくりだすことのできるものであるだけに，日本的インセンティブ・システムの経済性を示しているということができる。しかも日本人の集団意識を基盤としたこのような，インセンティブ・システムを，よりいっそう有効なものとしているのが，経営体をひとつの"ミクロコスモス"と感じとっている組織構成員の集団意識であり，このような意識を支えているひとつの重要な要因が，企業内諸福利厚生施設なのである。

日本の経営組織が，職場ごとの集団的編成となっているという事実もまた，日本的経営組織のインセンティブ・システムの，重要な部分を構成している。すなわち，すでに第8章において検討したように，日本の経営組織は，職場集団を単位として，業務が編成されており，この職場単位の業務を円滑に遂行するために，しばしば宴会・スポーツ・旅行など，職場単位の集団意識を高める

ための親睦行事が行なわれている。これに対して，所属集団内部の人間関係を重視する日本人は，みずからこれらの行事を楽しむという特徴的な傾向をもっているのである。そこで，このような行事を，職場内の人間関係を改善し，連帯意識と協働意識を高め，全体としてやる気を起こさせるなどの，経営目的を達成するために利用することが行なわれているわけである。このような集団意識の高揚策は，バーナードが一般的誘因としてあげているもの，ことに，社会的接触の魅力，事態の進行に参加しているという感情的満足，連帯性・社会的統合感などの仲間意識の満足などを，最大限集団構成員に提供しようとする動きにほかならない。このような一般的誘因は，相互に相対立するものではなく，それが巧妙に提供されるならば，集団構成員がもれなくこれを楽しむことができるうえに，人びとが熱烈にこれを求めるほど，そのこと自体によって，これらの誘因がいっそう参加者にとって魅力あるものとなるといった性格のものであり，いわば参加者達みずからがつくりだす誘因であって，組織の側からすれば，コストのかからないきわめて好都合な誘因であるということができる。しかも，日本的経営は，その集団化傾向を背景として，この点において顕著な成功をおさめていると観察されるのである。すなわち，集団構成員自身が"その劇の登場人物"であるような誘因の提供が，物質的誘因の有効性を強くバック・アップしているのである。この場合，興味深いのは，さきに検討したように多くの職場に，こうした行事のための費用を，職場集団のメンバー達がみずから積立てておく制度が存在していること，また，現実にこれらの行事が行なわれる場合には，組織の側から金一封などの援助金が出されることなどである。これらの行事が，もし私用であるならば，援助金がでるのは奇妙であるし，またそれらが公用であるならば，各自が費用を積立てるのはいっそう奇妙である。こうした公私不分明な形は，はなはだ日本的なものといえるが，これをインセンティブ・システムとしてながめた場合，それは，人びとが自分達の費用で行なう行事を経営目的の達成のために利用できるという，欧米社会では考えにくい，まことに奇妙な，そして経営組織にとってははなはだ好都合な，制度であるということができる[1]。このような傾向は，職域集団内部での"生活"を楽

IV 組織の集団化と誘因

しもうとする独特の集団意識の存在によってはじめて起りうる現象であろう。

さて，このような集団意識の利用によって，集団内の"ウチ"意識や，親密感・連帯感が高められる一方，その反面として，集団の外部に対する"ソト"意識や対抗意識が発展してくる。それは，すでに指摘したように，集団内集団間競争への傾斜をはらむものであったが，このような集団意識および，組織の集団的構成を，経営組織の側が意識的に利用しようとし，集団報奨制度等によって，その対抗意識をあおるような手段にでると，しばしば，たとえば生命保険のセールス・チームの間にみられるような，激しい集団間の競争が出現する。また，これほど極端な形ではないが，集団内の団結心と他の集団に対する対抗意識の利用とは，日本的経営組織の内部いたるところに見出すことができる。

以上のような集団意識の利用は，組織成員の貢献意欲をひきだすという積極面においてばかりではなく，むしろ，逆に，集団の成員が一定の行動をしないよう働きかける消極面においても，大きな効果を発揮する。すなわち，人間関係の"固定性"のもとにあって，とくに集団内の地位，人間関係に対して敏感な反応を示す日本人の場合には，名誉・尊敬・好意の剥奪は，きわめて大きな苦痛をともなっている。村八分などの私刑は，それが劇的な形をとったものといえるが，これとても，"ムラ"的状況を背景として，はじめて刑罰としての意味をもちえたものと考えられる。また。昔商人達が，一種の契約をとりかわすとき，往々にして，違約した場合には"満座の中でお笑い下さろうとも"いとわないという証文をとりかわしたという事実が指摘されているが，これなども，名誉の剥奪や恥をかかすことが，日本の社会では，サンクションとしてきわめて有効なものであったことを物語っている。さて，現代の経営組織においても，終身雇用制にもとづく人間関係の固定性が存在しているかぎり，この傾向は変らないと考えられる。かくして，組合活動家や個性の強い非協調的な個人に対してしばしば用いられる，"飼殺し"や"干す"などの手段は，使い方によっては，集団の構成員に対して深刻なインパクトを与えるものであるし，また，第7章において詳細に論じたように，同年入社の新人としていっせいに昇進競争のスタートを切った者達が，昇進競争において仲間達に一歩でも遅れ

をとることに対して示す恐怖心は，このような集団意識とかかわっていると考えられる。

　以上のように，日本的経営組織のインセンティブ・システムは，多くの経営学者の指摘とは逆に，日本人の集団志向的意識を背景として，終身雇用制や年功序列制の枠組みのなかで，きわめて効果的に構成されているのである。しかも，この日本的インセンティブ・システムは，アメリカにおけるそれが主として金銭的な刺激に頼っているのとは異なって，人びとの"地位"の意識や，集団の内部で他のメンバー達から与えられる尊敬や好意に大きく依存していることから，その経済的コストは，アメリカの場合に比べて，かなり小さくなっている可能性が強い。つまり，日本的経営組織には，きわめて効果的でかつ経済性の高いインセンティブ・システムがビルト・インされているということができる。しかも，このようなインセンティブ・システムは，より高い社会的威信をもち，また，自分の成功をより多くの証人が目のあたりにするような一流大企業において，いっそう効果的で経済性の高いものとなるのである。

1)　この点，諸経費を自分達で積立てたり，その都度会費を徴収することによって，いっそう"われわれ"という仲間意識が強められているように思われる。

終章　「日本的」経営の限界

　著者は，第1章にかかげた2つの疑問を出発点として，「日本的」経営にみられる制度的諸特徴の根底にあると考えられる，経営の編成原理をあきらかにしようとつとめてきた。この過程で，著者は，「日本的」経営と呼ばれる経営形態が，

1. その根底に，日本人の国民的心理特性という心理的基盤をもっていること，
2. 次第に移り変る環境からのチャレンジに対応しつつ，この心理的基盤に適合しようとする努力の結果形成された，一種の適応形態であること，
3. したがって，従来行なわれた諸革改も，この方向に沿って行なわれてきたこと，
4. 外来制度の導入も，この方向に逆向するときには容易に定着せず，あるいは，この方向に矛盾しないものに変化したのちに定着したこと，
5. 少なくとも，それは，組織内的視点からみた場合には，一種独特の効率性をもつものであり，経営目標の達成に大きく貢献してきたこと，をあきらかにした。

　従来，「日本的」経営に対して行なわれた批判論の多くは，これらの点の把握のうえに行なわれたものではないように思われる。あるものは，「日本的」経営の諸特徴が，ヨーロッパ社会の近代化が生みだした様相と一致しないという理由で，これを前近代的と規定し，欧米的なモデルと一致すべきことを要求した。このようなヨーロッパ近代の崇拝者に対しては，知日外国人のなかに現れた，次のような観察を，引用しておくこととしよう。すなわち，『日本体験』の編者ラナルド・V・ベル (Ronald V. Bell) が，「あなたは霊魂(Soul)というのを，日本人のいう精神(Spirit)というのと同一にはおかれないのですね」という質問に答えて，米国人著述家のドナルド・リッチー (Donald Richie) は次

のように答えている。

　そうです。というのは，アジアの概念では，精神なるものは，大きな集団を指すものであるからです。集団的な霊魂というのは西洋にはありません。（中略）霊魂というものが第一義的に霊魂であるとされるのは，それが個人的なものであるからです。そしてこれこそ，われわれがいまだに身につけて持ち歩いているおもちゃのガラガラであり，おしゃぶりなのです。日本人の方が正しいと私は思いますよ。
　人生を冷静に見詰めて見ますと，個性などというものは土台ありはしないのです。

このように考えるドナルド・リッチーは，人々が自分の個性を強調しようとする言葉を聞くと次のように感ずるのである。

　こういう言葉を聞くとあなたは，ああこの人たちは自分自身を，あなたに対してではなく，自分自身に対して，はっきり見きわめさせようとしてもがいているのだナァということが判ります。

そして彼は日本人に対して次のような観察を披瀝している。

　アメリカ人で，自分の趣味について何も話せない人間を想像できますか。日本人は屡々話せないのです。それはごく最近まで，日本では自分と他人を区別することなんか，一向に必要でなかったからです。彼らは支持するべき虚構の霊魂も個性ももっていないからなのです。（中略）私たちは，霊魂がなくても，依然として強烈な個人の実在性というものがあります。そしてこれこそが最近50年に亘って，西洋におびただしいトラブルを与えつづけてきた元兇なのですが，同時に，哲学に全く新しい一派をうち立てるにも至ったわけです。実存主義の一派がそれです[1]。

　またある論者は，「日本的」経営の部分的改良の方法を研究するのに余念がない。この場合，日本人の心理特性や社会関係との関連を究明しようとすると宿命論に陥るとしてこれに目をつぶろうとしたり，日本的経営の諸局面を，欧米風に改革可能なもの，不可能なもの，新しい方向を見つけるべきものなどに分類するのに忙しい。しかし，「日本的」経営の諸局面は，本書の分析からもあきらかなように，相互に密接な関連をもつものであり，他の局面との関連を無視して，その一部のみを安易に変革できるようなものではない。おそらく，このような改革は，経営者自身の苦闘のなかから生まれるものであろう。環境からの挑戦について無知な経営学者が，この点は改革できるとか，この点は改

革できないとか，改革の路線を指し示そうとするのは，いわば"出すぎたまね"というものではなかろうか。これらの論者は，「日本的」経営といわれるものが，従業員の反応を予想しあるいはそのフィード・バックをうけながら経営者側の行なった，長年にわたる改革の結果であり，経営側・従業員側の双方による選択の結果であることを，充分に認識していないように思われる。

ここでひとつ注意を促しておきたいことは，著者が，"存在するものはすべてよきものである"という保守的世界観を強調しようとしているのではないという事実である。たしかに，本書においては，著者の問題意識の中心が，日本人の心理・社会関係と「日本的」経営との適合関係におかれたために，「日本的」経営のすぐれた面，ないし長所を強調する結果になったことは否めない。しかし，これは，従来行なわれた安易な批判論が，充分な根拠をもっていないことをあきらかにしようとしたこと，また安易な擁護論が，「日本的」経営の長所を強調しながら，それが何故，どのように日本の経営風土に適しているかについて，充分説得的でなかったこと，に対する批判の意味をもつものであったのである。とはいえ，すべて物事には長所と短所の両面があるのであり，「日本的」経営といえどもその例外ではない。ことに，最近のように，環境諸条件が大きく変化しつつあるときには，環境からのチャレンジはいっそう大きなものとなる。既存の経営はさまざまの問題に直面し，またその限界を露呈することとならざるをえない。こうして「日本的」経営の改革問題は，今後次第にクローズ・アップされてくることが予想される。改革がどの方向に進むかは，予言者ならぬ著者には予測困難というほかない。ただ，環境からのチャレンジとして，次のいくつかの事実を指摘することはできよう。

1. しばしば指摘されるように，「日本的」経営は，組織が急速に成長する場合に，いっそう威力を発揮するものであった。組織の集団的編成によって，巨大化による組織の硬直化は最小限に押えられ，組織のダイナミズムが維持される一方，組織の巨大化は，その構成員に，安定感・所属感・威信・組織内ステイタスを提供することによって，組織にいっそうの活力をもたらした。しかし，低成長が定着するなかで，組織の成長がもたらすこれらの利点が影を薄くする

一方，人員構成のゆがみ，組織成員の老齢化，ポストの不足など，さまざまの矛盾が表面化してきたのである。

　2. 最近若年層の意識の変化がしきりと取沙汰されている。著者自身は，若年層の意識が予想外に変化していないことに驚くことがしばしばあるが，何らかの変化が起っている"きざし"は否定できない。そこで，もしこのような若年層の意識が次第に進行した場合に，「日本的」経営がどのようなインパクトを蒙るかが問題となる。この点についての著者の見解は，次のとおりである。すなわち，若年層の意識に変化が起ったとしても，それがそれほど進行していない段階では，確立した諸制度によってこの変化を押え込もうとする作用がみられるであろう。ジーンズを学生服に替え，長髪を刈り込んで就職のための会社廻りをした学生達が，採用が決定し，特訓と称する集合教育をうけ，いっせいに昇進競争のスタートを切ると，彼ら，"シラケ"を気どっていたかつての"ヤング"達は，たちまち"モーレツ"人種に変身したりする。意識の変化が諸制度をつき崩すほどに進行していない段階では，このように，意識の変化と確立した制度との間に，一種の緊張ないし拮抗関係がみられるであろう。しかし，変化がさらに進行した場合には，すぐれた経営者による適応行動がとられ，制度の一部が改革されたり，制度と意識との間の乖離が大きくなり制度の効率性が低下することによって，諸制度の間の淘汰作用が活発化すると考えられる。

　3. 最近，経営体の行動に対する住民の反対運動や公害問題に集中的にみられるような，経営体と環境との摩擦が増大している。このような事態に対応するためには，慎重な企画，利害関係者とのコミュニケーション，柔軟かつ機敏な意思決定が要求される。このためには，集団的編成の生みだす組織中心的な思考方法や機敏さを欠く意思決定方式など，組織の体質が問題となってこよう。同様の問題は，日本の経営体と他の文化圏との接触が増大したことによってもたらされる，さまざまの摩擦についてもいうことができる。日本人の心理特性・行動特性およびこれらを背景とした「日本的」経営の体質が，これらの摩擦とかかわりがある以上，このような摩擦の増大によって，「日本的」経営のあり方が，何らかの形で問われるようになることは避けられない。以上のよう

にみてくると，日本の社会においてはきわめて効率的に機能してきた「日本的」経営も，環境からさまざまの重大なチャレンジをうけていることがあきらかである。このようなチャレンジが，本書であきらかにした〝日本的経営の編成原理〟に沿って克服することが可能であるのか，あるいはこれらの編成原理が重大な修正を蒙ることなしに克服することができない性質のものであるのかは，現在の著者にはなおあきらかでない。他方，「日本的」経営を欧米流のものに切替えるべしという議論がいまだに飽きることもなくくり返されているが，欧米流の経営組織も，現実には必ずしも理想的には機能しておらず，日本の経営組織に劣らずそれ自身の問題をかかえている事実を，無視することはできないであろう。むしろ，この双方とも，環境からの重大なチャレンジに直面しているという状況こそが，新しい探求の出発点となるかも知れないと思われるのである。このためには，単純かつ性急な批判論や擁護論を排すること，ましてや欧米流への〝無邪気〟な傾倒を排すること，現状における諸ファクターの相互関係を冷静に分析すること，組織内的視点にのみとらわれることから脱却し，より幅広い視点に立つこと，が要求される。このことは，経営者や経営学者が，ある種のすぐれた思想家になることを要求しているといえるかもしれない。

1) ラナルド, V. ベル編著, 水野潤一郎訳『日本体験―知日外人18人の証言』84頁～86頁参照．

あ と が き

　本書には既発表の4つの論文を加筆訂正のうえ収録してある。これらの論文は次のとおりである。

(1)「『日本的』経営制度と競争」『武蔵大学論集』第21巻第3・4合併号（1973年11月）

(2)「"日本的経営"の編成原理(1)―集団主義再考」『武蔵大学論集』第23巻第5号（1976年2月）

(3)「"日本的経営"の編成原理(2)―日本人の集団意識と行動特性」『武蔵大学論集』第23巻第6号（1976年3月）

(4)「"日本的経営"の編成原理(3)―日本人の責任意識」『武蔵大学論集』第24巻第1号（1976年6月）

　これらのうち(1)は本書の第7章に，(2)は第2章に，(3)は大幅に加筆のうえ第3・4章に，(4)は第5章に収録されている。その他の章は新たに執筆したものである。

索　引

(太字の頁数は，その項目が，当該の章または節に
おいて，重点的に取扱われていることを意味する)

〔あ・ア〕

アインゼル，ラインハルト………………… 114
アカウンタビリティ……………………… 84—6
安定性志向の編成原理……………15—16,**111**

〔い・イ〕

家柄………………………………………… 134
"イエ"制度と日本の経営………… 1—4, 20
"イエ"と"ムラ"……………………30—32
意識の変化と制度………………………… 248
板坂元……………………………… 193, 209
井上富雄…………………………………48, 145
"一般的能力"………………… 151, 184, 214

〔う・ウ〕

"ウチ"と"ソト"……………………60, 125

〔え・エ〕

エリート競争…………… 154, 158, 160, 188
エリート候補……………………… 154, 159

〔お・オ〕

"おいとま"と関係の永続性……………… 114
オーソリティ……………………………… 84
欧米型社会………………………… **38,**39—44
欧米型組織………………………… 170, 174, 180
　　　　と集団意識………………………176—7
欧米人の規範意識………………………… 206
　　　　と解雇の自由…………………… 209
欧米のしつけと"独立人"………………39—41
大場事件と日本人の責任意識……92—3, 100—1

〔か・カ〕

カー，クラーク………………………… 221
解雇権と終身雇用……………………… 115
格差の累積……………………………… 141

〔き・キ〕

学歴……………………………………… 134
家族主義と集団主義…………20, 27—33, 55
加藤秀俊………………………………73—74
川島武宜…………………… 9, 107, 199, 206
環境からの挑戦……………… 11, 245, 277—279
環境への適応………………………… 6, 245, 248
関係の永続性… 16,**111**, 112, 115, 117—118, 125
　　　　と勘当…………………………… 113
　　　　と"ムラ八分"………………… 113
　　　　と流刑…………………………… 114
管理者主義……………………………198—9

〔き・キ〕

擬似ゲマインシャフト……………………27
きだみのる……………………………… 121
義務と学歴偏重………………………… 214
　　と採用………………………… 211, 213
　　とスペシャリスト………………197—198
　　と日本的管理方式………………… 210
　　と配置転換・昇進…………… 212, 214
　　と米国の組織……………………… 198
　　の限定性………………………………53
　　の無限定性… 17—18, 53, 68, **195,** 200—202
　　の無限定性と解雇の自由……… 207—208
急激な変化の回避……………17, 125, **128,** 136
強者の責任…………………………85, **103**
居住地域集団……………………………45—50
競争と勤労意欲………………………158, 167—8
競争の形態と社会的進歩……………… 162
　　のタイプと組織のダイナミズム…… 187
桐島洋子……………………………………40
勤続優遇………………………………… 115
緊張の処理(組織と個人の一)……47—48, 122

〔く・ク〕

倉田保雄……………………………………88
"くん"と"さん"……………………130—133

〔け・ケ〕

経営学説の"風土性"……………………217
経営家族主義………………………23, 35
経営制度間の淘汰作用………………10
経営体の個性と日本的パターン………5
経営の編成原理……………1, 5, 14, 111
経営福祉主義………………………25, 35
経営目的と経営制度……………………7

〔こ・コ〕

郷原弘…………………………………174
"個人責任"……………………85, 87, 89
個人と社会………………………………43

〔さ・サ〕

佐々木恒男……………………………217
佐藤慶幸…………………………………31
三ず主義………………………158, 165, 167

〔し・シ〕

自主的・任意的集団参加………………47
雫石事件………………………………108
"実力"と"能力"………148, 152, 156, 161
志水速雄…………………………………42
社会的階層移動の日本的パターン……159
"社会保障集団"としての日本の経営……162
シュー, F.L.K.…………………………55
終身雇用………………………………203
　　──と義務の無限定性………………208
　　──と地位の意識…………………79―80
集団意識とサンクション………………243
集団化への自然的傾向………………169
集団主義と日本的経営………21, 27―30, 35, 36
集団内集団間競争………………64, 187
　　──の基盤………………………191
集団内部の地位………78―80, 157, 159―160
集団に対する個人の優位………………47
集団の多重構造…………………………63
集団への所属………………45―49, 52―53, 64
集団への定着志向………………………66
集団への忠誠心と責任………………102
"集団への罪"…………………………99
集団報奨制度………………………193, 243

仕様書雇用……………………………149, 171
昇進コース…………………………157, 158
職位関係図……………………………174
職域集団……………………………49―50
職場単位の業績向上…………………174
職務の不明確性……………………172―173
職務の履行と業務の達成……………186
所属集団への責任…………………86, 99, 102
情緒的安定性の維持……………………17
常時応援体制………………………173, 182
"所得カースト"……………………73―74
シロ, ルース…………………………39, 89
心理特性と経営の編成原理………………7, 11
　　──と制度………………………7―11, 16
　　──と制度のズレ………………9―10, 71

〔す・ス〕

数理計数研究所国民性調査委員会……174
鈴木孝夫……………………………128

〔せ・セ〕

生活共同体……………………56―57, 126
制度………………………………………7, 8
制度的表現形態…………………………11
生命保険会社の販売競争……………190
責任ある地位…………………………107
責任と権限の不一致………………86, 95, 98
"責任の範囲"………………………85, 89―91
責任の非限定性……………173―174, 200, 202
責任の連帯性……85, 87, 91―92, 97―98, 100
責任の"割振り"………………………90, 105
"責任をとる"行為……………………104
絶対的敬語……………………………129
説明原理…………………………………29
千石保………………………61, 91, 106, 200
潜在的能力……………………………151, 157
全人格的競争…………………………159
戦前の経営と戦後の経営……………1―4, 24―26
専門家主義……………………………198

〔そ・ソ〕

"総ざんげ"…………………………109
"相対的敬語"………………………129
相対的地位の確め合い………………130

組織と誘因……………………………223,239
組織内昇進競争………………78,79,160,188
組織の巨大化と日本的経営……………247
――の集団的編成…………169,173,179―180
――の柔軟性……………………185,187

〔た・タ〕

大学教員の義務の無限定性……………196
大学組織の非機能性……………………194
高橋敷……………………………40―41,185―186
"打撃均衡"の意識………………………105
タテマエとホンネ………………47―48,122,168

〔ち・チ〕

"地位"の意識……………………………71
――と集団の社会的威信 74―78,80,157
――と誘因……………………………228,234
調和的関係の維持………………16―17,121,125

〔つ・ツ〕

津田真澂………………2,28,35,55―56,115,126
土屋守章…………………………………51,87,217

〔て・テ〕

定期一括採用……………………152,157,183
定期異動…………………………………152
低成長と日本的経営……………………247
定着志向（所属集団への―）…………66
テイラー，F.W.………………………171,217
テルアビブ空港小銃乱射事件………87,92
天職………………………………………43
転職と関係の永続性……………………119
転職と人間関係…………………………125

〔と・ト〕

ドーア，R.P.……………………………164
土居健郎………………………45―47,55,61,93,99
同調的関係………………………………121
"特定集団"……………………………49―51
"独立人"のイデオロギー……………178,221
トケィヤー，M.…………………………88
虎ノ門事件………………………………97

〔な・ナ〕

中根千枝…………………………………62

〔に・ニ〕

日本型社会………………………………45
日本人と日本の経営……………………83
日本人の権限意識………………………95
――の責任意識………………………83,98
日本的インセンティブ・システムの経済性
………………………………………241―244
日本的管理方式と義務の無限定性……210
日本的管理方式と集団的編成…………180
日本的競争の性格………………147,152,194
日本的経営制度と競争…………………155
日本的経営組織のインセンティブ・システム
……………………………………223,239
日本的経営と資本の論理………………162
――と能力主義………………………144
日本的経営の安定性とダイナミズム
……………………………………15―17,144
――の限界……………………………245
――の効率性……………14,141,144,221
――の存立条件としての義務の無限定性
……………………………………202
――のダイナミズム
………………………65,122,157,187,188
――の編成原理
……………………1,5,11,16―18,20―21,111
――の歴史的源流……………………22
日本的採用慣行…………………………183
「日本的」能力観……………………147,149
ニューマン，W.H.……………………171
人間関係処理技術………………………182
"人間の分類"…………………………157
人情親方…………………………………181

〔ね・ネ〕

年功………………………………136―137
年功序列…………………………………203
――と義務の無限定性………………208―9
――と競争……………………………160
――と"地位"の意識………………78―79
――と"地位"の誘因………………234
年功序列制における新陳代謝…………138
年令構成…………………………………139

254　　　　　　　　　索　引

──と能力主義……………… 144

〔の・ノ〕

"能力"………………………… 148,152
能力主義……………………**144**,145－147
能力とアビリティ……………… 149－150
"能力"の証明と競争…………… 153
野田一夫……………………… 145－146
野村平爾……………………………… 99

〔は・ハ〕

間　宏……………… 3,7,21,28,35,181,237
パッカード, V.O.… 95,139,170,178,218,229
バーナード, C.I.……………… 223,227,233
バロン, ロベールJ.……………………… 162

〔ひ・ヒ〕

久枝浩平………………………… 54,122－124
土方文一郎……………………………… 6
非物質的誘因…………………… 233,240
　　──の安定的供給…………………… 241
評価基準の秘密性………………………… 158
評価結果の秘密性………………………… 158

〔ふ・フ〕

物質的誘因…………………………… 240
　　──の安定的供給…………………… 240
部門関係図…………………………… 175

〔へ・ヘ〕

米国社会の競争………………… 149－150
米国の経営組織と義務の無限定性…… 216,218
ベル, ラナルドV.……………………… 245

〔ほ・ホ〕

"抱括的責任"の意識……………………… 91
ボトム・アップ法……………………… 171
ホワイト・ウィリアムH.………………… 74

〔ま・マ〕

丸山真男…………………………………… 97

〔み・ミ〕

身分秩序の尊重………………17,125,**128**,133

ミルズ, ライトC.……………………… 74

〔む・ム〕

向井武文……………………………… 217
"ムラ"………………………………… 30
"ムラ"構造と日本的経営……… 51,70
"ムラ"と集団主義……………… 30－32

〔も・モ〕

モティベーション管理……………… 181
盛田昭夫……………… 144,149,162,239
守田志郎……………………………… 113

〔や・ヤ〕

役割と社会…………………………… 43,49
役割と集団……………………………… 49
山城章……………………………………… 7
山田一郎………………………………… 12

〔ゆ・ユ〕

誘因システムとしての重役制度…238－239
誘因システムとしての年功序列制…234－7
誘因としての地位………………… 228,234
誘因としての地位と年功序列制……… 234
誘因と出身階層……………………… 226
誘因と生活の基本的必要充足度……… 227
誘因と組織…………………………… 223
　　──の集団化…………………… 239
誘因と文化的背景…………………… 225
誘因に対するアメリカ人の反応…226,229－231
誘因に対する日本人の反応……… 229,232

〔り・リ〕

リーダーシップと組織の集団的編成……… 180
リッチー, ドナルド……………… 245－246

〔れ・レ〕

歴史的連続性（経営の─）…… 1,5－6,20－22
responsibilityとaccountability………… 84－86

〔わ・ワ〕

和……………………………………… 122
若者の意識の変化…………………… 248
"詫び"と責任………………………… 103

著者略歴

岩田　龍子（いわた　りゅうし）

昭和9年	愛知県に生まる
昭和34年	東京大学経済学部卒業
昭和38年	4年間のサラリーマン生活に見切をつけて大学にもどる
昭和39年	東京大学大学院経済学研究科に入学
昭和41年	東京大学大学院修士課程修了
同年	東京大学助手となる
昭和44年	助手を辞し渡米。ジョンズ・ホプキンス大学・イリノイ大学に留学
昭和47年	武蔵大学助教授となる
昭和49年	同教授となる
平成元年	国際大学教授となる
平成6年	九州大学教授となる
平成7年	日本福祉大学教授となる
平成17年	日本福祉大学教授を退任
著　書	『現代日本の経営風土』日本経済新聞社
	『日本的センスの経営学』東洋経済新報社
	『学歴主義の発展構造』日本評論社
	『経営体の成長と構造変化』文眞堂
	『虚業の研究』日本経済新聞社

文眞堂現代経営学選集1
日本的経営の編成原理
《オンデマンド版》

1977年3月31日　第1版第1刷発行　　　　　　　　検印省略
2012年2月15日　オンデマンド版第1刷発行

　　　　　　　　著　者　岩　田　龍　子

　　　　　　　　発行者　前　野　　　弘

　　　　　　　　発行所　株式会社 文　眞　堂
　　　　　　　　　　　　東京都新宿区早稲田鶴巻町533
　　　　　　　　　　　　電　話　03(3202)8480
　　　　　　　　　　　　FAX　03(3203)2638
　　　　　　　　　　　　http://www.bunshin-do.co.jp/
　　　　　　　　　　　　〒162-0041　振替 00120-2-96437

印刷・製本　株式会社真興社
© 2012
定価はカバー裏に表示してあります
ISBN978-4-8309-4750-6 C3034